Learning that is easy, fun, and rewarding!

Available in print and online

The Student Edition of ¡Así se dice! enables students to create language. It contains:

- Carefully organized vocabulary
- Explicitly presented grammar
- In-context culture

With eStudio®—Students experience online learning at its best!

- Fully integrated Student Edition and workbooks with audio and video
- Instant feedback for students and teachers
- Record-and-playback tool allows students to do oral activities
- Voiceboard allows students to locate classmates online, record a partnered activity, and submit their recordings to teachers
- Diagnostic/Prescriptive tests for assessment and remediation

eStudio®

powered by QUIA

To view the eStudio® demo:

1. Go to **www.glencoe.com**.
2. Enter **ASD4003c4** in the box.
3. Click **the eStudio®** logo under **Program Resources**.

   Username: **estudiodemo**
   Password: **demo**

1B Glencoe Spanish

¡Así se dice!

Experience ONLINE LEARNING at its best!

eStudio® powered by Quia

Conrad J. Schmitt

McGraw Hill **Glencoe**

Information on featured companies, organizations, and their products and services is included for educational purposes only and does not present or imply endorsement of the ¡Así se dice! program. Permission to use all business logos has been granted by the businesses represented in this text.

The McGraw·Hill Companies

 Glencoe

Send all inquiries to:
Glencoe/McGraw-Hill
8787 Orion Place
Columbus, OH 43240-4027

ISBN: 978-0-07-892942-7
MHID: 0-07-892942-3

Printed in the United States of America.

3 4 5 6 7 8   RJE   16 15 14 13 12

About the Author

Conrad J. Schmitt

Conrad J. Schmitt received his B.A. degree magna cum laude from Montclair State University, Upper Montclair, New Jersey. He received his M.A. from Middlebury College, Middlebury, Vermont, and did additional graduate work at New York University. He also studied at the Far Eastern Institute at Seton Hall University, Newark, New Jersey.

Mr. Schmitt has taught Spanish and French at all academic levels—from elementary school to graduate courses. He served as Coordinator of Foreign Languages for the Hackensack, New Jersey, public schools. He also taught courses in Foreign Language Education as a visiting professor at the Graduate School of Education at Rutgers University, New Brunswick, New Jersey.

Mr. Schmitt has authored or co-authored more than one hundred books, all published by The McGraw-Hill Companies. He was also editor-in-chief of foreign languages, ESL, and bilingual education for The McGraw-Hill Companies.

Mr. Schmitt has traveled extensively throughout Spain and all of Latin America. He has addressed teacher groups in all fifty states and has given seminars in many countries including Japan, the People's Republic of China, Taiwan, Egypt, Germany, Spain, Portugal, Mexico, Panama, Colombia, Brazil, Jamaica, and Haiti.

Contributing Writers

Louise M. Belnay
    Teacher of World Languages
    Adams County School District 50
    Westminster, Colorado

Reina Martínez
    Coordinator/Teacher of World Languages
    North Rockland Central School District
    Thiells, New York

Contenido

Student Handbook

Student Handbook

GeoVistas
Explorando el mundo hispanohablante... SH42

Repaso

Tecnología Informática
de Vanguardia

15:14

Capítulo 6 El bienestar

Objetivos

You will:
- describe people's personality, conditions, and emotions
- explain minor illnesses
- talk about a doctor's appointment
- learn about a literary genre—the picaresque novel

You will use:
- **ser** and **estar**
- indirect object pronouns

Capítulo 7 De vacaciones

Objetivos

You will:
- talk about summer and winter weather and activities
- discuss summer and winter resorts in Spanish-speaking countries

You will use:
- preterite tense of regular -ar verbs
- preterite of ir and ser
- direct object pronouns

Capítulo 8 En tu tiempo libre

Objetivos

You will:
- talk about a birthday party
- discuss concerts, movies, and museums
- discuss Hispanic art and music

You will use:
- preterite of **-er** and **-ir** verbs
- the verbs **oír, leer**
- affirmative and negative words

Capítulo 9 ¡Vamos de compras!

Objetivos

You will:
- talk about buying clothes
- talk about buying food
- compare shopping in Spanish-speaking countries with shopping in the United States

You will use:
- more numbers
- the present tense of **saber** and **conocer**
- comparatives and superlatives
- demonstrative adjectives and pronouns

Capítulo 10 En avión

Objetivos

You will:
- talk about packing for a trip and getting to the airport
- tell what you do at the airport
- talk about being on an airplane
- discuss air travel in South America

You will use:
- verbs that have **g** in the **yo** form of the present tense
- the present progressive tense

Capítulo 11 ¡Una rutina diferente!

Objetivos

You will:
- identify more parts of the body
- talk about your daily routine
- talk about backpacking and camping

You will use:
- reflexive verbs
- commands with **favor de**

Literary Reader

Student Resources

Guide to Symbols

Throughout **¡Así se dice!** you will see these symbols, or icons. They will tell you how to best use the particular part of the chapter or activity they accompany. Following is a key to help you understand these symbols.

 Audio link This icon indicates material in the chapter that is recorded on compact disk.

 Recycling This icon indicates sections that review previously introduced material.

 Paired activity This icon indicates activities that you can practice orally with a partner.

 Group activity This icon indicates activities that you can practice together in groups.

 Critical thinking This icon indicates activities that require critical thinking.

 InfoGap This icon refers to additional paired activities at the end of the book.

 ¡Bravo! This icon indicates the end of new material in each chapter. All remaining material is recombination and review.

 Literary Reader This icon lets you know that you are prepared to read the indicated literature selection.

Why Learn Spanish?

¡Viva el español!

Spanish is currently the fourth-most-spoken language in the world. Studying Spanish will help you explore other cultures, communicate with Spanish speakers, and increase your career possibilities.

It's fascinating!

Culture Hispanic culture is full of diverse expressions of music, art, and literature. From dancing the tango or salsa to admiring a modern painting by Salvador Dalí, your studies will introduce you to an array of what the culture has to offer. You'll learn about the various customs, traditions, and values in Latin America and Spain. From food and family to school and sports, you'll learn all about life in the Hispanic world.

▲ **Dancers of the tango on the streets of Argentina**

It's all around us!

Communication The United States is home to more than fifty million Hispanics or Latinos. Whether on the radio, in your community or school, or in your own home, the Spanish language is probably part of your life in some way. Understanding Spanish allows you to sing along with Latin music on the radio or chat with Spanish speakers in your school, community, or family. No matter who you are, Spanish can enrich your life in some way.

If you plan to travel outside the United States, remember that Spanish is the official language of twenty-one countries. Experiencing another country is more fun and meaningful when you can understand restaurant menus, read newspapers, follow street signs, watch TV, and better yet converse with the locals.

◀ **Singer Shakira performs.**

▲ A Spanish-speaking dentist

It's a lifelong skill!

Career Do you know what career you plan to pursue? Medicine, business, social work, teaching? What will you do if you have a Spanish-speaking patient, client, or student? Speak Spanish, of course! Whatever your career, you will be able to reach more people if you are able to converse in Spanish. After all, it's spoken by more than 16 percent of the U.S. population. You will also be open to many more career opportunities if you know Spanish. Businesses, government agencies, and educational institutions are always looking for people with the ability to speak and read more than one language.

It's an adventure!

Challenge When you study a language, you not only learn about the language and its speakers but also about yourself. Studying a language requires that you challenge yourself and more fully develop your skills. When you know about the customs and values of another culture, you are better able to reflect upon your own. Language is a means of self-discovery. Enjoy!

▼ Fans of Enrique Iglesias

Reading in a New Language

Following are skills and strategies that can help you understand what you read in a language you have just begun to learn. *Reading and Succeeding* will help you build skills and strategies that will make it easier to understand what you are reading in your exciting new language.

The strategies you use frequently depend on the purpose of your reading. You do not read a textbook or standardized testing questions the same way you read a novel or a magazine article. You read a textbook for information. You read a novel or magazine article for fun.

In the early stages of second-language learning, your vocabulary is, of course, very limited in comparison to the vast number of words you already know in English. The material presented to you to read in the early stages must accommodate this reality. Your limited knowledge of the language does not have to deter you from enjoying what you are reading. Most of what you read, however, will come from your textbook, since original novels and magazine articles are not written for people who have limited exposure to the language.

As you develop your reading ability in Spanish, you will encounter basically two types of readings.

Intensive Readings

These readings are short. They are very controlled, using only language you have already learned. You should find these readings easy and enjoyable. If you find them difficult, it means you have not sufficiently learned the material presented in the chapter of the textbook. The vast majority of these informative readings will introduce you to the fascinating cultures of the Spanish-speaking world.

A very important aspect of reading in Spanish is to give you things to "talk about" in the language. The more you read, speak, and use the language, the more proficient you will become. Whenever you finish reading one of the intensive reading selections, you should be able to talk about it; that is, you should be able to retell it in your own words.

Extensive Readings

Since it is unrealistic to assume that you will never encounter new words as you branch out and read material in Spanish, you will also be presented with extensive readings. The goal of these extensive readings is to help you develop the tools and skills you need in order to read at some future date an original novel or magazine article. They do indeed contain some words and structures that are unfamiliar to you. In this *Reading and Succeeding* section, you will learn to develop many skills that will enable you to read such material with relative ease.

- adjust the way you read to fit the type of material you are reading
- identify new words and build your vocabulary
- use specific reading strategies to better understand what you read
- improve your ability to speak by developing strategies that enable you to retell orally what you have read
- use critical thinking strategies to think more deeply about what you read

Identifying New Words and Building Vocabulary

What do you do when you come across a word you do not know as you read? Do you skip the word and keep reading? You might if you are reading for fun. If it hinders your ability to understand, however, you might miss something important. When you come to a word you don't know, try the following strategies to figure out what the word means.

Reading Aloud

In the early stages of learning a second language, a good strategy is to sit by yourself and read the selection aloud. This can help you understand the reading because you once again hear words that you have already practiced orally in class. Hearing them as you read them can help reinforce meaning.

Identifying Cognates

As you read you will come across many cognates. Cognates are words that look alike in both English and Spanish. Not only do they look alike

but they mean the same thing. Recognizing cognates is a great reading strategy. Examples of cognates are:

cómico	nacionalidad	entra
popular	secundaria	clase
cubano	matemática	prepara
video	blusa	televisión

Identifying Roots and Base Words

The main part of a word is called its root. From a root, many new words can be formed. When you see a new word, identify its root. It can help you pronounce the word and figure out its meaning.

For example, if you know the word **importante**, there is no problem determining the meaning of **importancia**. The verb **importar** becomes a bit more problematic, but with some intelligent guessing you can get its meaning. You know it has something to do with importance so it means *it is important,* and by extension it can even carry the meaning *it matters.*

Identifying Prefixes

A prefix is a word part added to the beginning of a root or base word. Spanish as well as English has prefixes. Prefixes can change, or even reverse, the meaning of a word. For example, the prefixes **in-, im-,** and **des-** mean *not.*

estable/inestable   posible/imposible
honesto/deshonesto

Using Syntax

Like all languages, Spanish has rules for the way words are arranged in sentences. The way a sentence is organized is called its syntax. Spanish syntax, however, is a bit more flexible than English. In a simple English sentence someone or something (its subject) does something (the predicate or verb) to or with another person or thing (the object). This word order can vary in Spanish and does not always follow the subject/verb/object order.

Because Spanish and English syntax vary, you should think in Spanish and not try to translate what you are reading into English. Reading in Spanish will then have a natural flow and follow exactly the way you learned it. Trying to translate it into English confuses the matter and serves no purpose.

Example

English always states: *John speaks to me.*
Spanish can state: *John to me speaks. or*
To me speaks John.

The latter leaves the subject to the end of the sentence and emphasizes that it is John who speaks to me.

Using Context Clues

This is a very important reading strategy in a second language. You can often figure out the meaning of an unfamiliar word by looking at it in context (the words and sentences that surround it). Let's look at the example below.

Example

The glump ate it all up and flew away.

You have no idea what a *glump* is. Right? But from the rest of the sentence you can figure out that it's a bird. Why? Because it flew away and you know that birds fly. In this way you guessed at the meaning of an unknown word using context. Although you know it is a bird, you cannot determine the specific meaning such as a robin, a wren, or a sparrow. In many cases it does not matter because that degree of specificity is not necessary for comprehension.

Let's look at another example:
The glump ate it all up and phlumped.

In this case you do not know the meaning of two key words in the same sentence—*glump* and *phlumped.* This makes it impossible to guess the meaning and this is what can happen when you try to read something in a second language that is beyond your proficiency level. This makes reading a frustrating experience. For this reason all the readings in your textbook control the language to keep it within your reach. Remember, if you have studied the vocabulary in your book, this will not happen.

Understanding What You Read

Try using some of the following strategies before, during, and after reading to understand and remember what you read.

Previewing

When you preview a piece of writing, you are looking for a general idea of what to expect from it. Before you read, try the following.

- Look at the title and any illustrations that are included.
- Read the headings, subheadings, and anything in bold letters.
- Skim over the passage to see how it is organized. Is it divided into many parts? Is it a long poem or short story?
- Look at the graphics—pictures, maps, or diagrams.
- Set a purpose for your reading. Are you reading to learn something new? Are you reading to find specific information?

Using What You Know

Believe it or not, you already know quite a bit about what you are going to read. Your own knowledge and personal experience can help you create meaning in what you read. There is, however, a big difference in reading the information in your Spanish textbook. You already have some knowledge about what you are reading from a United States oriented base. What you will be reading about takes place in a Spanish-speaking environment and thus you will be adding an exciting new dimension to what you already know. Comparing and contrasting are important critical skills to put to use when reading material about a culture other than your own. This skill will be discussed later.

Visualizing

Creating pictures in your mind about what you are reading—called visualizing—will help you understand and remember what you read. With the assistance of the many accompanying photos, try to visualize the people, streets, cities, homes, etc., you are reading about.

Identifying Sequence

When you discover the logical order of events or ideas, you are identifying sequence. Look for clues and signal words that will help you find how information is organized. Some signal words are **primero, al principio, antes, después, luego, entonces, más tarde, por fin, finalmente.**

Determining the Main Idea

When you look for the main idea of a selection, you look for the most important idea. The examples, reasons, and details that further explain the main idea are called supporting details.

Reviewing

When you review in school, you go over what you learned the day before so that the information is clear in your mind. Reviewing when you read does the same thing. Take time now and then to pause and review what you have read. Think about the main ideas and organize them for yourself so you can recall them later. Filling in study aids such as graphic organizers can help you review.

Monitoring Your Comprehension

As you read, check your understanding by summarizing. Pause from time to time and state the main ideas of what you have just read. Answer the questions: **¿Quién?** *(Who?)* **¿Qué?** *(What?)* **¿Dónde?** *(Where?)* **¿Cuándo?** *(When?)* **¿Cómo?** *(How?)* **¿Por qué?** *(Why?)*. Summarizing tests your comprehension because you state key points in your own words. Remember something you read earlier: reading in Spanish empowers your ability to speak by developing strategies that enable you to retell orally what you have read.

Thinking About Your Reading

Sometimes it is important to think more deeply about what you read so you can get the most out of what the author says. These critical thinking skills will help you go beyond what the words say and understand the meaning of your reading.

Compare and Contrast

To compare and contrast shows the similarities and differences among people, things, and ideas. Your reading experience in Spanish will show you many things that are similar and many others that are different depending upon the culture groups and social mores.

As you go over these culturally oriented readings, try to visualize what you are reading. Then think about the information. Think about what you know about the topic and then determine if the information you are reading is similar, somewhat different, or very different from what you know.

Continue to think about it. In this case you may have to think about it in English. Determine if you find the similarities or the differences interesting. Would you like to experience what you are reading about? Analyzing the information in this way will most certainly help you remember what you have read.

- Signal words and phrases that indicate similarity are **similar, semejante, parecido, igual.**
- Signal words and phrases that indicate differences are **diferente, distinto, al contrario, contrariamente, sin embargo.**

Cause and Effect

Just about everything that happens in life is the cause or the effect of some other event or action. Writers use cause-and-effect structure to explore the reasons for something happening and to examine the results of previous events. This structure helps answer the question that everybody is always asking: Why? Cause-and-effect structure is about explaining things.

- Signal words and phrases are **así, porque, por consiguiente, resulta que.**

Using Reference Materials

In the early stages of second-language learning, you will not be able to use certain types of reference materials that are helpful to you in English. For example, you could not look up a word in a Spanish dictionary as you would not be able to understand many of the words used in the definition.

You can, however, make use of the glossary that appears at the end of your textbook. A glossary includes only words that are included in the textbook. Rather than give you a Spanish definition, the glossary gives you the English equivalent of the word. If you have to use the glossary very frequently, it indicates to you that you have not studied the vocabulary sufficiently in each chapter. A strategy to use before beginning a reading selection in any given chapter is to quickly skim the vocabulary in the **Vocabulario 1** and **Vocabulario 2** sections of the chapter.

Expand your view of the Spanish-speaking world.

¡Así se dice! will show you the many places where you will be able to use your Spanish.

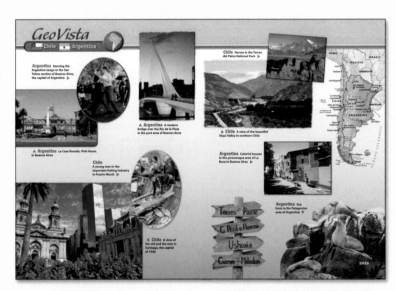

Cultural and geographic information is at your fingertips with **GeoVistas,** your virtual field trip to the Spanish-speaking countries.

Start your journey into language and culture.

Opening photo provides a cultural backdrop for the chapter.

Aquí y Allí introduces you to the chapter theme and invites you to make connections between your culture and the cultures of Spanish-speaking countries.

Objectives let you know what you will be able to do by the end of the chapter.

Access your eBook with QuickPass at glencoe.com.

Get acquainted with the chapter theme.

Explore each chapter's theme with vivid cultural photos and informative captions.

See how the theme relates to different countries in the Spanish-speaking world.

Talk about the chapter theme with your new vocabulary.

Vocabulary is introduced and practiced in two manageable sections.

Recorded presentation ensures proper pronunciation.

Watch video clips to experience the diversity of the Spanish-speaking world while reinforcing the language you have learned and improving your listening and viewing skills.

New words are used in a meaningful context.

Photos and illustrations aid comprehension and vocabulary acquisition.

Practice and master new vocabulary.

Practice and master your new vocabulary with your Workbook and StudentWorks™ Plus.

Use QuickPass to easily access additional vocabulary practice at glencoe.com.

Paired activities allow you to communicate about the chapter theme.

Communicative activities give you real-life experience speaking in Spanish.

Learn colloquial phrases to make conversation easy.

Reinforce pronunciation and oral comprehension with audio activities.

Learn grammar within the context of the chapter theme.

Refresh your memory with useful tips to help you master new grammar.

New grammar is presented in simple terms with familiar vocabulary.

Graphic organizers make practice clear and easy.

Expansión enables you to tell and retell a story, using your new words.

Cultural photos are explained by captions that use grammar and vocabulary that you can understand.

Build on what you already know and improve pronunciation.

You will build confidence as you complete activities that progress from easy to more challenging.

Listen to speakers from diverse areas of the Spanish-speaking world to improve pronunciation.

Use your new vocabulary as you practice the new grammar points.

Foldables® study organizers give you a hands-on tool for learning and studying chapter material.

Have fun using your Spanish to figure out the meaning of Spanish proverbs.

Engage classmates in real conversation.

Use QuickPass to access the Conversation online at glencoe.com**.**

You will have a sense of accomplishment when you are able to comprehend the conversation.

Listen to and act out a conversation related to the chapter theme for a fun way to improve oral comprehension and pronunciation.

Heighten your cultural awareness.

Step-by-step reading strategies help to develop your reading skills.

Cultural reading uses learned language to reinforce chapter theme.

Recorded reading online and on CD provides options for addressing various skills and learning styles.

Verify your comprehension throughout the selection with Reading Checks.

Un poco más reading reinforces the chapter theme and expands your understanding of the Spanish-speaking world.

Questions follow the reading to check comprehension and to give you practice with standardized testing format.

Many visuals enhance your comprehension of the cultural readings.

Show what you know!

Review what you have learned and prepare for your chapter test.

Reference notes direct you to the correct pages for review.

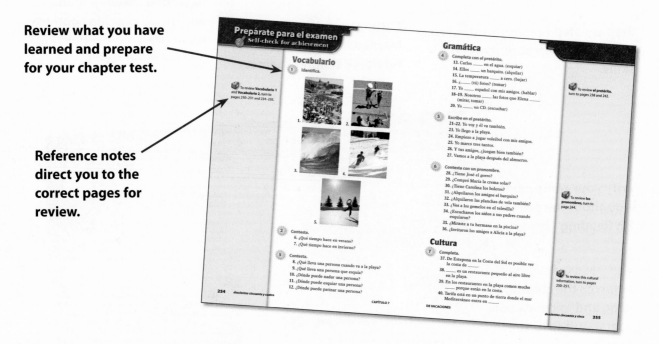

Apply what you have learned!

Use your new skills to communicate orally in meaningful, open-ended activities.

Practice what you have learned while improving your written Spanish.

Writing Strategy gives you the tools you need to develop better writing skills.

Graphic organizers help you arrange your ideas.

Review grammar and vocabulary at a glance.

Use this vocabulary list to review the vocabulary you have learned in this chapter.

Brief grammar notes help you review chapter material.

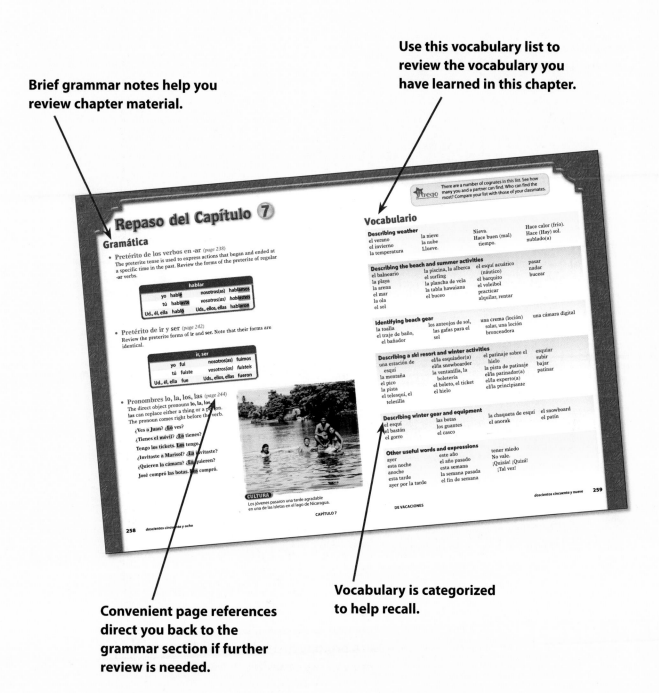

Repaso del Capítulo ⑦

Gramática

- **Pretérito de los verbos en -ar** *(page 238)*
  The preterite tense is used to express actions that began and ended at a specific time in the past. Review the forms of the preterite of regular -ar verbs.

hablar		
yo hablé	nosotros(as)	hablamos
tú hablaste	vosotros(as)	hablasteis
Ud., él, ella habló	Uds., ellos, ellas	hablaron

- **Pretérito de ir y ser** *(page 242)*
  Review the preterite forms of ir and ser. Note that their forms are identical.

ir, ser		
yo fui	nosotros(as)	fuimos
tú fuiste	vosotros(as)	fuisteis
Ud., él, ella fue	Uds., ellos, ellas	fueron

- **Pronombres lo, la, los, las** *(page 244)*
  The direct object pronouns lo, la, los, las can replace either a thing or a person. The pronoun comes right before the verb.

  ¿Ves a Juan? ¿Lo ves?
  ¿Tienes el móvil? ¿Lo tienes?
  Tengo los tickets. Los tengo.
  ¿Invitaste a Marisol? ¿La invitaste?
  ¿Quieren la cámara? ¿La quieren?
  José compró las botas. Las compró.

CULTURA
Los jóvenes pasaron una tarde agradable en una de las isletas en el lago de Nicaragua.

CAPÍTULO 7

258 *doscientos cincuenta y ocho*

Vocabulario

There are a number of cognates in this list. See how many you and a partner can find. Who can find the most? Compare your list with those of your classmates.

Describing weather
el verano
el invierno
la temperatura
la nieve
la nube
Llueve.
Nieva.
Hace buen (mal) tiempo.
Hace calor (frío).
Hace (Hay) sol.
nublado(a)

Describing the beach and summer activities
el balneario
la playa
la arena
el mar
la ola
el sol
la piscina, la alberca
el surfing
la plancha de vela
la tabla hawaiana
el buceo
el esquí acuático (náutico)
el barquito
el voleibol
practicar
alquilar, rentar
pasar
nadar
bucear

Identifying beach gear
la toalla
el traje de baño, el bañador
los anteojos de sol, las gafas para el sol
una crema (loción) solar, una loción bronceadora
una cámara digital

Describing a ski resort and winter activities
una estación de esquí
la montaña
el pico
la pista
el telesquí, el telesilla
el/la esquiador(a)
el/la snowboarder
la ventanilla, la boletería
el boleto, el ticket
el hielo
el patinaje sobre el hielo
la pista de patinaje
el/la patinador(a)
el/la experto(a)
el/la principiante
esquiar
subir
bajar
patinar

Describing winter gear and equipment
el esquí
el bastón
el gorro
las botas
los guantes
el casco
la chaqueta de esquí
el anorak
el snowboard
el patín

Other useful words and expressions
ayer
esta noche
anoche
esta tarde
ayer por la tarde
este año
el año pasado
esta semana
la semana pasada
el fin de semana
tener miedo
No vale.
¡Quizás! ¡Quizá!
¡Tal vez!

DE VACACIONES

doscientos cincuenta y nueve 259

Convenient page references direct you back to the grammar section if further review is needed.

Vocabulary is categorized to help recall.

Practice what you have learned so far in Spanish.

Cumulative activities allow you to practice what you have learned so far in Spanish class.

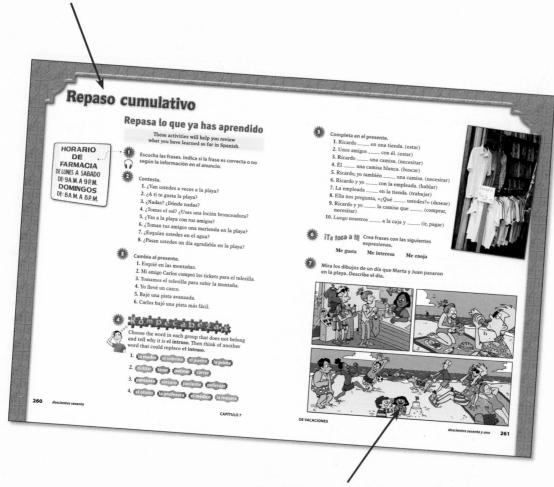

Illustrations recombine material to remind you what you have already learned in Spanish. Use the illustration as a prompt to demonstrate how much you can say or write.

Enhance your appreciation of literature and culture.

Literary Reader gives you another opportunity to apply your reading skills in Spanish.

Literary selections present another view of Hispanic culture.

Literary Reader

Contenido

The literary selections in the pages that follow will introduce you to Hispanic literature while helping you to develop reading skills and a better understanding of Hispanic culture. These selections have been carefully adapted to match your developing language skills. As you draw on your knowledge of Spanish grammar and vocabulary and apply the reading strategies you have learned, you will discover that you are able to comprehend and enjoy the selections. ¡A leer!

◀ La biblioteca de El Escorial, un palacio y monasterio cerca de Madrid, construido en el siglo dieciséis

396

397

Level-appropriate literature selections make reading fun.

Foldables

Dear Student,

Foldables are interactive study organizers that you can make yourself. They are a wonderful resource to help you organize and retain information. Foldables have many purposes. You can use them to remember vocabulary words or to organize more in-depth information on any given topic, such as keeping track of what you know about a particular country.

You can write general information, such as titles, vocabulary words, concepts, questions, main ideas, and dates, on the front tabs of your Foldables. You view this general information every time you look at a Foldable. This helps you focus on and remember key points without the distraction of additional text. You can write specific information—supporting ideas, thoughts, answers to questions, research information, empirical data, class notes, observations, and definitions—under the tabs. Think of different ways in which Foldables can be used. Soon you will find that you can make your own Foldables for study guides and projects. Foldables with flaps or tabs create study guides that you can use to check what you know about the general information on the front of tabs. Use Foldables without tabs for projects that require information to be presented for others to view quickly. The more you make and use graphic organizers, the faster you will become able to produce them.

To store your Foldables, turn one-gallon freezer bags into student portfolios which can be collected and stored in the classroom. You can also carry your portfolios in your notebooks if you place strips of two-inch clear tape along one side and punch three holes through the taped edge. Write your name along the top of the plastic portfolio with a permanent marker and cover the writing with two-inch clear tape to keep it from wearing off. Cut the bottom corners off the bag so it won't hold air and will stack and store easily. The following figures illustrate the basic folds that are referred to throughout this book.

Good luck!

Dinah Zike

Dinah Zike
www.dinah.com

Category Book

Los números Use this *category book* organizer as you learn dates and numbers.

Step 1 **Fold** a sheet of paper (8½" x 11") in half like a *hot dog*.

Step 2 On one side, **cut** every third line. This usually results in ten tabs. Do this with three sheets of paper to make three books.

Step 3 **Write** one Arabic number on the outside of each of the tabs. On the inside write out the respective number. As you learn more numbers, use *category books* to categorize numbers in this way.

Other Suggestions for a *Category Book* Foldable

A *category book* foldable may be used to help you remember the names of school subjects. Use pictures, numbers, or a few Spanish words you already know to describe the subject on the outside of the foldable. You will write the name of the subject in Spanish on the inside. Then show your descriptions to a partner and have the partner come up with the name of the subject in Spanish. You may also use this foldable to group school subjects by discipline.

Forward-Backward Book

Las estaciones Use this *forward-backward book* to compare and contrast two seasons of your choice.

Step 1 **Stack** three sheets of paper. On the top sheet, trace a large circle.

Step 2 With the papers still stacked, **cut out** the circles.

Step 3 **Staple** the paper circles together along the left-hand side to create a circular booklet.

Step 4 **Write** the name of a season on the cover. On the page that opens to the right list the months of the year in that particular season. On the following page draw a picture to illustrate the season.

front

inside

El invierno

Step 5 **Turn the book upside down** and write the name of a season on the cover. On the page that opens to the right list the months of the year in that particular season. On the following page draw a picture to illustrate the season.

back

inside

El verano

Other Suggestions for a *Forward-Backward Book* Foldable

You may wish to use a *forward-backward book* foldable to organize summer and winter activities. You may use titles such as *the beach* and *skiing* in Spanish. On the inside, list activities that go with each on the right-hand page and illustrate a scene on the opposite page. To give information for the second category, turn the book upside down.

It may be helpful to use a *forward-backward book* foldable to organize the food groups. You could use the name of a food group in the target language (meat, vegetable, fruit, etc.) as the title. On the inside, list as many foods in this food group as you can on the right-hand page and illustrate these foods on the opposite page. Give the same information for a second food group by reversing the book.

Pocket Book

La geografía Use this *pocket book* organizer in your ongoing study of all the countries in the Spanish-speaking world.

Step 1 **Fold** a sheet of paper (8½" x 11") in half like a *hamburger.*

Step 2 **Open** the folded paper and fold one of the long sides up two inches to form a pocket. Refold the *hamburger* fold so that the newly formed pockets are on the inside.

Step 3 **Glue** the outer edges of the two-inch fold with a small amount of glue.

Step 4 **Make a multipaged booklet** by gluing six pockets side-by-side. Glue a cover around the multipaged *pocket book.*

Step 5 **Label** five pockets with the following geographical areas: **Europa, la América del Norte, la América del Sur, la América Central,** and **Islas del Caribe.** Use index cards inside the pockets to record information each time you learn something new about a specific country. Be sure to include the name of the country (in Spanish, of course) and its capital.

Other Suggestions for a *Pocket Book* Foldable

You may wish to use a *pocket book* foldable to organize masculine and feminine nouns or singular and plural forms. You can make an index card to put in the correct pocket each time you learn a new word.

A *pocket book* foldable may be used to organize information about several subjects. For example, to organize information about airplane travel, label pockets with topics such as *preparing for a trip, getting to the airport, at the airport,* and *on the airplane* in Spanish.

Make cards for all the words and phrases you know that go with each topic.

If you wish to organize what you are learning about important people, works of art, festivals, and other cultural information in countries that speak Spanish, a *pocket book* foldable may be helpful. You can make a card for each person, work of art, or event that you study, and you can add cards and even add categories as you continue to learn about cultures that speak Spanish.

Vocabulary Book

Sinónimos y antónimos Use this *vocabulary book* to practice your vocabulary through the use of synonyms and antonyms.

Step 1 **Fold** a sheet of notebook paper in half like a *hot dog*.

Step 2 On one side, **cut** every third line. This usually results in ten tabs. Do this with two sheets of paper to make two books.

Step 3 **Label** the tops of the *vocabulary books* with the word **Sinónimos** on one and **Antónimos** on the other. As you learn new vocabulary in each unit, try to categorize words in this manner. Remember also to think of words you have previously learned to fill in your books.

Other Suggestions for a *Vocabulary Book* Foldable

You may wish to use a *vocabulary book* foldable to help you remember words related to minor illnesses and going to the doctor. Come up with categories to write on the outside such as *a cold, at the doctor's office,* or *at the pharmacy.* On the inside, write as many terms and phrases as you can think of that relate to that category.

You can use a *vocabulary book* foldable to help remember any verb conjugation in Spanish. Write the infinitive at the top. If you know several tenses of a verb, you should also write what tense or tenses are being practiced. On the outside of the foldable, write the pronouns, and on the inside, write the corresponding verb form. You can use this as a quick study and review tool for any verb. At a more advanced level, you may wish to write many verbs down the outside and entire conjugations on the inside.

You may wish to use a *vocabulary book* foldable to help organize different kinds of clothing. Come up with categories in Spanish to list on the outside, such as *school, casual, men's, women's, summer, winter,* etc. On the inside, list as many articles of clothing fitting the category as you can in Spanish.

You can use *vocabulary book* foldables to practice adjective forms. Create two *vocabulary book* foldables, one for singular forms and the other for plural forms. On the singular book, write either masculine or feminine singular adjective forms on the outside and the other forms on the inside. To make this more challenging, write a mix of masculine and feminine forms on the outside, with the corresponding form on the inside. Repeat this process on the second book for the plural forms.

Tab Book

Preguntas Use this *tab book* to practice asking and answering questions.

Step 1 **Fold** a sheet of paper (8½" x 11") like a *hot dog* but fold it so that one side is one inch longer than the other.

Step 2 On the shorter side only, **cut** five equal tabs. On the front of each tab, **write** a question word you have learned. For example, you may wish to write the following.

Step 3 On the bottom edge, **write** any sentence you would like.

Step 4 Under each tab, **write** the word from your sentence that answers the question on the front of the tab.

Other Suggestions for a *Tab Book* Foldable

You may also use a *tab book* foldable to practice verb conjugations. You would need to make six tabs instead of five. Write a verb and a tense on the bottom edge and write the pronouns on the front of each tab. Under each tab, write the corresponding verb form.

You may wish to use a *tab book* foldable to practice new vocabulary words. Leave extra space on the bottom edge. Choose five or six vocabulary words and write each one on a tab.

You may also make multiple *tab book* foldables to practice more words. Under each tab, write a definition or translation of the word. If you can, write an original definition in Spanish. At a more beginning level, you may wish to illustrate the word or write the word in English. Use the bottom edge to write one or more original sentences using all of the words on the tabs.

Miniature Matchbook

Descripciones Use this *miniature matchbook* to help communicate in an interesting and more descriptive way.

Step 1 **Fold** a sheet of paper (8½" x 11") in half like a *hot dog*.

Step 2 **Cut** the sheet in half along the fold line.

Step 3 **Fold** the two long strips in half like *hot dogs,* leaving one side ½" shorter than the other side.

Step 4 **Fold** the ½" tab over the shorter side on each strip.

Step 5 **Cut** each of the two strips in half forming four halves. Then cut each half into thirds, making twelve *miniature matchbooks.*

Step 6 **Glue** the twelve small *matchbooks* inside a *hamburger* fold (three rows of four each).

Step 7 On the front of each *matchbook,* **write** a subject you are going to tell or write about, for example, **la escuela.** Open up the tab and list any words you think you could use to make your discussion more interesting. You can add topics and words as you continue with your study of Spanish. If you glue several sections together, this foldable will "grow."

Other Suggestions for a *Miniature Matchbook* Foldable

You may use a *miniature matchbook* foldable to test each other on your knowledge of the vocabulary. Work in pairs with each partner making a blank *miniature matchbook* foldable. Each partner writes a topic related to the subjects you have just studied on the front of each *matchbook.* You may use categories of vocabulary, verbs you have recently learned to conjugate, or the subject of a reading. Your partner then writes as much as he or she can about that topic under the flap. This can alert you if you need to go back and review a topic.

A *miniature matchbook* foldable may help you organize and remember information you have read. After doing a cultural or literary reading, write down a concept presented in the reading on the front of each *matchbook.* Open up each tab and write down supporting details that support the idea.

Single Picture Frame

Dibujar y escribir Use this *single picture frame* to help
you illustrate the stories you write.

Step 1 **Fold** a sheet of paper (8½" x 11")
in half like a *hamburger*.

Step 2 **Open** the *hamburger* and gently roll one
side of the *hamburger* toward the valley. Try not
to crease the roll.

Step 3 **Cut** a rectangle out of the middle
of the rolled side of paper, leaving a ½"
border and forming a frame.

Step 4 **Fold** another sheet of paper (8½" x 11")
in half like a *hamburger*.

Step 5 **Apply** glue to the picture frame and place it inside the *hamburger* fold.

Variation:
- Place a picture behind the frame and glue the edges of the frame to the other
  side of the *hamburger* fold. This locks the picture in place.
- Cut out only three sides of the rolled rectangle. This forms a window with a cover
  that opens and closes.

Other Suggestions for a *Single Picture Frame* Foldable

You may wish to write about a shopping
trip using a *single picture frame* foldable.
Before you begin, organize what you will say
by drawing your path through the shops at the
market, through the supermarket, or through
the mall. You can then write about the
shopping trip using your drawings as a guide.

Work in small groups. Each student should
create a *single picture frame* foldable with a
picture glued into it. You may either cut out a
magazine picture or draw your own, although
it should be fairly complex. Then give your
foldable to another member of the group who
will write sentences about what is in the
picture and what people in the picture are
doing. That student will pass it on to a third
student who will write sentences about what
is not in the picture and what people in the
picture are not doing. The foldables can be
passed to additional students to see if they
can add more sentences.

Minibook

Mi autobiografía Use this *minibook* organizer to write and illustrate your autobiography. Before you begin to write, think about the many things concerning yourself that you have the ability to write about in Spanish. On the left pages, draw the events of your life in chronological order. On the right, write about your drawings.

Step 1 **Fold** a sheet of paper (8½" x 11") in half like a *hot dog*.

Step 2 **Fold** it in half again like a *hamburger*.

Step 3 Then **fold** in half again, forming eight sections.

Step 4 **Open** the fold and **cut** the eight sections apart.

Step 5 **Place** all eight sections in a stack and fold in half like a *hamburger*.

Step 6 **Staple** along the center fold line. **Glue** the front and back sheets into a construction paper cover.

Other Suggestions for a *Minibook* Foldable

Work in pairs to practice new verbs and verb forms using a *minibook* foldable. Illustrate different verbs on the left pages. If it is not clear what pronoun is required, you should write the pronoun under the drawing, for instance to differentiate between *we* and *they*. Then trade *minibooks* and write sentences to go with each picture on the right pages, using the new verb and the pronoun illustrated or indicated.

A *minibook* foldable can be used to help practice vocabulary about the family and house as well as possessive adjectives and the verb *to have* in Spanish. Draw your family members and the rooms of your house on the left pages. If you have several brothers or sisters, several cousins, and several aunts or uncles, you should draw each group on one page. On the right page, write sentences about the drawings, telling how many brothers you have, for example. Add additional sentences describing the family members and rooms using possessive adjectives.

Paper File Folder

Las emociones Use this *paper file folder* organizer to keep track of happenings or events that cause you to feel a certain way.

Step 1 **Fold** four sheets of paper (8½" x 11") in half like a *hamburger*. Leave one side one inch longer than the other side.

Step 2 On each sheet, **fold** the one-inch tab over the short side, forming an envelope-like fold.

Step 3 **Place** the four sheets side-by-side, then move each fold so that the tabs are exposed.

Step 4 Moving left to right, **cut** staggered tabs in each fold, 2⅛" wide. Fold the tabs upward.

Step 5 **Glue** the ends of the folders together. On each tab, write an emotion you sometimes feel. Pay attention to when it is that you feel happy, sad, nervous, etc. Describe the situation in Spanish and file it in the correct pocket.

Other Suggestions for a *Paper File Folder* Foldable

You may use a *paper file folder* organizer to keep track of verbs and verb forms. You should make a folder for each type of regular verb and for each type of irregular verb. Write the conjugations for some important verbs in each category and file them in the *paper file folder* organizer. Add new tenses to the existing cards and new verbs as you learn them.

A *paper file folder* organizer can be useful for keeping notes on the cultural information that you will learn. You may wish to make categories for different types of cultural information and add index cards to them as you learn new facts and concepts about the target cultures.

Envelope Fold

Un viaje especial Use this *envelope fold* to make a hidden picture or to write secret clues about a city in the Spanish-speaking world you would like to visit.

Step 1 **Fold** a sheet of paper into a *taco* to form a square. Cut off the leftover piece.

Step 2 **Open** the folded *taco* and refold it the opposite way, forming another *taco* and an X-fold pattern.

Step 3 **Open** the *taco fold* and fold the corners toward the center point of the X, forming a small square.

Step 4 **Trace** this square onto another sheet of paper. Cut and glue it to the inside of the envelope. Pictures can be drawn under the tabs.

Step 5 Use this foldable to **draw** a picture of the city you would like to visit. Or if you prefer, **write** clues about the city and have your classmates raise one tab at a time until they can guess what city the picture represents. Number the tabs in the order in which they are to be opened.

Other Suggestions for an *Envelope Fold* Foldable

An *envelope fold* can be useful for practicing vocabulary related to school, sports, vacations, airports, or shopping. Draw a scene that depicts many of the vocabulary words. Then write on each of the four flaps the new words that are represented under that flap. You could also give the picture to a partner and have the partner fill in the words.

You may want to use an *envelope fold* to review a selection you have read. Depict a scene from the selection on the paper covered by the tabs. Number the tabs in the order they are to be opened and have a partner open the tabs one at a time to guess what scene is illustrated. The partner should then write a description of the scenes.

Large Sentence Strips

El presente y el pasado Use these *large sentence strips* to help you compare and contrast activities in the past and in the present.

Step 1 Take two sheets of paper (8½" x 11") and **fold** into *hamburgers*. Cut along the fold lines, making four half sheets. (Use as many half sheets as necessary for additional pages to your book.)

Step 2 **Fold** each half sheet in half like a *hot dog*.

Step 3 Place the folds side-by-side and **staple** them together on the left side.

Step 4 About one inch from the stapled edge, **cut** the front page of each folded section up to the top. These cuts form flaps that can be raised and lowered.

Step 5 To make a half-cover, use a sheet of construction paper one inch longer than the book. **Glue** the back of the last sheet to the construction paper strip, leaving one inch on the left side to fold over and cover the original staples. Staple this half-cover in place.

Step 6 With a friend, **write** sentences on the front of the flap, either in the present tense or in the past tense. Then switch your books of sentence strips and write the opposite tense inside under the flaps.

Other Suggestions for a *Large Sentence Strips* Foldable

You may work in pairs to use *large sentence strips* to practice using direct and/or indirect object pronouns. On the front of each flap, write full sentences that have direct or indirect objects or both. Then trade sentence strips. You and your partner will each write sentences under the flaps replacing the direct or indirect objects with object pronouns.

Large sentence strips can help you contrast summer and winter activities. On the front of each flap, write sentences about activities that you do in either summer or winter. Under each flap, you should write that in the other season you do not do that activity, and you should tell what you do instead. This may be done as an individual or a partner activity.

You may use *large sentence strips* to practice using verbs that can be used reflexively and nonreflexively. Write a sentence using a reflexive verb on the outside of each flap. Under the flap, write a sentence using the same verb nonreflexively.

Project Board With Tabs

Diversiones favoritas Use this *project board with tabs* to display a visual about your favorite movie or event. Be sure to make it as attractive as possible to help convince others to see it.

Step 1 **Draw** a large illustration, a series of small illustrations, or write on the front of a sheet of paper.

Step 2 **Pinch** and slightly fold the sheet of paper at the point where a tab is desired on the illustrated piece of paper. Cut into the paper on the fold. Cut straight in, then cut up to form an L. When the paper is unfolded, it will form a tab with the illustration on the front.

Step 3 After all tabs have been cut, **glue** this front sheet onto a second sheet of paper. Place glue around all four edges and in the middle, away from tabs.

Step 4 **Write** or draw under the tabs. If the project is made as a bulletin board using butcher paper, tape or glue smaller sheets of paper under the tabs.

Think of favorite scenes from a movie or cultural event that you enjoyed and draw them on the front of the tabs. Underneath the tabs write a description of the scene or tell why you liked it. It might be fun to not put a title on the project board and just hang it up and let classmates guess the name of the movie or event you are describing.

Other Suggestions for a *Project Board With Tabs* Foldable

You may wish to use a *project board with tabs* to illustrate different shopping venues. Draw a type of place to shop on the outside of each tab. Under each tab make a list of some of the things you might buy at that particular kind of place. Use your drawings and lists to create conversations with a partner or small group.

You may also use a *project board with tabs* to illustrate a party, museum, sport, or concert. Draw one aspect of it on the outside of the tab and write a description of your drawing under the tab.

You may work in pairs to practice the comparative and superlative. Each of you will make a *project board with tabs*. On the outside of each tab, draw a different comparison or superlative. Then trade with your partner and under each tab write a sentence describing the other's illustrations.

You may also wish to use a *project board with tabs* to practice the use of object pronouns. Draw a series of scenes involving two or more people on the outside of the tabs. Write sentences using object pronouns describing the people's conversations.

Sentence Strip Holder

Para practicar más Use this *sentence strip holder* to practice your vocabulary, your verbs, or anything else you might feel you need extra help with.

Step 1 **Fold** a sheet of paper (8½" x 11") in half like a *hamburger*.

Step 2 **Open** the *hamburger* and fold the two outer edges toward the valley. This forms a shutter fold.

Step 3 **Fold** one of the inside edges of the shutter back to the outside fold. This fold forms a floppy L.

Step 4 **Glue** the floppy L tab down to the base so that it forms a strong straight L tab.

Step 5 **Glue** the other shutter side to the front of this L tab. This forms a tent that is the backboard for the flashcards or student work to be displayed.

Step 6 **Fold** the edge of the L up ¼" to ½" to form a lip that will keep the sentence strips from slipping off the holder.

Vocabulary and verbs can be stored inside the "tent" formed by this fold.

Other Suggestions for a *Sentence Strip Holder* Foldable

You may wish to practice new or irregular verbs using a *sentence strip holder*. Work in pairs. Make flash cards showing the infinitives of the verbs to practice in Spanish. You should each take half of the cards and take turns setting one verb on the *sentence strip holder*. One partner will then say as many sentences as possible using different forms of that verb, and the other will write down the subject and conjugated verb form (or just the verb form) for each sentence. Partners should check to make sure each verb form is spelled correctly. You can repeat this activity for each verb.

You may practice food vocabulary working in small groups and using a *sentence strip holder*. Groups may make flash cards containing the names of local restaurants that everyone will be familiar with, making sure to include different types of restaurants. Put the cards up on the *sentence strip holder* one at a time. Students will spend several minutes writing about what they like to eat at that restaurant. After writing about each restaurant on the list, share your favorite foods with the group.

El alfabeto español

a *a*vión

b *b*ebé

c *c*esta

d *d*edo

e *e*lefante

f *f*oto

g *g*emelas

h *h*amaca

i *i*glesia

j *j*abón

k *k*ilo

l *l*ago

m *m*ono

n *n*ariz

ñ *ñ*ame

o *o*so

p *p*elo

q *q*ueso

r *r*ana

s *s*ala

t *t*é

u *u*va

v *v*aca

w *W*ashington, D.C.

x e*x*amen

y *y*eso

z *z*apato

---

ch chicle

ll lluvia

rr guitarra

Ch, *ll*, and **rr** are not letters of the Spanish alphabet. However, it is important for you to learn the sounds they represent.

Spanish is the language of almost 400 million people around the world. Spanish had its origin in Spain. It is sometimes fondly called the "language of Cervantes," the author of the famous novel and character, *Don Quijote*. The Spanish **conquistadores** and **exploradores** brought their language to the Americas in the fifteenth and sixteenth centuries. Spanish is the official language of almost all the countries of Central and South America. It is the official language of Mexico and several of the larger islands in the Caribbean. Spanish is also the heritage language of more than fifty million people in the United States.

▼ México

Perú ▶

▲ Puerto Rico

▲ España

OCÉANO ÁRTICO

Mar de Beaufort

Bahía de Baffin

GROENL

Mar de Bering

Golfo de Alaska

CANADÁ

Bahía de Hudson

Mar del Labrador

AMÉRICA DEL NORTE

ESTADOS UNIDOS

OCÉANO ATLÁNTICO

MÉXICO

Golfo de México

OCC

CABO VERDE

'SE

GAME

GUI'
BIS

SIERRA

COSTA

MAR CARIBE

VENEZUELA

GUYANA
SURINAM
GUAYANA FRANCESA

COLOMBIA

OCÉANO PACÍFICO

ECUADOR

AMÉRICA DEL SUR

PERÚ

BRASIL

POLINESIA FRANCESA

BOLIVIA

PARAGUAY

SAMOA

TONGA

URUGUAY

CHILE   ARGENTINA

GOLFO DE MÉXICO

BAHAMAS

CUBA

TURCAS Y CAICOS (R.U.)

OCÉANO ATLÁNTICO

PUERTO RICO (EE.UU.)

ISLAS VÍRGENES (EE.UU. y R.U.)

MÉXICO

HAITÍ

REPÚBLICA DOMINICANA

ANTIGUA Y BARBUDA

BELICE

JAMAICA

SAN CRISTÓBAL-NEVIS

GUADALUPE (FR.)

GUATEMALA

DOMINICA

HONDURAS

MAR CARIBE

MARTINICA (FR.)

SANTA LUCÍA

EL SALVADOR

SAN VICENTE Y GRENADINES

ARUBA

BARBADOS

NICARAGUA

GRANADA

COSTA RICA

TRINIDAD Y TOBAGO

PANAMÁ

VENEZUELA

OCÉANO PACÍFICO

GUYANA

COLOMBIA

SURINAM

Mar de Groenlandia
Mar de Noruega
ISLANDIA
Mar de Barents
Mar de Kara
Mar de Láptiev
OCÉANO ÁRTICO

Mar del Norte
EUROPA
RUSIA
ASIA
Mar de Ojotsk

MELILLA
CEUTA
ARRUECOS
TÚNEZ
Mar Negro
GEORGIA
ARMENIA
TURQUÍA
LÍBANO
SIRIA
ISRAEL
JORDANIA
IRAK
KUWAIT
MAR MEDITERRÁNEO
KAZAJSTÁN
UZBEKISTÁN
KIRGUIZISTÁN
TURKMENISTÁN
TAYIKISTAN
AZERBAIJAN
AFGANISTÁN
IRÁN
BAHREIN
PAKISTÁN
QATAR
ARABIA
SAUDITA
EMIRATOS
ÁRABES
UNIDOS
OMÁN
NEPAL
BHUTAN
MONGOLIA
CHINA
COREA
DEL NORTE
COREA
DEL SUR
Mar del Japón
JAPÓN
Mar de la China oriental
TAIWÁN
OCÉANO PACÍFICO

ARGELIA
LIBIA
EGIPTO
RITANIA
MALÍ
NÍGER
CHAD
SUDÁN
ÁFRICA
BURKINA
FASO
NIGERIA
GUINEA
GHANA
BENIN
RFIL
LIBERIA
N TOMÉ E PRÍNCIPE
TOGO
CAMERÚN
REPÚBLICA
CENTROAFRICANA
ERITREA
YEMEN
DJIBOUTI
ETIOPÍA
SOMALIA
INDIA
BANGLADESH
MYANMAR
LAOS
TAILANDIA
Golfo de Bengala
SRI LANKA
Mar de la China meridional
VIETNAM
CAMBOYA
BRUNEI
MALAYSIA
FILIPINAS
PALAU
MARSHALL
MICRONESIA
KIRIBATI

GABÓN
GUINEA ECUATORIAL
RUANDA
REP. DEL CONGO
REP. DEM.
DEL CONGO
UGANDA
KENYA
BURUNDI
TANZANIA
MALDIVAS
SEYCHELLES
ISLAS COMORES
OCÉANO ÍNDICO
SINGAPUR
INDONESIA
PAPÚA-
NUEVA
GUINEA
NAURÚ
SALOMÓN
TUVALU
WALLIS Y
FUTUNA
VANUATU
ISLAS
FIJI

ANGOLA
MALAWI
ZAMBIA
MOZAMBIQUE
ZIMBABWE
MADAGASCAR
MAURICIO
REUNIÓN
Mar del Coral
NUEVA
CALEDONIA

OCÉANO
TLÁNTICO
NAMIBIA
BOTSWANA
SUDÁFRICA
SWAZILANDIA
LESOTHO
AUSTRALIA
Mar de Tasmania

NUEVA
ZELANDIA

ANTÁRTIDA

NORUEGA
FINLANDIA
SUECIA
IRLANDA
REINO
UNIDO
DINAMARCA
ESTONIA
LETONIA
LITUANIA
RUSIA
RUSIA
OCÉANO
ATLÁNTICO
PAÍSES
BAJOS
BÉLGICA
ALEMANIA
LUXEMBURGO
POLONIA
BELARÚS
FRANCIA
SUIZA
REPÚBLICA
CHECA
ESLOVAQUIA
AUSTRIA
HUNGRÍA
UCRANIA
MOLDOVA
ANDORRA
ESLOVENIA
CROACIA
RUMANIA
GEORGIA
PORTUGAL
ESPAÑA
MÓNACO
BOSNIA
HERZOGOVINA
YUGOSLAVIA
(Fed. Rep.)
ITALIA
BULGARIA
Mar Negro
MELILLA
CEUTA
ALBANIA
MACEDONIA
GRECIA
TURQUÍA
Mar Mediterráneo
ÁFRICA
MALTA
CHIPRE
LÍBANO
SIRIA

EL MUNDO HISPANOHABLANTE

OCÉANO ATLÁNTICO

FRANCIA

MAR CANTÁBRICO

Golfo de Vizcaya

La Coruña

Santander

San Sebastián

ANDORRA

Oviedo

Asturias

Cantabria

Bilbao

Roncesvalles

Santiago de Compostela

CORDILLERA CANTÁBRICA

País Vasco

LOS PIRINEOS

Pamplona

Galicia

León

Burgos

Navarra

Rioja

Cataluña

Castilla y León

Río Ebro

Zaragoza

Barcelona

Valladolid

Río Duero

Aragón

Salamanca

Segovia

Río Tajo

Ávila

SIERRA DE GUADARRAMA

Madrid

PORTUGAL

Madrid

E S P A Ñ A

Comunidad Valenciana

Menorca

Islas Baleares

Palma

Castilla-la Mancha

Valencia

Mallorca

Lisboa

Río Guadiana

Ibiza

Extremadura

Formentera

Alicante

MAR MEDITERRÁNEO

Río Guadalquivir

Murcia

Córdoba

Murcia

Sevilla

Granada

Cartagena

Andalucía

SIERRA NEVADA

Jerez de la Frontera

Málaga

COSTA DEL SOL

Cádiz

Marbella

Estepona

Gibraltar (R.U.)

Estrecho de Gibraltar

Ceuta (Esp.)

Tánger

OCÉANO ATLÁNTICO

Melilla (Esp.)

ARGELIA

Islas Canarias

La Palma

Santa Cruz de Tenerife

Lanzarote

Gomera

Las Palmas

Fuerteventura

MARRUECOS

Tenerife

Hierro

Gran Canaria

MARRUECOS

ÁFRICA

OCÉANO ATLÁNTICO

SAHARA OCCIDENTAL

La América del Sur

MAR CARIBE

OCÉANO ATLÁNTICO

Barranquilla
Cartagena
Maracaibo
Caracas
Lago de Maracaibo
Río Orinoco
Medellín
VENEZUELA
GUYANA
SURINAM
GUAYANA FRANCESA
Santafé de Bogotá
Río Magdalena
COLOMBIA
Cali

Ecuador

Otavalo
Quito
ECUADOR
Islas Galápagos (Ecuador)
Guayaquil
Cuenca
Río Amazonas

PERÚ
BRASIL

El Callao
Lima
Cuzco
Lago Titicaca
BOLIVIA
La Paz
Cochabamba
Santa Cruz
Sucre
Brasília

CORDILLERA DE LOS ANDES

Trópico de Capricornio

PARAGUAY
Asunción
CHILE

Vicuña
Córdoba
Río Paraná
OCÉANO PACÍFICO
Valparaíso
Santiago
Rosario
URUGUAY
Buenos Aires
Montevideo
La Plata
Río de la Plata
ARGENTINA
Mar del Plata

OCÉANO ATLÁNTICO

Puerto Montt

PATAGONIA

Estrecho de Magallanes
Islas Malvinas (R.U.)
Tierra del Fuego
Punta Arenas

Cabo de Hornos

EL MUNDO HISPANOHABLANTE

SH39

OCÉANO
ATLÁNTICO

CANADÁ

Golfo de
México

MÉXICO

E S T A D O S   U N I D O S

New
Hampshire
Vermont
Maine
Augusta
Montpelier
Concord
Massachusetts
Boston
Providence
Rhode Island
Connecticut
Nueva Jersey
Delaware
Maryland
Albany
Nueva
York
Hartford
Trenton
Dover
Annapolis
Pensilvania
Washington, DC
Richmond
Harrisburg
Virginia
Occidental
Virginia
Raleigh
Charleston
Carolina
del Norte
Columbia
Carolina
del Sur
Florida
Tallahassee
Georgia
Atlanta
Montgomery
Alabama
Nashville
Tennessee
Frankfort
Kentucky
Jackson
Misisipi
Baton
Rouge
Luisiana
Little
Rock
Arkansas
Jackson
Columbus
Indianápolis
Ohio
Indiana
Springfield
Illinois
Lansing
Michigan
Michigan
Madison
Wisconsin
L. Superior
L. Michigan
L. Huron
L. Erie
L. Ontario
Minnesota
Saint
Paul
Iowa
Des Moines
Misuri
Jefferson
City
Oklahoma
Oklahoma City
Texas
Austin
Topeka
Kansas
Lincoln
Nebraska
Pierre
Dakota del Sur
Bismarck
Dakota
del Norte
Cheyenne
Denver
Colorado
Santa Fe
Nuevo
México
Wyoming
Montana
Helena
Idaho
Boise
Salt Lake
City
Utah
Arizona
Phoenix
Washington
Olympia
Salem
Oregón
Carson City
Nevada
Sacramento
California

RUSIA
Alaska
CANADÁ
Juneau
Golfo de
Alaska
Mar de
Bering
OCÉANO PACÍFICO

Hawai
Honolulú
OCÉANO
PACÍFICO

OCÉANO
PACÍFICO

GeoVistas

Lake Titicaca on the border of Peru and Bolivia

Explorando el mundo hispanohablante

GeoVista

Post office or Palacio de Comunicaciones in Madrid, the capital of Spain ▶

▲ Beautiful Moorish architecture in the Mezquita de Córdoba

▲ A picturesque bay on the Atlantic coast of Galicia

Casares, a typical town of Andalucía in southern Spain ▼

◀ A traditional costume on the island of Ibiza

▲ Windmills in La Mancha on the plains of central Spain

A scene from the famous novel *El Quijote* ▼

La del alba sería cuado
Don Quijote salió de l venta,
tan contento, tan gallardo, tan
alborozado por verse ya ar-
mado caballero que el gozo
le reventaba por las cinchas
del caballo.

(Don Quijote de la Mancha, cap. IV)

▲ Delicious oranges from Valencia

◀ Two youngsters in a garden in Galicia in the northwest of Spain

An Iberian lynx found in Iberia, the name of the peninsula Spain shares with Portugal ▼

Golfo de Vizcaya

Mar Cantábrico

FRANCIA

La Coruña

San Sebastián

Bilbao

Santiago de Compostela

Pamplona

LOS PIRINEOS

Río Ebro

Río Duero

Salamanca

Segovia

Zaragoza

Barcelona

SIERRA DE GUADARRAMA

Madrid

Río Tajo

ESPAÑA

Islas Baleares

PORTUGAL

Mérida

Valencia

Mar Mediterráneo

Río Guadiana

Río Guadalquivir

Córdoba

SIERRA NEVADA

Sevilla

Granada

Cádiz

Marbella

Estepona

Islas Canarias

Estrecho de Gibraltar

Ceuta

Melilla

SH45

MARRUECOS

GeoVista

México

▲ A view of Lake Chapala near Guadalajara

Monarch butterflies during the winter migration to the states of Mexico and Michoacán ▶

The modern resort of Cancún on the Yucatan Peninsula on Mexico's Caribbean coast ▶

Outdoor cafés in the city of Puebla ▶

A typical skeletal mask for the Day of the Dead—el Día de los Muertos ▼

▲ Beautiful modern buildings in Mexico's capital

A fruit stand in Cabo San Lucas in Baja California

Colorful Mexican textiles in the state of Guerrero

Independence Monument on the famous Paseo de la Reforma in Mexico City, the capital of Mexico ▶

Famous ruins of the Toltec and Olmec indigenous civilizations in Monte Albán in the state of Oaxaca in southern Mexico ▶

GeoVista

Guatemala   Honduras

▲ **Honduras** An ancient ballpark and stela in the Mayan ruins of Copán

▲ **Guatemala** A modern skyscraper in Guatemala City, the capital of Guatemala

Guatemala A view of the colonial city of Antigua, the former capital of Guatemala ▶

Honduras An iguana on the island of Roatán ▼

▲ **Guatemala** Lake Atitlán and the San Pedro Volcano

MÉXICO

Tikal
Flores

BELICE

Mar Caribe

Islas del Cisne

GUATEMALA

SIERRA DE LOS CUCHUMATANES
Cobán
Huehuetenango
Volcán Tajumulco
Quetzaltenango
Coatepeque
Mazatenango

Río Usumacinta

Lago de Izabal

Río Dulce
Puerto Barrios
Puerto Cortés
San Pedro Sula
La Ceiba
El Progreso

SIERRA DE MERENDÓN
Río Ulúa
Río Motagua

Golfo de Honduras

Islas de la Bahía

Río Patuca
Puerto Lempira

Lago de Atitlán
Guatemala
Escuintla

Lago de Yojoa
HONDURAS
Copán
CORDILLERA DE OPALACA
Cerro Las Minas
Tegucigalpa

SIERRA DE AGALTA

Río Coco

Juticalpa

Danlí

Puerto Quetzal

EL SALVADOR

Choluteca

Golfo de Fonseca

NICARAGUA

Guatemala
A quetzal—the national bird of Guatemala ▶

Guatemala Friday market in the town of **San Francisco El Alto ▼**

▲ Honduras Vegetable vendors outside the church on a square in Tegucigalpa, the capital of Honduras

Guatemala Young girls in typical Mayan costumes ▼

GeoVista

Nicaragua A modern high-rise and the colonial cathedral in Managua ▶

▲ **Nicaragua** View of the colonial city of Granada

▲ **Nicaragua** A modern theater in Managua, the capital of Nicaragua

El Salvador A spider monkey, one of those still inhabiting a few areas of El Salvador ▼

El Salvador Chaparrastique Volcano ▼

▲ **Nicaragua** A bay in San Juan del Sur on the Pacific coast

▲ **El Salvador**
Church of Santa Lucía in Suchitoto

Nicaragua
A group of students in a park in Matagalpa ▶

Nicaragua Cattle on a rural road in Viejo León ▼

GUATEMALA

HONDURAS

Lago Güija
▲ Cerro El Pital
CORDILLERA DE TILARAN
Santa Ana
Volcán
Santa Ana ▲
Embalse Cerrón Grande
El Mozote
Sensuntepeque
Sam Salvador
Lago Ilopango
Acajulta
La Libertad
Volcán de San Miguel ▲
San Miguel
Puerto El Triunfo
EL SALVADOR
Río Grande de San Miguel
Golfo de Fonseca

▲ Pico Mogotón
CORDILLERA ISABELIA
Río Coco
Puerto Cabezas

M a r   C a r i b e

Estelí
Matagalpa
Río Grande de Matagalpa

Chinandega
León
NICARAGUA
Lago Managua
Islas del Maíz
Río Escondido
Bluefields
Corinto

Managua
Granada
Lago Nicaragua
Rivas
Isla de Ometepe
San Carlos

O C É A N O   P A C Í F I C O

Río San Juan

COSTA RICA

SH51

GeoVista

 Costa Rica Panamá

◀ **Costa Rica** Tourists in the Inbioparque Center in San José, the capital of Costa Rica

▼ **Costa Rica**
A Costa Rican toucan

▲ **Panama** A view of the modern capital of Panama, Panama City

▼ **Panama** The Panama Canal

▲ **Panama**
A view of the colonial section of Panama City

NICARAGUA

Mar Caribe

Lago
Nicaragua

CORDILLERA DE
GUANACASTE

Río San Juan

Liberia

Lago
Arenal

COSTA RICA

Nicoya

CORDILLERA CENTRAL

Puerto Limón

Alajuela

Puntarenas

Volcán de Irazú

Caldera

San
José

Canal de
Panamá

Río
Chagres

El Porvenir

Archipiélago de San Blas

Bocas del Toro

Colón

Ciudad de
Panamá

SERRANÍA DE
SAN BLAS

Puerto Quepos

CORDILLERA DE TALAMANCA

San
Isidro

Lago Gatún

Balboa

Río
Chepo

Lago
Bayano

SERRANÍA DEL
DARIÉN

Golfito

Volcán Barú

Vacamonte

Penonomé

Isla del
Rey

La Palma

CORDILLERA CENTRAL

David

PANAMÁ

Santiago

Archipiélago
de las Perlas

Río
Tuira

Yaviza

Río
San Pablo

Golfo de
Panamá

COLOMBIA

Isla de
Coiba

OCÉANO PACÍFICO

▲ Panama Emberá girls in the tropical forest near Panama City

Panama A statue of Vasco Núñez de Balboa, the discoverer of the Pacific Ocean ▼

Costa Rica The Tortuguero Canal along the Caribbean coast of Costa Rica ▼

GeoVista

▲ **Colombia** Young women marching in Cartagena

▲ **Venezuela** The famous Angel Falls

Colombia, Venezuela
A bear indigenous to many Andean areas ▼

◄ **Colombia** An ancient gold pendant in the form of a human from the area of Tolima

Mar Caribe

Isla de Providencia

Isla de San Andrés

Archipiélago Los Roques

Isla de Margarita

OCÉANO ATLÁNTICO

Santa Marta
Pico Cristóbal Colón
Barranquilla
Puerto Bolívar
Cartagena
SIERRA NEVADA DE SANTA MARTA
Maracaibo
Golfo de Venezuela
Lago Maracaibo
Coro
Caracas
Valencia
Lago Valencia
Maracay

PANAMÁ

Río Magdalena
Mérida
Pico Bolívar
Cúcuta
San Cristóbal
Río Apure
San Fernando de Apure
Río Orinoco
Ciudad Bolívar
Ciudad Guayana

VENEZUELA

GUYANA

Bucaramanga

Medellín

Canaima
Puerto Ayacucho

Bogotá
Río Meta
Río Guaviare

Ibagué
Buenaventura
Cali

COLOMBIA

LOS ANDES

Pasto

Río Caquetá

Río Putumayo

Río Amazonas

ECUADOR

PERÚ

BRASIL

▲ **Venezuela** A view of the modern city of Caracas, the capital of Venezuela

▲ **Venezuela** A cable car to the summit of the Ávila Mountain in Caracas

▲ **Venezuela** Oil rigs on Lake Maracaibo

▲ **Colombia** A church built over the Guaitara River in the south of Colombia

Colombia The beautiful colonial city of Cartagena on the Caribbean coast of Colombia ▼

GeoVista

Ecuador   Perú   Bolivia

Peru The ruins of Machu Picchu, an imperial city of the Incas ▶

Peru A view of the main square in Cuzco ▼

Peru Sisters in traditional dress in the Urubamba Valley ▼

Ecuador A beach in the port city of Manta ▼

◀ Ecuador
The cathedral in Cuenca, a beautiful city in southern Ecuador

Bolivia
A young man playing the zampoña during a festival in Potosí ▶

◀ Bolivia, Peru A view of Lake Titicaca on the border of Peru and Bolivia

▲ Bolivia A view of the city of Copacabana

◀ Ecuador La Rotonda in Guayaquil, the place that commemorates a famous meeting between San Martín and Simón Bolívar

Islas Galápagos

COLOMBIA
Esmeraldas
Ibarra
Santo Domingo   Otavalo
Manta   Quito
Volcán Chimborazo ECUADOR
Guayaquil   Riobamba
Cuenca
Golfo de Guayaquil
Puerto Bolívar
Punta Sal   Iquitos

Río Napo
Río Putumayo
Río Amazonas
Río Marañón

BRASIL

Huanchaco
Trujillo   PERÚ
Río Ucayali

Barranca   Huancayo
Lima   Cuenca   Río Urubamba   Cobija
Ayacucho   Machu   Pisac   Riberalta
Ica   Picchu   Cuzco   Río Guaporé
Nazca   Río Beni   Trinidad

Puno   Río Mamoré
Arequipa   Lago   La Paz
Titicaca   El Alto   Cochabamba
Nevado Sajama   Oruro   Santa Cruz
BOLIVIA
Sucre   Puerto Aguirre
Potosí

Tarija   Río Paraguay
CHILE   ARGENTINA   PARAGUAY

GeoVista

Argentina Dancing the Argentine tango in the San Telmo section of Buenos Aires, the capital of Argentina ▶

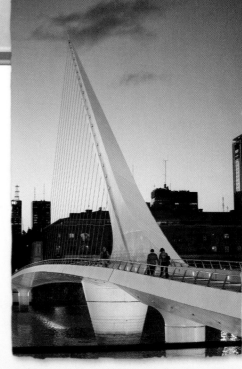

▲ **Argentina** A modern bridge over the Río de la Plata in the port area of Buenos Aires

▲ **Argentina** La Casa Rosada, *Pink House*, in Buenos Aires

Chile
A young man in the important fishing industry in Puerto Montt ▶

◀ **Chile** A view of the old and the new in Santiago, the capital of Chile

Chile Horses in the Torres del Paine National Park ▶

▲ **Chile** A view of the beautiful Elqui Valley in northern Chile

PERÚ

BOLIVIA

BRASIL

PARAGUAY

Arica

Iquique

Antofagasta

DESIERTO DE ATACAMA

Río Pilcomayo

Salta

San Miguel de Tucumán

Puerto Iguazú

Corrientes

Posadas

Nevado Ojos del Salado

La Serena

Coquimbo

←Isla de Pascua

CHILE

Córdoba

Laguna Mar Chiquita

Río Paraná

Río Uruguay

URUGUA

Viña del Mar

Valparaíso

Santiago

Archipiélago de Juan Fernández

Cerro Aconcagua

San Juan

Santa Fe

Rosario

Río Maipo

Buenos Aires

La Plata

Río de la Plata

ARGENTINA

Concepción

Río Colorado

Bahía Blanca

Mar del Plata

Temuco

Valdivia

San Carlos de Bariloche

Puerto Montt

PATAGONIA

Lago General Carrera

Lago Viedma

Lago Argentino

Islas Malvinas

OCÉANO ATLÁNTICO

Río Gallegos

Estrecho de Magallanes

Tierra del Fuego

Ushuaia

Canal de Beagle

Cabo de Hornos

Argentina Colorful houses in the picturesque area of La Boca in Buenos Aires ▶

Torres del Paine

G. Perito Moreno

Ushuaia

Cueva del Milodón

Argentina Sea lions in the Patagonian area of Argentina ▼

GeoVista

Paraguay ✹ Uruguay

▲ **Paraguay** A species of pineapple native to Paraguay and Brazil

▲ **Paraguay** A young man of Guaraní descent

Uruguay A view of Montevideo, the capital of Uruguay ▼

◀ **Uruguay** A hotel on the outskirts of the famous resort of Punta del Este in Uruguay

BOLIVIA

PARAGUAY

•Capitán Pablo
Lagerenza

•Fuerte Olimpo•

Río Pilcomayo

GRAN CHACO

Pozo
Colorado•
Concepción•

Río Paraguay

Pedro Juan
Caballero•

Río Paraná

BRASIL

☆Asunción
•Villarrica •Ciudad del Este

Formosa•

San Juan
Bautista•

Encarnación•

ARGENTINA

Río Paraná

Río Uruguay

Artigas•
•Rivera
Salto•
URUGUAY

Paysandú•
Lago Artificial de
Rincón del Bonete
Lago Artificial de
Paso del Palmar
Río Negro

Melo•

Mercedes•
CUCHILLA
GRANDE
Nueva Palmira•
Colonia•
Minas•

Treinta
y Tres•

Laguna
Merín

▲Cerro Catedral

☆Montevideo
•Punta del Este

OCÉANO ATLÁNTICO

Río de la Plata

Paraguay Palace of
the government in
Asunción, Paraguay ▼

▲ **Paraguay** A jaguar, the
largest cat in South America

Uruguay A marina in
Punta del Este, Uruguay ▼

◄ **Paraguay** Iguazú Falls on the
border of Paraguay, Argentina, and Brazil

GeoVista

 Cuba República Dominicana Puerto Rico

◀ **Cuba** Scuba diving off the coast of Cuba

▲ **Dominican Republic** A square in Puerto Plata, a famous resort

▲ **Cuba** The town of Trinidad

Puerto Rico A group of students in their school uniform in Fajardo ▶

Cuba A view of the Vedado section of Havana, the capital of Cuba ▼

▲ Puerto Rico Asopao,
a typical dish of Puerto Rico

*Golfo de
México*

*Río Sagua
la Grande*

La Habana

B A H A M A S

*OCÉANO
ATLÁNTICO*

SIERRA DE
LOS ÓRGANOS

CUBA

SIERRA DE
TRINIDAD

*Isla de la
Juventud*

Camagüey

Río Cauto

Manzanillo

SIERRA MAESTRA

Guantánamo

**REPÚBLICA
DOMINICANA**

PUERTO RICO

Pico
Turquino

Santiago
de Cuba

Santiago

Bayamón
Arecibo

San
Juan

*Islas
Caimán*

HAITÍ

La Vega

San Pedro
de Macorís

Rincón

Carolina

Santo
Domingo

Mayagüez

Ponce

La Española

M a r   C a r i b e

▲ Dominican Republic A view of
tranquil Bayahibe Beach

Puerto Rico
El Yunque rain forest ▼

Puerto Rico
The coquí—a beloved creature of
Puerto Rico that gets its name from
the sound it makes ▼

GeoVista

Estados Unidos

◀ **New York**
The Puerto Rican Day Parade in New York City

New York **A Mexican restaurant in Greenwich Village in New York City** ▶

◀ **Washington** Latino newscasters in Seattle

Florida **The fort of San Marcos in Saint Augustine** ▼

▲ **Texas** **The famous River Walk in San Antonio**

Arizona César Chávez, the Mexican American labor leader who fought for the rights of all workers

RUSIA

Alaska

CANADÁ

Mar de Bering

Golfo de Alaska

CANADÁ

Washington

Oregón

Idaho

Montana

Dakota del Norte

Minnesota

Wisconsin

Michigan

New Hampshire

Vermont

Maine

Nevada

Wyoming

Dakota del Sur

Nebraska

Iowa

Illinois

Indiana

Ohio

Nueva York

Massachusetts

Rhode Island

Pensilvania

Connecticut

Nueva Jersey

Utah

ESTADOS UNIDOS

Washington, D.C.

Virginia Occidental

Delaware

Maryland

California

Colorado

Kansas

Misuri

Kentucky

Virginia

Arizona

Nuevo México

Oklahoma

Arkansas

Tennessee

Carolina del Norte

Carolina del Sur

OCÉANO PACÍFICO

Misisipi

Alabama

Georgia

OCÉANO ATLÁNTICO

Texas

Luisiana

Florida

Florida A street sign in Ybor City, a section of Tampa ▼

Hawai

OCÉANO PACÍFICO

MÉXICO

Golfo de México

California The Spanish Mission in Santa Barbara ▼

▲ Florida
Celebrating the Calle Ocho Carnaval in Miami's Little Havana section

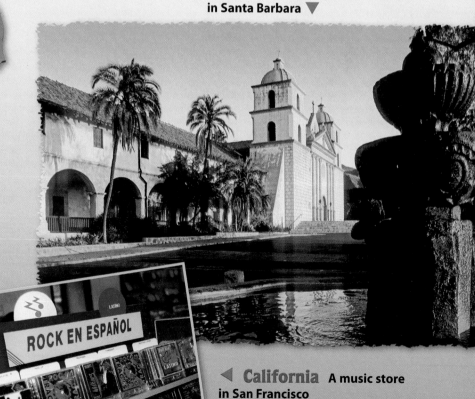

◀ **California** A music store in San Francisco

Amigos, alumnos y parientes

◀ Estos jóvenes guatemaltecos están sentados en un banco en la Plaza Mayor en la bonita ciudad de Antigua.

Objetivos

In this chapter you will review:

- vocabulary associated with friends, family, and home
- the verb **ser**
- the use of nouns, articles, and adjectives
- the verb **tener**
- possessive adjectives

Go to glencoe.com
For: **Online book**
Web code: **ASD9304rc**

Repaso A

For: **Vocabulary practice**

Vocabulario 🎧

Mariana es morena y bastante alta.
Ella es de Guanajuato.
Es alumna en el Colegio Rivera.

Manuel y Adela son alumnos en la misma escuela.
Son alumnos buenos. Son muy inteligentes.
Los dos son bastante cómicos.

Santiago tiene dieciséis años.
Su hermano menor tiene catorce.
Y su hermano mayor tiene dieciocho.
Ellos tienen una mascota—Chispa.

La familia Solís tiene una casa privada.
La casa tiene siete cuartos.

el comedor   la cocina
la sala
el cuarto de baño
el cuarto de dormir, la recámara

Más práctica
Workbook, p. R.3
StudentWorks™ Plus

Práctica

HABLAR • ESCRIBIR

1 Parea y forma frases basado en la información en el vocabulario.

1. Santiago	**a.** amigos
2. Mariana	**b.** de Puerto Rico
3. Manuel y Adela	**c.** dos hermanos
4. Santiago	**d.** de nacionalidad mexicana

HABLAR

2 Contesta. Presta atención a la palabra interrogativa.

1. ¿De qué nacionalidad es Mariana Valdéz?
2. ¿De dónde es?
3. ¿Cómo es?
4. ¿Dónde es alumna?

LEER • ESCRIBIR

3 Corrige la información falsa.

1. Manuel y Adela son hermanos.
2. Son muy serios.
3. Son alumnos malos.
4. No son muy inteligentes.
5. Son alumnos en escuelas diferentes.

LEER • ESCRIBIR

4 Completa con una palabra apropiada.

1. Santiago Barros es de _____.
2. Tiene dos _____.
3. _____ hermano menor tiene catorce años.
4. Su hermano mayor tiene dieciocho _____.
5. Santiago y sus hermanos tienen una _____.
6. Su perro es _____.

5 Rompecabezas

Cambia una letra en cada palabra para formar una palabra nueva.

1. dos
2. hola
3. buen
4. tengo
5. baño

CULTURA

Una joven ecuatoriana mira un lobo marino en las islas Galápagos, Ecuador.

Repaso A

PLANTA BAJA

PLANTA ALTA

HABLAR • ESCRIBIR

6 Describe la casa de los Solís.

Comunicación

7 With a classmate, look at these real estate ads. Describe your family and housing needs to your real estate agent (your partner). He or she will recommend a dwelling and will describe it to you. Take turns.

PROMOCIONES, FINANCIACION Y VENTAS, S.L.

MILENIUM

Teléfono:
956 540 772

Móvil:
679 148 524

VALDELAGRANA
Piso 3 dormitorios, 2 baños, coc. amueb. 3 arm. empotr. parking privado.
Ref.- 7151

FUENTEBRAVÍA
Apartamento 1 dormitorio, 1 baño, coc. amueb. jardines, aparc. cerrado. A 100 metros de la playa.
Ref.- 7000

VALDELAGRANA
Unifamiliar 160 m2, 3 dormitorios, 2 baños, cocina amueb., aseo, buhardilla, trastero, piscina.
Ref.- 7083

FUENTEBRAVÍA
Unifamiliar 3 dormitorios, 1 baño, aseo, cocina amueblada, chimenea, cerca de la playa.
Ref.- 7009

C/ Almirante Cañas Trujillo, 17 B (Junto Avd. Libertad)
11500 El Puerto de Santa María

QuickPass

Go to glencoe.com
For: **Conversation practice**
Web code: **ASD9304rc**

Conversación 🎧

¿De dónde son?

Julio	¡Hola!
Rosa	¡Hola! ¿Qué tal?
Julio	Bien, ¿y tú?
Rosa	Bien. Oye, eres un amigo de Teresa Irizarry, ¿no?
Julio	Sí, soy Julio Arenal.
Rosa	¿De dónde eres, Julio?
Julio	¿Yo? Soy de la Ciudad de México. Y tú eres de Puebla como Teresa, ¿no?
Rosa	Sí.
Julio	¿Cuántos años tienes, Rosa?
Rosa	Tengo dieciséis años.
Julio	¿Dieciséis? Tenemos la misma edad.

¿Comprendes?

A Contesta según la información en la conversación.

1. ¿Son mexicanos los dos muchachos?
2. ¿De dónde es Julio?
3. ¿Son amigos los dos muchachos?
4. ¿Quién es amigo de Teresa Irizarry?
5. ¿De dónde es Rosa?
6. ¿Cuántos años tiene ella?
7. Y, ¿cuántos años tiene Julio?
8. ¿Tienen ellos la misma edad?

B Resumiendo Cuenta toda la información sobre las tres personas en la conversación en tus propias palabras.

CULTURA

Rascacielos modernos en la Ciudad de México

QuickPass

Go to glencoe.com
For: **Grammar practice**
Web code: **ASD9304rc**

Gramática
Presente del verbo ser

Review the forms of the irregular verb **ser**.

ser	
soy	somos
eres	*sois*
es	son

Los dos jóvenes son alumnos serios.

¿De qué nacionalidad son los
jóvenes? Son dominicanos, ¿no?

Práctica

HABLAR

 1 Personaliza. Da respuestas personales.

1. ¿Quién eres?
2. ¿De qué nacionalidad eres?
3. ¿Dónde eres alumno(a)?
4. ¿Cómo es tu escuela?

LEER • ESCRIBIR

 2 Completa con las formas apropiadas de **ser**.

Yo __1__ un amigo de Andrés. Andrés __2__ muy
simpático. Y él __3__ gracioso. Andrés y yo __4__
dominicanos. __5__ de la República Dominicana.

La capital de la República Dominicana __6__ Santo
Domingo. Nosotros __7__ alumnos en un colegio en
Santo Domingo. Nosotros __8__ alumnos de inglés. La
profesora de inglés __9__ la señorita White. Ella __10__
norteamericana. __11__ de Estados Unidos.

 Comunicación

 3 You are key pals with an exchange student from Peru
(your partner). He or she wants to know about your
school, your schedule, and your classes. Tell as much
 as you can about your school and then ask him or her
about school life in Peru.

VIDEO Want help with nouns, articles, and adjectives? Watch **Gramática en vivo.**

Sustantivos, artículos y adjetivos

1. Spanish nouns are either masculine or feminine. Most nouns ending in **o** are masculine and most nouns ending in **a** are feminine. The definite articles **el** and **los** accompany masculine nouns; **la** and **las** accompany feminine nouns.

SINGULAR	PLURAL	SINGULAR	PLURAL
el alumno	los alumnos	la amiga	las amigas
el curso	los cursos	la escuela	las escuelas

2. An adjective must agree with the noun it describes or modifies. Adjectives that end in **o** have four forms.

el amigo sincero	los amigos sinceros
la amiga sincera	las amigas sinceras

3. Adjectives that end in **e** or a consonant have only two forms.

el curso interesante	los cursos interesantes
la clase interesante	las clases interesantes
el curso difícil	los cursos difíciles
la clase difícil	las clases difíciles

Julia es una alumna seria, muy estudiosa.

Práctica

HABLAR • ESCRIBIR

4 Describe a Julia. •

HABLAR • ESCRIBIR

5 Describe al grupo de amigos. •

HABLAR • ESCRIBIR

6 Describe tu clase favorita.

Comunicación

7 Work in groups of three or four. In each group, rate your courses as **fácil, difícil, regular, aburrido, fantástico.** Tally the results and report the information to the class.

Los amigos están en el patio de su escuela en Santo Domingo.

El verbo tener

1. Review the forms of the irregular verb **tener**.

tener	
tengo	tenemos
tienes	*tenéis*
tiene	tienen

2. You use **tener** to express age.

¿Cuántos años tienes?

3. Note that the expression **tener que** followed by an infinitive means *to have to*.

Tenemos que estudiar y aprender mucho.

Práctica

HABLAR

8 Personaliza. Da respuestas personales sobre tu familia.

1. ¿Tienes una familia grande o pequeña?
2. ¿Cuántos hermanos tienes?
3. ¿Cuántos años tienen ellos?
4. ¿Y cuántos años tienes tú?
5. ¿Tienen ustedes un perro o un gato?
6. ¿Tiene tu padre o tu madre un carro?
7. En la escuela, ¿tienes que estudiar mucho?
8. ¿Y tienen que trabajar mucho tus padres?

LEER • ESCRIBIR

9 Completa con las formas apropiadas de **tener**.

La familia Bravo ___1___ un piso o apartamento en Madrid. Su piso ___2___ seis cuartos. Está en Salamanca, una zona muy bonita de la ciudad. Muchas calles en la zona Salamanca ___3___ los nombres de artistas famosos— la calle Goya, la calle Velázquez.

Hay cuatro personas en la familia Bravo. Teresa ___4___ diecisiete años y su hermano ___5___ quince años. Ellos ___6___ un gato adorable.

EXPANSIÓN

Ahora, sin mirar el párrafo, cuenta toda la información sobre la familia Bravo en tus propias palabras. Si no recuerdas algo, un(a) compañero(a) te puede ayudar.

CULTURA

Una familia española en una placita en Palma de Mallorca, España

Más práctica

■ Workbook, pp. R.4–R.7
● StudentWorks™ Plus

Repaso

Adjetivos posesivos

1. Review the forms of the possessive adjectives **mi, tu,** and **su.** These adjectives have only two forms.

> **¿Dan una fiesta tu hermana y tus primos?**
> **Sí, mi hermana y mis primos dan una fiesta.**
> **Todos sus amigos van a recibir una invitación a su fiesta.**

2. The possessive adjective **nuestro** has four forms.

> **Nuestro primo, nuestra tía, nuestras sobrinas y nuestros abuelos viven todos en Madrid.**

Práctica

HABLAR

10 Personaliza. Da respuestas personales sobre tu familia y casa.

1. ¿Dónde está tu casa o departamento?
2. ¿Cuántas personas hay en tu familia?
3. ¿Cuántos cuartos tiene tu casa o departamento?
4. ¿De dónde son tus abuelos?
5. ¿Tienes muchos primos?
6. ¿Quiénes son los padres de tus primos?

LEER • ESCRIBIR

11 Completa con el adjetivo posesivo apropiado.

—La casa de mi familia está en la calle Independencia. __1__ casa tiene siete cuartos. Detrás de __2__ casa hay un jardín.

—José, ¿tienen __3__ padres un carro?

—Sí, y __4__ carro es bastante nuevo. __5__ carro está en el garaje. Y nosotros tenemos un perro. __6__ perro no está en el garaje. Está en el jardín.

La familia Sánchez tiene una casa privada en Asturias en el norte de España. Delante de su casa hay muchas flores bonitas.

Comunicación

12 You are spending the summer with a family in Venezuela. Tell your Venezuelan "brother" or "sister" (your partner) all you can about your family. Answer any questions he or she may have. Then reverse roles.

13 Work with a classmate. Be good interviewers. Make up questions with the following question words.

¿Qué?	¿Quién?	¿Quiénes?	¿Dónde?
¿De dónde?	¿Cómo?	¿Cuánto(s)?	

Un parque en el centro de San Juan, Venezuela

◀ **Una banda escolar delante de su colegio en Cartagena, Colombia**

En casa y en la escuela

Objetivos

In this chapter you will review:

- vocabulary associated with home and school activities

- the present tense of regular verbs

- the present tense of **ir, dar, estar**

- contractions

Go to glencoe.com
For: **Online book**
Web code: **ASD9304rc**

QuickPass

Go to glencoe.com
For: **Vocabulary practice**
Web code: **ASD9304rc**

Vocabulario 🎧

Los alumnos están en la escuela.
Ellos prestan atención al profesor.
El profesor habla.
Ramón tiene una pregunta y
   levanta la mano.

Después de las clases los alumnos van a casa.
Toman el bus escolar.

La familia de Andrés Salinas vive
   en Nicaragua.
Su familia está en la sala.
La señora Salinas lee un libro.
Su esposo (marido) ve la tele.
Andrés escucha música en su MP3.

La hermana de Andrés está en su cuarto
   (de dormir).
Ella recibe un correo electrónico. Ella
   usa su computadora.
Lee su e-mail.

Más práctica

📘 Workbook, pp. R.9–R.10
🌐 StudentWorks™ Plus

Práctica

ESCUCHAR

1 Escucha las frases. Usa una tabla como la de abajo para indicar si la acción tiene lugar en casa o en la escuela.

casa	escuela

HABLAR • ESCRIBIR

2 Contesta.

1. ¿Cómo llegan los alumnos a la escuela? ¿Toman el bus, van en carro o van a pie?
2. ¿Con quién hablan los alumnos cuando entran en la sala de clase?
3. ¿Prestan ellos atención cuando el/la profesor(a) habla?
4. ¿Qué levanta un(a) alumno(a) cuando tiene una pregunta?
5. Los alumnos que estudian mucho, ¿sacan notas buenas o malas?
6. En la escuela, ¿quién da los exámenes y quiénes toman los exámenes?

CULTURA

Los jóvenes usan un ordenador (una computadora) en San Sebastián, España.

LEER • ESCRIBIR

3 Parea para formar expresiones.

1. leer
2. escribir
3. vivir
4. aprender
5. vender
6. comer
7. ser
8. subir
9. beber

   a. mucho en la escuela
   b. al quinto piso
   c. una novela
   d. un alumno bueno y serio
   e. la orden
   f. una limonada
   g. en una casa particular
   h. CDs en una tienda
   i. carne, ensalada y papas

CULTURA

La joven come un bocadillo en una cafetería en Barcelona, España.

HABLAR • ESCRIBIR

4 **Juego** Divide the class into two teams. Your teacher will ask each team to give a word that pertains to a category: **cosas que comemos, bebemos, leemos o escribimos.** Your teacher will keep asking for words until one team is unable to think of a word that pertains to the given category.

QuickPass

Go to glencoe.com
For: **Conversation practice**
Web code: **ASD9304rc**

Conversación 🎧

Otro año en la escuela

Paco	Claudia, ¿cómo estás?
Claudia	Muy bien, Paco. ¿Y tú?
Paco	Bien. ¿Qué tal la escuela este año?
Claudia	Muy bien. Pero un poco difícil. Tengo seis cursos.
Paco	¡Seis cursos! Estudias mucho, ¿no?
Claudia	Sí, bastante. Y, a propósito, Paco, ¿dónde están tus primos Enrique y Sara? ¿Dónde viven ahora?
Paco	Pues, viven en la misma casa. ¿Por qué?
Claudia	Pues, no los veo casi nunca.

¿Comprendes?

Contesta según la información en la conversación.

1. ¿Quiénes hablan?
2. ¿Cómo está Paco?
3. ¿Y Claudia?
4. ¿Cuántos cursos toma Claudia?
5. ¿Tiene que estudiar mucho?
6. ¿Quiénes son los primos de Paco?
7. ¿Ve Claudia mucho a sus primos?
8. ¿Viven ellos en la misma casa que antes o no?

Gramática
Presente de los verbos regulares

1. Review the present tense forms of regular **-ar, -er,** and **-ir** verbs.

infinitive	mirar	comer	vivir
stem	mir-	com-	viv-
yo	miro	como	vivo
tú	miras	comes	vives
Ud., él, ella	mira	come	vive
nosotros(as)	miramos	comemos	vivimos
vosotros(as)	*miráis*	*coméis*	*vivís*
Uds., ellos, ellas	miran	comen	viven

2. Note that the **-er** and **-ir** verbs have the same endings except **nosotros(as)** and *vosotros(as).*

comemos	**vivimos**
coméis	*vivís*

3. Remember, to make a sentence negative, you put **no** before the verb.

No habla francés.
No vivimos en Francia.

4. Remember to use **tú** when talking to a friend, family member, or person your own age. Use **usted** when speaking to an adult, a person you do not know well, or someone to whom you wish to show respect. You use **ustedes** when talking to two or more people.

¿Tú estudias español, Roberto?
¿Y usted, señora? ¿Usted también estudia español?
Ustedes viven aquí, ¿no?

CULTURA

Un puesto de comida en una calle de Oaxaca, México. ¿Qué forma usa la mamá con su hijito? ¿Tú o usted?

Repaso B

Más práctica

■ Workbook, pp. R.11–R.12
● StudentWorks™ Plus

Práctica

HABLAR • ESCRIBIR

1 Personaliza. Da respuestas personales.

1. ¿En qué escuela estudias?
2. ¿Cómo llegas a la escuela por la mañana?
3. ¿Cuántos cursos tomas?
4. ¿En qué llevas los materiales escolares?
5. ¿Estudian mucho los alumnos de tu escuela?
6. ¿Sacan ustedes notas buenas?
7. ¿Toman ustedes muchos exámenes?
8. ¿Escuchan ustedes cuando el/la profesor(a) habla?

EXPANSIÓN

Ahora, sin mirar las preguntas, cuenta toda la información en tus propias palabras. Si no recuerdas algo, un(a) compañero(a) te puede ayudar.

LEER • ESCRIBIR

2 Completa con la forma apropiada del verbo.

1. Durante la fiesta todos nosotros _____. (bailar)
2. Felipe _____ el piano. (tocar)
3. Mientras él _____ el piano, Paz y Jaime _____. (tocar, cantar)
4. ¿_____ ustedes refrescos durante la fiesta? (preparar)
5. ¿_____ ustedes fotos durante la fiesta? (tomar)
6. Sí, y todos nosotros _____ las fotografías. (mirar)

HABLAR • ESCRIBIR

3 Personaliza. Da respuestas personales.

1. ¿Qué comes cuando tienes hambre?
2. ¿Qué bebes cuando tienes sed?
3. ¿Qué aprenden tú y tus amigos en la escuela?
4. ¿Qué leen ustedes en la clase de inglés?
5. ¿Qué escriben ustedes?
6. ¿Comprenden los alumnos cuando el/la profesor(a) de español habla?
7. ¿Reciben ustedes notas buenas en todos sus cursos?

CULTURA

Los estudiantes están en la biblioteca de la Universidad de Málaga en España.

VIDEO Want help with the present tense of regular verbs? Watch **Gramática en vivo.**

LEER • ESCRIBIR

4 Completa sobre una visita a un café.

En el café los clientes __1__ (ver) al mesero. Ellos __2__ (hablar) con el mesero. Los clientes __3__ (leer) el menú y __4__ (decidir) lo que van a tomar. Los meseros __5__ (tomar) la orden y __6__ (escribir) la orden en un cuaderno pequeño. Los meseros no __7__ (leer) el menú. Y los clientes no __8__ (escribir) la orden.

CULTURA

Los clientes toman un refresco en un café al aire libre en Valencia, España.

 Comunicación

5 Tell all the things you do in a typical school day. Present your information to the class. Do you or your classmates do anything different?

CULTURA

Un grupo de estudiantes internacionales en Málaga, España

Repaso B

Más práctica
Workbook, pp. R.12–R.13
StudentWorks™ Plus

Los verbos ir, dar, estar

1. Note that the verbs **ir, dar,** and **estar** are the same as regular **-ar** verbs in all forms except **yo.**

	ir	dar	estar
yo	voy	doy	estoy
tú	vas	das	estás
Ud., él, ella	va	da	está
nosotros(as)	vamos	damos	estamos
vosotros(as)	*vais*	*dais*	*estáis*
Uds., ellos, ellas	van	dan	están

2. The preposition **a** often follows the verb **ir.** Remember that **a** contracts with **el** to form one word—**al.**

   Voy al café. No voy a la tienda.

3. Remember you can use **ir a** + infinitive to express a future idea.

   Voy a tomar el bus.

Práctica

HABLAR

 6 Personaliza. Da respuestas personales.

    1. ¿Vas a la escuela?
    2. ¿A qué hora vas a la escuela?
    3. ¿Con quién vas a la escuela?
    4. ¿Están ustedes en la escuela ahora?
    5. ¿Cómo van ustedes a la escuela?
    6. ¿Da el/la profesor(a) muchos exámenes?
    7. ¿Dan los alumnos exámenes también?

CULTURA
El joven va a la escuela en el bus escolar en Barcelona, España.

LEER • ESCRIBIR

7 Completa.

Yo __1__ (ir) a la tienda de ropa. Emilio __2__ (ir) también. Él y yo __3__ (estar) en la tienda. Yo __4__ (comprar) una camiseta y él __5__ (comprar) un blue jean. Nosotros no __6__ (necesitar) mucha ropa porque __7__ (llevar) uniforme a la escuela.

Laura y Tomás __8__ (llevar) uniforme a la escuela también. Ellos __9__ (ir) a una escuela en las afueras de Lima, en Miraflores.

Comunicación

8 Tell some things you're not going to do now because you have to do something else.

9 Work in groups of three or four. You're all friends from Mexico. After school you go to a café where you talk about lots of things—school, teachers, friends, home, family, etc. One of you will be the server. You have to interrupt the conversation once in a while to take the orders and serve. Take turns.

CULTURA

Los jóvenes están delante de un café Internet en Tepoztlán, México.

Va a empezar un partido de béisbol entre los equipos de la República Dominicana y la República Bolivariana de Venezuela.

Objetivos

In this chapter you will review:

- vocabulary related to sports
- the present tense of stem-changing verbs
- the verbs **aburrir, interesar, gustar**

QuickPass

Go to glencoe.com
For: **Online book**
Web code: **ASD9304rc**

QuickPass

Go to glencoe.com
For: **Vocabulary practice**
Web code: ASD9304rc

Vocabulario 🎧

Los dos equipos quieren ganar.
Pero no pueden.
Un equipo pierde.

Los dos equipos juegan (al) fútbol.
Empieza el segundo tiempo.
Los jugadores vuelven al campo de fútbol.

Luisa, ¿te gusta el béisbol?

Sí, me gusta mucho. ¿Y a ti?

Sí, me gusta. Pero me gusta más el fútbol.

A mí, no. Me aburre.

Es un partido de béisbol.
El jugador batea la pelota.
Luego corre de una base a otra.

Más práctica

📘 Workbook, pp. R.18–R.19
🔵 StudentWorks™ Plus

Repaso

Práctica

ESCUCHAR • HABLAR

1 Contesta según se indica.

1. ¿Cuántos tiempos hay en un juego de fútbol? (dos)
2. ¿Cuántos jugadores hay en un equipo de fútbol? (once)
3. ¿Dónde juegan fútbol? (en el campo de fútbol)
4. ¿Quién guarda la portería? (el portero)
5. ¿Qué bloquea? (el balón)
6. ¿Quieren perder los dos equipos? (no, ganar)

LEER

2 **Juego** **Cada uno en su sitio** Determina el deporte que cada frase describe.

1. El jugador lanza el balón con el pie.
2. Hay cinco jugadores en el equipo.
3. La pelota pasa por encima de la red.
4. El jugador corre de una base a otra.
5. El portero para o bloquea el balón.
6. El jugador tira el balón y encesta.
7. La jugadora usa una raqueta.

CULTURA

Un juego de fútbol en un parque en Barcelona, España

EL FÚTBOL	EL BÁSQUETBOL	EL BÉISBOL	EL TENIS

HABLAR

3 Personaliza. Da respuestas personales.

1. ¿Cuáles son los deportes que a ti te gustan?
2. ¿Cuáles son los comestibles que te gustan?
3. ¿Cuáles son los cursos que te interesan?
4. ¿Cuáles son algunas cosas que no te gustan, que te aburren?

4 **Juego** Work with a classmate. Give him or her some information about a sport. He or she has to guess what sport you're talking about. Take turns.

QuickPass

Go to glencoe.com
For: **Conversation practice**
Web code: **ASD9304rc**

Conversación 🎧

Un partido importante

Tadeo	Isabel y Marta, ¿quieren ir al Café Selma?
Isabel	Gracias, Tadeo, pero no podemos. Queremos ver el partido.
Tadeo	¿De qué partido hablas?
Isabel	El Real juega contra el Valencia.
Tadeo	¿Cuál es tu equipo favorito? ¿Cuál te gusta más?
Isabel	Mi equipo favorito es el Real porque soy madrileña.

¿Comprendes?

Contesta según la información en la conversación.

1. ¿Adónde va Tadeo?
2. ¿Quieren ir con él Isabel y Marta?
3. ¿Por qué no pueden ir?
4. ¿Qué equipos juegan?
5. ¿Cuál es el equipo favorito de Isabel?

Gramática
Verbos de cambio radical

1. Review the following forms of the stem-changing verbs. Remember that the **e** changes to **ie** in all forms except **nosotros(as)** and *vosotros(as).*

	empezar	perder
yo	empiezo	pierdo
tú	empiezas	pierdes
Ud., él, ella	empieza	pierde
nosotros(as)	empezamos	perdemos
vosotros(as)	empezáis	perdéis
Uds., ellos, ellas	empiezan	pierden

2. The following verbs change the **o** to **ue** in all forms except **nosotros(as)** and *vosotros(as).*

	volver	poder
yo	vuelvo	puedo
tú	vuelves	puedes
Ud., él, ella	vuelve	puede
nosotros(as)	volvemos	podemos
vosotros(as)	volvéis	podéis
Uds., ellos, ellas	vuelven	pueden

3. The verb **jugar** also has a stem change.

jugar			
yo	juego	nosotros(as)	jugamos
tú	juegas	vosotros(as)	jugáis
Ud., él, ella	juega	Uds., ellos, ellas	juegan

Nota

- Other verbs with the **e → ie** stem change like **empezar** and **perder** are: **sentarse, comenzar, pensar.**
- Other **o → ue** verbs like **volver** and **poder** are: **acostarse, recordar, encontrar.**
- **Sentir** is conjugated like **preferir.**

CULTURA

Los jóvenes juegan fútbol delante de su escuela en la Colonia Renacimiento en la Ciudad de México.

VIDEO Want help with stem-changing verbs? Watch **Gramática en vivo.**

Los amigos tienen una conversación mientras vuelven a casa después de las clases.

Práctica

HABLAR • ESCRIBIR

1 Contesta.

1. ¿Quieres ir a la fiesta?
2. ¿Quieren ustedes bailar durante la fiesta?
3. ¿A qué hora empieza la fiesta?
4. ¿Puedes llegar a tiempo?
5. ¿Pueden ustedes tomar el bus a la fiesta?
6. ¿A qué hora vuelven ustedes a casa?

LEER • ESCRIBIR

2 Completa con la forma apropiada del verbo.

El juego de béisbol __1__ (empezar) a las tres y media.

Habla Teresa:

—Hoy yo __2__ (querer) ser la pícher.

La verdad es que Teresa __3__ (ser) una pícher muy buena. Ella __4__ (jugar) muy bien. Nosotros __5__ (tener) un equipo bueno. Todos nosotros __6__ (jugar) bien. Nuestro equipo no __7__ (perder) mucho.

HABLAR

3 ¡Te toca a ti!

1. **Puedo...** Tell all that you can do.
2. **Quiero...** Tell all that you want to do.
3. **Quiero pero no puedo...** Tell all that you want to do but for some reason you cannot do.
4. **No quiero porque prefiero...** Tell something you don't want to do because you prefer to do something else.

Comunicación

4 Work with a classmate. Tell him or her what sport you don't want to play because you don't like it. Tell him or her what you prefer to play. Then ask your classmate questions to find out what sports he or she likes.

Una beisbolista que quiere ganar

Más práctica

📖 Workbook, pp. R.20–R.21
🌐 StudentWorks™ Plus

Repaso

Verbos como aburrir, interesar y gustar

1. The verbs **interesar** and **aburrir** function the same in Spanish and English.

¿Te aburre el arte?   *Does art bore you?*
¿Te aburren los deportes?   *Do sports bore you?*
No, los deportes me interesan.   *No, sports interest me.*

2. The verb **gustar** functions the same as **interesar** and **aburrir**. **Gustar** conveys the meaning *to like,* but it actually means *to be pleasing to.*

—**¿Te gusta el béisbol?**   —**¿Te gustan los deportes?**
—**Sí, me gusta mucho.**   —**Sí, me gustan.**

¿Te gustan los camarones?

ESCUCHAR • HABLAR

 5 Sigue el modelo.

 MODELO   **¿A mí? ¿Los tomates?** →
       —**Me gustan mucho los tomates.**
         Y, ¿a ti te gustan también?

   1. ¿A mí? ¿El pescado?
   2. ¿A mí? ¿Los vegetales?
   3. ¿A mí? ¿La carne?
   4. ¿A mí? ¿El jamón?
   5. ¿A mí? ¿Los mariscos?

¿Te gustan los mejillones?

HABLAR • ESCRIBIR

 6 Personaliza. Da respuestas personales.

   1. ¿Te interesan o te aburren las matemáticas? ¿Te gustan o no?
   2. ¿Te interesa o te aburre la historia? ¿Te gusta o no?
   3. ¿Te interesan o te aburren las ciencias? ¿Te gustan o no?
   4. ¿Te interesa o te aburre la literatura? ¿Te gusta o no?
   5. ¿Te interesa o te aburre la geografía? ¿Te gusta o no?

Comunicación

 7 Work with a classmate. Tell him or her about your favorite team. Tell all about the sport and tell why you really like this team in particular. Then ask your classmate about his or her favorite team. Do you by chance have the same favorite team?

CULTURA

Los jóvenes celebran la victoria de su equipo. Marchan por una calle de Madrid.

El bienestar

Aquí y Allí

Vamos a comparar Vas a aprender unas características de personalidad y unas emociones que tenemos de vez en cuando. En general no hay grandes diferencias en la personalidad y las emociones entre los seres humanos de las muchas partes del mundo. Las generalizaciones sobre tales aspectos de la naturaleza humana son casi siempre estereotípicas. Pero sabemos que las personas en todas partes del mundo quieren estar contentas y gozar de buena salud.

Objetivos

You will:

- describe people's personality, conditions, and emotions
- explain minor illnesses
- talk about a doctor's appointment
- learn about a literary genre—the picaresque novel

You will use:

- **ser** and **estar**
- indirect object pronouns

◀ El médico le da su diagnóstico a la paciente quien le presta mucha importancia. A ella le importan mucho su salud y bienestar.

Go to glencoe.com
For: **Online book**
Web code: **ASD9304c6**

Introducción al tema
El bienestar

◄ **Venezuela** ¿Cómo está la muchacha venezolana? ¿Qué expresiones tiene en la cara?

Look at these photographs to acquaint yourself with the theme of this chapter—well-being. In this chapter you will talk about your and others' personality, emotions, and health. What emotions do you see on the girl's face at the left? Personality, emotions, and health are universal themes. It doesn't matter who we are or where we're from—we all have personalities, feel emotions, and strive for good health.

Estados Unidos Todos los alumnos que vemos aquí están contentos, ¿no? ¿De dónde son? Pues son de muchos países pero ahora están en Estados Unidos. Cuatro de ellos son hispanos o latinos. ▼

Clínica

◄ Puerto Rico Los dos niños visitan una clínica en Puerto Rico. La muchacha tiene fiebre y le toman la temperatura. El muchacho necesita una inyección. No le gusta. Pica.

España Muchas farmacias son bastante bonitas. Aquí vemos una decoración en el exterior de una farmacia en Barcelona, España. **►**

Chile La médica es muy seria, ¿no? Como todos los médicos ella tiene muchas responsabilidades. **▼**

▲ España Es una farmacia antigua en la Gran Canaria, una de las islas Canarias. Las Canarias son islas españolas en el Atlántico al oeste de África. En las farmacias tradicionales venden solo medicamentos. No venden productos cosméticos. Pero en las farmacias modernas venden productos de belleza también.

contento, alegre

triste, deprimida

de buen humor

de mal humor

José está muy contento. Acaba de recibir una A en español.
Elena está triste porque acaba de recibir una nota mala.

Susana está de buen humor.
Tiene una sonrisa en la cara.
Tiene también un buen sentido de humor.
Julia está de mal humor. Está enojada (enfadada).

¡Ojo!

Note that the adjectives **bueno** and **malo** are often shortened to **buen** and **mal** when placed before a masculine noun. **Buena** and **mala** are not shortened.

energética

cansado

Tomás está lleno de energía y tiene mucho entusiasmo.
Felipe está cansado.

obstinado, terco

flexible

Alejandro no es flexible. Es muy terco y obstinado. Es un tipo muy difícil.

Lupe es ambiciosa. Siempre quiere tener éxito—quiere tener buenos resultados.

Maripaz es bien educada. Siempre tiene buena conducta. Pero su hermano es mal educado. Tiene malos modales.

Para conversar

A Rubén le falta paciencia. Es muy impaciente. A veces su comportamiento me molesta (enfada, enoja).

¿Lo sabes?

Muchas palabras relacionadas con la personalidad y las emociones son palabras afines.

calmo	paciente
tranquilo	dinámico
nervioso	la energía

ESCUCHAR • HABLAR

1 Personaliza. Da respuestas personales.

1. ¿Eres flexible o terco(a)?
2. Por lo general, ¿estás de buen humor o estás de mal humor?
3. ¿Estás cansado(a) cuando no duermes bien?
4. ¿Estás lleno(a) de energía hoy?
5. ¿Siempre quieres tener éxito?

LEER • HABLAR • ESCRIBIR

2 Escoge la palabra correcta.

1. Una persona (paciente, impaciente) pierde control con frecuencia.
2. Una persona (de buen humor, de mal humor) está contenta.
3. Cuando una persona está enojada, (está de buen humor, está de mal humor).
4. Una persona está (contenta, triste) cuando recibe notas buenas.
5. Él duerme bien y está (cansado, lleno de energía).
6. Le gusta mucho el plan y está muy (deprimido, entusiasmado).
7. Él es un tipo (flexible, terco) y siempre toma en cuenta los deseos y opiniones de otros.
8. Él es muy (bien educado, mal educado). Tiene buena conducta.

CULTURA

Las alumnas están en una sala de clase en Madrid. Una parece que tiene estrés. Pero la otra tiene una sonrisa y expresión alegre, ¿no?

LEER

3 Parea los contrarios.

1. contento
2. cansado
3. tranquilo
4. ambicioso
5. flexible
6. positivo

a. energético
b. perezoso
c. terco
d. triste
e. nervioso
f. negativo

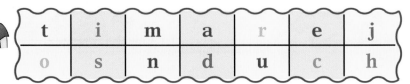

4 **Rompecabezas**

Make as many words as possible from the letters below.

t	i	m	a	r	e	j
o	s	n	d	u	c	h

LEER

5 Parea los sinónimos.

1. calmo
2. enojado
3. contento
4. molestar
5 comportamiento
6. terco

a. alegre
b. conducta
c. enfadado
d. tranquilo
e. enojar
f. obstinado

ESCRIBIR

6 Categoriza. Haz una lista de características positivas y características negativas.

características	
positivas	negativas

CULTURA

Marisa es bastante graciosa, ¿no? Tiene una sonrisa bonita en la cara. ¿De dónde es Marisa? Es de California y es de ascendencia mexicana.

ESCRIBIR

7 Personaliza. Prepara una autoevaluación. ¿Cuáles consideras unas características de tu personalidad?

HABLAR • ESCRIBIR

8 Da la característica de cada persona.

1. Él tiene buena conducta. Es _____.
2. Las opiniones de otros no le tienen mucha importancia. Es _____.
3. Ella siempre tiene una _____ agradable en la cara.
4. Siempre quiere ir en adelante y tener éxito. Es _____.
5. Él escucha a todos y luego toma una decisión. Es muy _____.
6. Ella es bastante cómica. Tiene un buen _____ de humor.

9 Trabajen en grupos. Hagan una encuesta. Hablen de las características que buscan o consideran importantes en un(a) amigo(a) bueno(a). Indiquen las respuestas en una tabla como la de al lado. Compartan los resultados con la clase.

[Gráfico circular con las secciones: buen sentido de humor, simpático(a), paciente, flexible]

Comunicación

10 Work with a classmate. Tell some typical things people do. Each of you will determine whether you think it's **buen comportamiento** or **mal comportamiento.**

VIDEO To practice your new words, watch **Vocabulario en vivo.**

En la consulta del médico

Está bien.

Está enferma.

En otras partes

In addition to **la consulta** you will also hear **el consultorio. El paciente** is also referred to as **el enfermo.** Another word for **un catarro** is **un resfrío.**

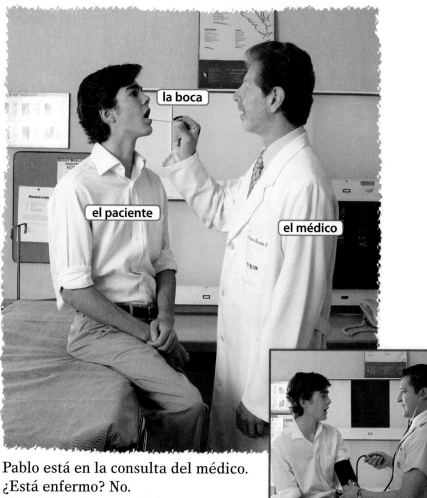

la boca

el paciente

el médico

Pablo está en la consulta del médico.
¿Está enfermo? No.
Necesita un examen físico.
El médico le da un examen.
Pablo abre la boca.
Todo está normal.

El enfermero le toma la tensión arterial.
También toma el pulso.

¿Estás bien o no?

VIDEO To visit a sick friend, watch **Diálogo en vivo.**

Enrique tiene fiebre.
Tiene que guardar cama.

Inés tiene catarro.
Está resfriada.

Adolfo tiene mucho estrés.
Tiene dolor de cabeza.

Lupe tiene dolor de estómago.
Le duele el estómago.

Luis tiene tos.
Tose mucho.

Teresa tiene dolor de garganta.
Le duele la garganta.

La médica le da una receta.
Le receta una medicina para la tos.

Teresa y su madre van a la farmacia.
En la farmacia venden medicamentos (medicinas).

ESCUCHAR

 1 Escucha. Indica si la frase es correcta o no.

correcta	incorrecta

ESCUCHAR • HABLAR • ESCRIBIR

 2 Contesta.

1. Sonia tiene la temperatura normal. ¿Tiene fiebre?
2. Sonia quiere jugar en el equipo de fútbol. ¿Por qué tiene que ir a la consulta del médico?
3. ¿Qué le da el médico?
4. ¿Quién le toma el pulso?
5. ¿Cuál es el diagnóstico del médico?

EXPANSIÓN

Ahora, sin mirar las preguntas, cuenta la información en tus propias palabras. Si no recuerdas algo, un(a) compañero(a) te puede ayudar.

LEER • HABLAR • ESCRIBIR

3 Completa.

1. El niño tiene que _____ porque tiene fiebre.
2. Tiene _____. Tose mucho.
3. Le duele la cabeza. Tiene _____ de cabeza.
4. El enfermero le toma la _____ arterial.
5. El médico examina a sus pacientes en _____.
6. El médico le da un examen completo. Le da un examen _____.
7. Tiene que ir a la farmacia porque el médico le da una _____.

HORARIO DE FARMACIA
DE LUNES A SABADO
DE: 9 A.M. A 9 P.M.
DOMINGOS
DE: 8 A.M. A 8 P.M.

CULTURA

Es una farmacia típica en Baños, Ecuador. En la farmacia venden muchos productos médicos. Si tienes una pregunta sobre tu salud, la farmacéutica te puede ayudar. En España y Latinoamérica los farmacéuticos les dan atención médica a sus clientes para condiciones no muy graves.

HABLAR

4 **Dramatiza.** Dramatize some of the ailments and activities in the vocabulary. Call on a friend to tell what you are doing.

ESCRIBIR

5 Da una palabra o expresión relacionada.

1. duele
2. la medicina
3. toser
4. enfermo
5. consultar
6. resfriado

HABLAR • ESCRIBIR

6 Work in groups of three. Draw your own **Para conversar.** Include a doctor, a nurse, and a patient. Write at least one speech bubble for each. Then perform your dialogue for the class.

> **Para conversar**

ESCRIBIR

7 **Rompecabezas**

¡Qué pena! Letters have broken off these words. Can you put them back where they belong?

 gar anta   far acia   d lor

 fie re   cabe a   e trés   ca arro

m   o   s   t   g   z   b

Más práctica

Workbook, pp. 6.6–6.8
StudentWorks™ Plus

Conexiones

La salud mental
La salud física es muy importante y también es muy importante la salud mental. Todos tenemos emociones y a veces estamos tristes o enojados si nos ocurre algo desagradable. Es normal. Pero si un individuo está muy triste o deprimido con frecuencia, tiene que identificar el porqué. Es importante hablar de nuestros problemas emocionales y buscar ayuda. En el ambiente escolar podemos hablar con un(a) consejero(a). Nos puede ayudar.

Vocabulario 2

Gramática

Ser y estar

Características y condiciones

1. Spanish has two verbs that mean *to be.* They are **ser** and **estar.** These verbs have distinct uses. **Ser** expresses an inherent trait or characteristic that does not change.

> **El edificio es muy alto.**
> **Ella es sincera.**

2. **Estar** expresses a temporary state, emotion, or condition.

> **Juan no está bien hoy. Está enfermo.**
> **La joven está cansada.**
> **José, ¿por qué estás nervioso?**
> **El agua está fría.**

3. You can often use either **ser** or **estar** depending upon what you mean to say. Note the different messages in the following.

Él es agresivo.	*He is naturally an aggressive type.*
Él está muy agresivo.	*He's not normally that way but now he's acting in an aggressive way.*
Ella es muy obstinada.	*She's a very obstinate type.*
Ella está muy obstinada.	*She's being very obstinate now.*

El joven no está enfermo pero tiene dolor de cabeza. Le duele mucho.

Práctica

ESCUCHAR

 1 Escucha las frases. Indica si es una característica o una condición.

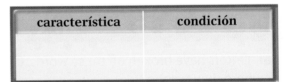

característica	condición

ESCUCHAR • HABLAR • ESCRIBIR

2 Personaliza. Da una respuesta personal.

1. ¿Es grande o pequeña tu casa?
2. ¿Es bonita?
3. ¿De qué color es tu casa?
4. ¿Es nuevo o viejo el carro de tu familia?
5. ¿Es bien educada o mal educada tu mascota?
6. ¿Cómo es tu hermano(a)?

CULTURA

La casa está en el Pueblito. El Pueblito es un museo al aire libre en la Ciudad de Panamá. La casa es de madera. En el Pueblito hay casas típicas de todas las regiones de Panamá.

ESCUCHAR • HABLAR • ESCRIBIR

3 Personaliza. Da una respuesta personal.

1. ¿Cómo estás hoy? ¿Estás bien o estás enfermo(a)?
2. ¿Estás contento(a)?
3. ¿Estás triste?
4. ¿Estás nervioso(a)?
5. ¿Estás de buen humor o de mal humor?

LEER • HABLAR • ESCRIBIR

4 Completa. Completa con la emoción o característica apropiada.

1. Ramón _____ porque acaba de marcar un tanto.
2. Luisa _____ porque acaba de dormir mucho.
3. Lucas _____ porque su abuelo está enfermo.
4. Su padre _____ porque tiene mucho estrés.
5. Maricarmen _____ y siempre quiere trabajar y tener éxito.

el estrés

Comunicación

5 Create a chart like the one below on a separate sheet of paper. List some emotions similar to the ones below. Give an instance of when you feel a certain way. Present your results to the class.

Estoy enojado(a) cuando…

triste ¿Cuándo?

contento(a) ¿Cuándo?

calmo(a) ¿Cuándo?

yo

nervioso(a) ¿Cuándo?

de buen humor ¿Cuándo?

HABLAR • ESCRIBIR

6 **Juego** Compete with a partner. In one minute, list as many adjectives as you can that use **ser.** Then do the same for **estar.** Check each other's lists. The one with the most correct words wins. Then compare your adjectives and how many you found with those of the others in the class.

Ser y estar
Origen y colocación

1. You use **ser de** to tell where someone or something is from and what something is made of.

> **La profesora es de Puerto Rico.**
> **El café es de Colombia.**
> **La casa es de adobe.**

2. You use **estar** to express where someone or something is located. It is important to remember that **estar** expresses both temporary and permanent location.

> **Los alumnos están en la escuela.**
> **Madrid está en España.**

CULTURA

El joven es de San Juan, Puerto Rico.

CULTURA

Las casas están en una aldea de los emberá—un grupo indígena de Panamá. La aldea está en una zona tropical. Las casas de los indígenas de las zonas tropicales son de paja.

Práctica

ESCUCHAR • HABLAR • ESCRIBIR

7 ¿De dónde es? Contesta según el modelo.

MODELO —**¿Es cubano el muchacho?**
—**Sí, creo que es de Cuba.**

1. ¿Es colombiana la muchacha?
2. ¿Es guatemalteco el joven?
3. ¿Es puertorriqueña la señora?
4. ¿Es española la profesora?
5. ¿Es peruano el médico?
6. ¿Son venezolanos los amigos?
7. ¿Son chilenas las amigas?
8. ¿Son costarricenses los jugadores?

Gramática

ESCUCHAR • LEER • HABLAR

8 Practica la conversación y presta atención al uso de **ser** y **estar.**

—¿Es de Nicaragua Nora?

—No, Teresa. Creo que es venezolana.

—¿Ella es de Venezuela? Yo también soy de Venezuela y ahora aquí estamos en la Florida.

—Nora está en tu clase de inglés, ¿no?

—Sí, y es muy inteligente. Y algo más que me gusta, siempre está de buen humor.

HABLAR • ESCRIBIR

9 Contesta según la conversación.

1. ¿Es de Nicaragua Nora?
2. ¿De qué nacionalidad es?
3. ¿Quién más es de Venezuela?
4. ¿Dónde están las dos muchachas ahora?
5. ¿Están ellas en la misma clase de inglés?
6. ¿Cómo es Nora?
7. ¿Siempre está contenta?

EXPANSIÓN

Ahora, sin mirar las preguntas, relata la información en la conversación en tus propias palabras. Si no recuerdas algo, un(a) compañero(a) te puede ayudar.

InfoGap For more practice using **ser** and **estar,** do Activity 6 on page SR8 at the end of this book.

GeoVistas

To learn more about Venezuela, take a tour on pages SH54–SH55.

CULTURA

Es una plaza bonita en San Juan, Venezuela.

VIDEO Want help with **ser** and **estar**? Watch **Gramática en vivo.**

HABLAR • ESCRIBIR

10 ¿De dónde es y dónde está ahora?
Contesta. Presta atención a la diferencia
entre el uso de **ser** y **estar.**

1. Bernardo es de Argentina pero ahora está en España.
   ¿De dónde es Bernardo?
   ¿Dónde está ahora?
   ¿De dónde es y dónde está?
2. Linda es de Estados Unidos pero ahora está en Colombia.
   ¿De dónde es Linda?
   ¿Dónde está ahora?
   ¿De dónde es y dónde está?
3. La señora Martín es de Cuba pero ahora está en Puerto Rico.
   ¿De dónde es la señora Martín?
   ¿Dónde está ahora?
   ¿De dónde es y dónde está?

CULTURA

Los jóvenes están en una placita en La Palma, una de las islas Canarias. Las islas Canarias están en el océano Atlántico al oeste de África.

ESCUCHAR • HABLAR • ESCRIBIR

11 Personaliza. Da una respuesta personal.

1. ¿Dónde está tu escuela?
2. ¿Está tu escuela cerca o lejos de tu casa?
3. ¿Estás en la escuela a las diez de la mañana?
4. ¿En qué clase estás después del almuerzo?
5. ¿De dónde es tu profesor(a) de español?
6. ¿Y de dónde eres tú?
7. ¿Cómo estás hoy?
8. Y el/la profesor(a), ¿cómo está?

FOLDABLES Study Organizer

PAPER FILE FOLDER
See page SH29 for help with making this foldable. Make two folders, one with **ser** on the tab and **estar** on the other. Write sentences using each verb. On the back, explain your reason for your verb choice. Place the sentences in the correct folders. Trade folders with a friend and check each other's work.

LEER • HABLAR

12 Parea el verbo con la expresión.

ser estar	enfermo en casa inteligente cerca de sincero enojado en México de Madrid alto

Los pronombres me, te, nos

1. In Chapter 5 you learned the pronouns **me** and **te** with the expressions **me gusta, te interesa, te aburre.** Note that **nos** is the object pronoun that corresponds to **nosotros.**

> **No nos aburre el curso. Nos gusta.**
> **Nos interesa bastante.**

2. **Me, te,** and **nos** are object pronouns. They can be used as either direct or indirect objects. Note that unlike in English, you put the object pronoun right before the verb.

> **El médico me ve. Me examina.**
> **¿Te habla el médico?**
> **Sí, me habla.**
> **El médico nos examina y nos da una receta.**

Práctica

HABLAR • ESCRIBIR

 13 Personaliza. Da una respuesta personal.

1. A veces, cuando estás enfermo(a), ¿tienes que ir al médico?
2. Cuando estás en su consultorio, ¿te habla la recepcionista?
3. ¿Te examina el médico?
4. ¿Te habla también?
5. ¿Qué te duele?
6. ¿Te da un diagnóstico el médico?
7. ¿Te da una receta?
8. ¿Te receta medicina?

ESCUCHAR • HABLAR • ESCRIBIR

 14 Crea frases según el modelo.

MODELO ver →
Cuando estamos enfermos, el médico nos ve.

1. examinar
2. mirar
3. hablar
4. dar una receta

HABLAR • ESCRIBIR

 15 Trabaja con un(a) compañero(a) de clase.
Forma frases con las siguientes expresiones.

 me molesta me enoja me enfada me duele

Carreras

White Plains Hospital Center
growing with our community

HOSPITAL ENTRANCE
Entrada Hospital ↑

PARKING GARAGE
Garaje de Estacionamiento ↑

EMERGENCY
Emergencia ↓

OPEN DURING CONSTRUCTION
Abierto durante la construcción

Aquí vemos las señales para una sala de emergencia en un hospital en Nueva York. Los anuncios son en inglés y español. Si te interesa una carrera en la profesión médica hay muchas oportunidades para usar tu español.

Los pronombres le, les

1. **Le** and **les** are indirect object pronouns. That means they are the indirect receivers of the action of the verb. They answer the question *to whom* or *for whom*.

> **La médica le da una receta.**
> **La médica les habla.**

2. The indirect object pronouns **le** and **les** are both masculine and feminine. **Le** and **les** are often used with another phrase to clarify to whom they refer.

El profesor le habla { al muchacho. / a la muchacha.

El profesor les explica la lección { a los alumnos. / a las alumnas.

Le hablo { a usted. / a él. / a ella.   **Les hablo** { a ustedes. / a ellos. / a ellas.

Práctica

HABLAR • ESCRIBIR

16 Contesta las preguntas sobre el pobre Nando que está enfermo.
1. ¿Está Nando en el consultorio?
2. ¿Le habla el médico?
3. ¿Nando le explica sus síntomas?
4. ¿Le duele la garganta?
5. ¿El médico le examina la garganta?
6. ¿El médico le da una receta?
7. ¿Le receta unos medicamentos?

17 Prepara una conversación según el modelo.

MODELO —A mí me gusta mucho el arte.
—Y a tu amiga Rosa le gusta también, ¿verdad?

1. los deportes
2. la clase de español
3. el color verde
4. las legumbres
5. el helado
6. la comida mexicana

Comunicación

18 Make a list of things you like. Interview some friends and find out if they like them, too. Report the results to the class.

CULTURA

Una muchacha le habla a su amiga en Antigua, Guatemala. Parece ser una conversación seria.

HABLAR • ESCRIBIR

⑲ uego ¿Es una frase? These words are all mixed up! Can you rearrange them to make logical sentences?

1. una receta médico da me el
2. les habla madre sus la a hijos
3. casa nos su gusta
4. profesor le a usted el lección la explica
5. ¿enfada te hermana tu?
6. dan perro un ellos ella a le

Refrán

Can you guess what the following proverb means?

Entre salud y dinero, salud quiero.

PRONUNCIACIÓN 🎧

Las consonantes c, g

The consonant **c** in combination with **a, o, u** (**ca, co, cu**) has a hard **k** sound. **C** changes to **qu** with **e** or **i** (**que, qui**) in order to maintain the hard **k** sound. Repeat the following.

ca	que	qui	co	cu
cama	que	aquí	como	cubano
casa	queso	equipo	cocina	cuando
cámara	parque	quiero	médico	Cuzco
cancha	raqueta	tranquilo	terco	
catarro	pequeño		físico	

🖍 Dictado →

Pronounce the following sentences carefully. Then write them to prepare for a dictation.

Yo practico el básquetbol en el parque pequeño.
El cubano come el queso aquí en el parque.
Él es muy terco y físico, no tranquilo.

The consonant **g** in combination with **a, o, u** (**ga, go, gu**) is pronounced somewhat like the **g** in **go**. To maintain this same sound **g** changes to **gu** before **e** or **i** (**gue, gui**). Repeat the following.

ga	gue	gui	go	gu
paga	guerra	amiguito	juego	guante
gana			golpea	seguro

🖍 Dictado →

Pronounce the following sentences carefully. Then write them to prepare for a dictation.

Góngora gana el Guante de oro.
El amiguito quiere jugar.
El médico examina la boca y la garganta.

¡Bravo!

You have now learned all the new vocabulary and grammar in this chapter. Continue to use and practice all that you know while learning more cultural information. **¡Vamos!**

QuickPass

Go to glencoe.com
For: **Conversation practice**
Web code: ASD9304c6

UN ALUMNO DE COLOMBIA

MAGALÍ, TE PRESENTO A LUIS. ES UN ALUMNO NUEVO AQUÍ.

MUCHO GUSTO, LUIS. ¿DE DÓNDE ERES?

SOY DE COLOMBIA.

LUIS ESTÁ EN MI CLASE DE ESPAÑOL. Y, ¡QUÉ BIEN HABLA! ME ENCANTA SU ACENTO.

CON PERMISO. TENGO QUE IR A MI CLASE DE BIOLOGÍA. EMPIEZA AHORA.

CIAO, LUIS. ¡HASTA PRONTO!

LUIS ME PARECE UN BUEN TIPO.

TIENE UNA PERSONALIDAD QUE ME GUSTA.

ES BIEN EDUCADO Y SIEMPRE ESTÁ DE BUEN HUMOR.

¿VES LA SONRISA QUE TIENE?

¡SÍ, SÍ! Y, ¿QUÉ PIENSAS? ES BASTANTE GUAPO, ¿NO?

¿Comprendes?

A Contesta según la información en la conversación.

1. ¿De dónde es Luis?
2. ¿En qué clase está con Elena?
3. ¿A qué clase tiene que ir ahora?
4. ¿Qué piensa Elena de Luis?
5. ¿Qué le gusta a Magalí?
6. ¿Qué te parece? ¿Les interesa Luis a las muchachas?

B Cuenta lo que pasa en la conversación en tus propias palabras.

C Da la siguiente información.

características positivas de Luis	la apariencia de Luis

D Interpretando ¿Qué piensas?

¿Tiene Magalí mucho interés en Luis? ¿Por qué?

¿Y Elena? ¿Tiene ella interés también? ¿Por qué?

CULTURA

Bogotá, la capital de Colombia, es una gran ciudad con avenidas anchas y edificios modernos de muchos pisos—rascacielos. Un rascacielos es un edificio muy alto que rasca (toca) el cielo.

LECTURA CULTURAL

Antes de leer

Skim the selection by looking for key words and reading the first and last sentence of each paragraph. Determine what you think this reading is about.

¿Qué es un pícaro?

Durante la lectura

Think about those characteristics of Periquillo that make him **un antihéroe.**

¿Dónde trabaja Periquillo?

Después de leer

Did skimming the reading give you a general sense of what the reading would be about?

> **READING STRATEGY**
>
> **Skimming** Skimming is looking over an entire reading selection quickly to get a general idea of what it is about. Once you have a general idea of the reading, you can go back and read it again to find out more of the details.

El Periquillo Sarniento

La literatura picaresca La literatura tiene sus héroes y también sus antihéroes. En la literatura hispana hay un antihéroe especial—el pícaro. El pícaro es un muchacho humilde que no tiene dinero. Como es muy pobre su vida es una lucha[1] continua.

El Periquillo Sarniento *El Periquillo Sarniento* es del autor mexicano Fernández de Lizardi. Periquillo no es como los otros pícaros típicos. Él no es pobre y asiste a la universidad. Pero no le gusta trabajar. Le falta ambición. Es perezoso y pasa de una aventura a otra.

Trabaja como criado[2] en casa de un médico. Habla mucho con el médico y lee sus libros sobre la medicina. Decide que el médico no es bueno y que no les trata bien a sus pacientes. Periquillo le roba al médico. Toma sus libros, una cantidad de dinero y su mula. En la mula va a un pueblo pequeño donde no hay médico. Finge[3] ser médico y muy pronto tiene muchos pacientes. Creen que Periquillo es un médico auténtico.

Un día ve a un señor que está muy enfermo. Su familia está muy deprimida. Para aliviar el dolor de estómago que tiene el enfermo, Periquillo prepara una mezcla[4] de cosas horribles. El enfermo bebe. Y, ¿qué pasa? El señor abre los ojos, reconoce a su familia y les habla. La familia está muy alegre y todos le dan las gracias a su «médico».

Periquillo tiene otras aventuras pero poco a poco él cambia[5] su mala conducta y vive como una persona responsable.

[1]lucha *struggle*
[2]criado *housekeeper*
[3]Finge *He pretends*

[4]mezcla *mixture*
[5]cambia *changes*

¿Comprendes?

Más práctica

- Workbook, pp. 6.13–6.15
- StudentWorks™ Plus

A Confirmando información Corrige la información que no es correcta.

    1. El pícaro es un héroe.
    2. *El Periquillo Sarniento* es una novela romántica.
    3. Como todos los pícaros, Periquillo es pobre.
    4. No tiene educación.
    5. Periquillo trabaja como médico en casa de un criado.

B Describiendo Describe los defectos que tiene Periquillo.

C Recordando hechos Contesta.

    1. ¿Qué lee Periquillo en casa del médico?
    2. ¿Qué piensa Periquillo del médico?
    3. ¿Cuáles son tres cosas que Periquillo toma del médico?
    4. ¿Adónde va Periquillo?

D Describiendo Describe.

    1. a la familia del paciente
    2. la condición del paciente
    3. el tratamiento que le da Periquillo

E Analizando Contesta.

    1. ¿Por qué cree Periquillo que el médico no es bueno?
    2. Cuando Periquillo llega al pueblo, ¿por qué tiene muchos pacientes inmediatamente?
    3. ¿Por qué creen que Periquillo es un buen médico?
    4. ¿Debe Periquillo tratar de curar a los enfermos? Explica por qué contestas que sí o que no.

Una litografía de José Joaquín Fernández de Lizardi

Lazarillo de Tormes 🎧 ♻

Antes de leer

Vas a leer un episodio en la vida de Lazarillo, un pícaro español. Como todos los pícaros, Lazarillo tiene que ser muy astuto. Es una característica importante para los pícaros. Vas a ver por qué.

La primera novela picaresca es *Lazarillo de Tormes* de un autor anónimo español. Lazarillo es un niño pobre de Salamanca. No tiene dinero y siempre tiene que confrontar muchos obstáculos. Pero el joven no pierde su sentido de humor.

La madre de Lazarillo no tiene marido. Es viuda[1]. Ella gana muy poco dinero. Un día, llega al hotel donde trabaja un señor ciego[2]. La pobre madre está muy triste pero como ella no tiene dinero le da a su hijo al señor ciego.

Lazarillo es muy astuto y no tiene confianza en el ciego. Es un hombre cruel y trata muy mal a Lazarillo.

Un día un señor le da al ciego un racimo de uvas[3]. El ciego le habla a Lazarillo.

—Lazarillo, yo voy a comer una uva. Cada vez que yo como una, tú puedes comer una también. ¿Me prometes[4] comer solamente una?

—Sí, señor.

El ciego empieza a comer. Y, ¿cuántas uvas come? ¿Una? ¡No! Come dos.

Luego el ciego le da el racimo a Lazarillo y Lazarillo empieza a comer. ¿Cuántas uvas come? ¿Una? ¿Dos? ¡No! Lazarillo come tres.

—Lazarillo, tú no comes solamente una uva. Comes tres.

—No, señor.

—Lazarillo, tú ves que yo como dos uvas y no me dices nada[5]. Por eso, estoy seguro que tú comes tres y rompes[6] nuestra promesa.

—Sí, señor. Pero, ¿quién rompe nuestra promesa primero? ¡Yo, no! ¡Usted, sí!

Una vista de la Plaza Mayor en Salamanca, la ciudad natal de Lazarillo

[1]viuda   *widow*
[2]ciego   *blind*
[3]racimo de uvas   *bunch of grapes*
[4]prometes   *promise*
[5]dices nada   *say nothing*
[6]rompes   *break*

¿Comprendes?

A Escoge.

1. Lazarillo tiene que confrontar muchos obstáculos en la vida porque es _____.
   a. ciego
   b. pobre
   c. perezoso

2. Lazarillo siempre está _____.
   a. de buen humor
   b. de mal humor
   c. triste

3. La pobre madre le da a su hijo al ciego porque _____.
   a. no le gusta
   b. no tiene dinero y está desesperada
   c. el ciego es un buen hombre

4. ¿Por qué come Lazarillo tres uvas a la vez?
   a. porque quiere romper la promesa que tiene con el ciego
   b. porque tiene mucha hambre
   c. porque el ciego rompe su promesa primero

5. ¿Por qué tienen que ser astutos los pícaros?
   a. Son bastante maliciosos.
   b. No son muy inteligentes.
   c. Son pobres y viven solos.

B Analizando Explica por qué el primero que rompe la promesa es el ciego y no Lazarillo.

CULTURA
El monumento a Lazarillo de Tormes en la ciudad de Salamanca. Lazarillo es un personaje famoso, ¿no?

EL BIENESTAR

doscientos diecisiete **217**

Vocabulario

1 **Parea.**

To review **Vocabulario 1** and **Vocabulario 2,** turn to pages 196–197 and 200–201.

1. Le duele la cabeza.
2. Está cansada.
3. Está triste.
4. Tose.
5. Es dinámico y ambicioso.
6. Tiene catarro.

2 **Parea.**

7. Él no es flexible.   a. No le gusta trabajar.
8. Es mal educado.   b. Tiene que abrir la boca.
9. Es perezoso.   c. Es terco.
10. Siempre está enojado.   d. Está enfermo. Tiene fiebre.
11. Le examina la garganta.   e. No me gusta su conducta.
12. Tiene que guardar cama.   f. Todo le molesta.
13. Le falta paciencia.   g. Es un tipo impaciente.

CULTURA

La señora está siempre de muy buen humor porque le gusta su trabajo. Vende dulces en su bodega en Antigua, Guatemala.

3 **Completa con una palabra apropiada.**

14. Ella siempre tiene una _____ en la cara. Siempre está de buen humor.
15. Tiene mucho estrés y tiene dolor de _____.
16. Tiene _____ y le duele la garganta.
17. El médico ve a sus pacientes en _____.
18. Siempre come cosas malas y después tiene dolor de _____.
19. _____ me toma el pulso y la tensión arterial.
20. En la farmacia _____ muchos medicamentos.

GeoVistas

To learn more about Guatemala, take a tour on pages SH48–SH49.

Gramática

4 **Completa con ser o estar.**

21. Lima _____ en Perú.

22. Nuestra escuela _____ grande.

23. Él no trabaja. _____ perezoso.

24. Ella _____ nerviosa porque tiene un examen.

25–26. Sus amigos _____ de México pero ahora _____ en la Florida.

27. José _____ enfermo.

28. Clara, ¿_____ cansada porque acabas de jugar tenis?

29. Yo tengo mucha energía hoy. _____ muy energético(a).

30. Yo _____ ambicioso(a) y quiero sacar buenas notas.

To review **ser** and **estar,** turn to pages 204 and 206.

5 **Completa con el pronombre apropiado.**

31. ¿_____ va a hablar Juan?
—Sí, siempre me habla.

32–33. ¿_____ explica (a ustedes) la lección la profesora?
—Sí, ella _____ explica la lección.

34. El médico _____ da una receta a su paciente.

35–36. —¿A ustedes _____ enoja su conducta?
—Sí, _____ molesta.

To review indirect object pronouns, turn to pages 209–210.

Cultura

6 **Describe.**

37. Describe a Periquillo Sarniento.

7 **¿Sí o no?**

38. *El Periquillo Sarniento* es de un autor español.

39. Periquillo tiene su doctorado en medicina y es un médico excelente.

40. Todos los pícaros cambian su mala conducta.

To review this cultural information, turn to pages 214–215.

EL PENSADOR MEXICANO
(J. JOAQUÍN FERNÁNDEZ DE LIZARDI)

EL
PERIQUILLO SARNIENTO
LA QUIJOTITA
DON CATRÍN DE LA FACHENDA. — NOCHES TRISTES
DÍA ALEGRE. — FÁBULAS

PRÓLOGO DE
D. FRANCISCO SOSA

3.ª EDICIÓN, DE LUJO

ADORNA CON LÁMINAS CROMOLITOGRAFIADAS Y ENRIQUECIDAS SUS PÁGINAS
CON NUMEROSOS GRABADOS

DIBUJOS DE
D. ANTONIO UTRILLO

TOMO I

MÉXICO
J. Ballescá y Compañía, Sucesores

SAN FELIPE DE JESÚS, 172

SANTA TERESA, 8, BARCELONA-GRACIA
1906

1 **¿Quién es sincero(a)?**

✍ *Talk about personality traits*

Con un(a) compañero(a) de clase discute quien o quienes tienen las siguientes características. ¿Qué indica que tiene las siguientes características?

> **Es muy energético(a).**
> **Tiene mucha paciencia.**
> **Es bastante perezoso(a).**
> **Es bien educado(a).**
> **Es dinámico(a) y ambicioso(a).**

2 **Mis emociones**

✍ *Talk about your feelings*

Indica cuando tienes las siguientes emociones o sentimientos. Puedes incluir otras.

> **Estoy nervioso(a) cuando…**
> **Estoy contento(a) cuando…**
> **Me enoja cuando…**

CULTURA

El joven está contento y siempre está de buen humor. Tiene una personalidad agradable. A todos les gusta su sonrisa.

3 **¡A tu éxito!**

✍ *Tell how you are going to be successful*

Habla de como vas a tener éxito.

> **Como quiero tener éxito, voy a…**

4 **¿Qué tienes?**

✍ *Role-play a visit to a doctor's office*

Estás en la consulta del médico. Habla con el médico (tu compañero[a]) de tus enfermedades. Luego cambien de rol.

Prepárate para el examen
Practice for written proficiency

Tarea

Write a complete description of yourself. If you prefer, however, you can write about a fictitious character—someone you read about or made up.

Writing Strategy

Writing a personal essay One of the best ways to start to write something personal is to sit down and begin to jot down random ideas. Write down what comes to your mind about yourself or your fictitious person. Be sure that you use only words and grammar you have learned in Spanish.

① Prewrite

Fill in a chart similar to the one below. Give as much information about yourself or your fictitious person as you can under each category. Feel free to create additional categories. Use as much of this chapter's vocabulary as possible. Include interesting details to make your description interesting and lively and maybe even funny.

② Write

- Begin with an introduction that explains whom you are describing.
- Decide the order you wish to give to the categories suggested in the chart. Use a separate paragraph for each category.
- Give your composition a title that will grab the readers' attention.
- Edit your work. Check spelling, grammar, punctuation, and sentence structure.

Evaluate

Don't forget that your teacher will evaluate you on your organization, correct use of vocabulary and grammar, understandability, ability to hold the interest of the reader, and completeness of your message.

Repaso del Capítulo 6

Gramática

- ### Ser y estar *(pages 204 and 206)*
  The verbs **ser** and **estar** have distinct uses.

Característica	**Él es muy ambicioso.**
Origen	**Ella es de la República Dominicana.**
Condición	**Ella está muy cansada hoy.**
Colocación	**Él está en San Juan esta semana.**
	San Juan está en Puerto Rico.

- ### Los pronombres me, te, nos *(page 209)*
  The object pronouns **me, te,** and **nos** can be either a direct object or an indirect object.

direct object	*indirect object*
El médico me ve.	**El médico me habla.**
El médico te examina.	**El médico te da una receta.**

- ### Los pronombres le, les *(page 210)*
  Review the indirect object pronouns **le** and **les**.

  Le hablo ⎰ a usted. / a él. / a ella. ⎱

  Les escribo ⎰ a ustedes. / a ellos. / a ellas. ⎱

Juego There are a number of cognates in this list. See how many you and a partner can find. Who can find the most? Compare your list with those of your classmates.

Vocabulario

Describing emotions and feelings

alegre	enojado(a)	calmo(a),	cansado(a)
contento(a)	enfadado(a)	tranquilo(a)	de mal (buen)
triste	energético(a)	nervioso(a)	humor
deprimido(a)			

Discussing personality and behavior

la personalidad	el entusiasmo	paciente	agradable
el comportamiento	la paciencia	impaciente	bien (mal)
la conducta	dinámico(a)	flexible	educado(a)
los modales	ambicioso(a)	terco(a),	
la energía	perezoso(a)	obstinado(a)	

Describing some minor health problems

la salud	el examen físico	la farmacia	examinar
un catarro	la tensión arterial	el/la farmacéutico(a)	abrir
una fiebre	el pulso	la receta	toser
una tos	la consulta	el medicamento, la	doler
el estrés	el/la médico(a)	medicina	recetar
el dolor	el/la enfermero(a)	enfermo(a)	vender
de garganta	el/la paciente	resfriado(a)	
de estómago			
de cabeza			

Other useful words and expressions

la sonrisa	lleno(a) de	guardar cama
la cara	me falta	tener éxito
la boca	me enfada	ser
el/la niño(a)	me enoja	estar
el tipo	me molesta	

Literary Reader

You may wish to read the Mexican legend *Iztaccíhuatl y Popocatépetl,* found on pages 402–405.

Repaso cumulativo

Repasa lo que ya has aprendido

These activities will help you review
what you have learned so far in Spanish.

 1 Escucha las frases. Indica en una tabla como
la de abajo si las frases son correctas o no.

sí	no

 2 Completa con el verbo **ser**.
1. Yo _____ alumno(a) en la clase de la señora Lugones.
2. La clase _____ bastante grande.
3. Los alumnos de la señora Lugones _____ bastante buenos.
4. Nosotros _____ alumnos serios.
5. ¿Tú _____ un(a) alumno(a) serio(a) también?
6. ¿En qué escuela _____ ustedes alumnos?

 3 Escribe frases. Presta atención a las terminaciones
(endings) de los adjetivos.
1. muchacha / rubio
2. clase / pequeño
3. lecturas / fácil
4. edificio / alto
5. departamentos / grande
6. carro / viejo
7. jardín / bonito
8. flores / bonito

CULTURA

Muchas personas tienen como
mascota un loro como el loro
aquí de Antigua, Guatemala.

 4 Personaliza. Da respuestas personales.
1. ¿Cuántos años tienes?
2. ¿Cuántos años tienen tus hermanos si no eres hijo(a) único(a)?
3. ¿Tienen ustedes una mascota? ¿Qué tienen?
4. ¿Cuántos cuartos tiene su casa o apartamento?
5. ¿Tienes muchos primos?
6. ¿Tienen ustedes una familia grande o pequeña?

Completa personalmente.

1. Soy de _____.   4. Soy _____.

2. Tengo el pelo _____.   5. Y estoy _____.

3. Tengo ojos _____.

Da el antónimo.

1. alto	5. malo	9. mucho
2. cansado	6. interesante	10. antes de
3. feo	7. contento	11. interesar
4. ambicioso	8. pequeño	12. delante de

Contesta según el dibujo.

1. ¿Qué muebles hay en la sala?

2. ¿Qué muebles hay en el comedor?

3. ¿Qué muebles hay en los cuartos de dormir?

Forma preguntas.

1. *El joven* es ambicioso.   5. Tiene *dos* hijos.

2. El joven es *ambicioso*.   6. Él va *a su consultorio*.

3. Él es *médico*.   7. Él va a su consultorio *de*

4. Vive *en Salamanca*.   *lunes a viernes.*

De vacaciones

Aquí y Allí

Vamos a comparar ¿Cuándo tiene tu escuela las grandes vacaciones? ¿En verano o en invierno? En unos países hispanos las vacaciones—de unos dos o tres meses—coinciden con la Navidad. Vas a ver como pasan unos jóvenes sus vacaciones. Muchas veces depende del clima de la región donde viven.

◄ La gente nada y practica la plancha de vela en el lago Villarrica, en el famoso distrito de los lagos en la frontera entre Chile y Argentina.

Objetivos

You will:

- talk about summer and winter weather and activities
- discuss summer and winter resorts in Spanish-speaking countries

You will use:

- preterite tense of regular **-ar** verbs
- preterite of **ir** and **ser**
- direct object pronouns

QuickPass

Go to glencoe.com
For: **Online book**
Web code: **ASD9304c7**

Introducción al tema
De vacaciones

Look at these photographs to acquaint yourself with the theme of this chapter. Who doesn't enjoy taking a summer or winter vacation? In this chapter you will learn that the opportunities for a fabulous vacation in the Spanish-speaking world are limitless. Which of these vacation spots do you find the most enticing? All kinds of wonderful experiences await you. **¡Vamos!**

▲ **México** Una familia va a nadar en el agua turquesa de un cenote o cueva subterránea en la península de Yucatán.

▲ **Unas tablas hawaianas en una tienda en Estepona, España**

▲ **España** Es la playa de Illetas en la isla de Mallorca en España. El mar Mediterráneo es famoso por sus aguas cristalinas.

◄ **México** Es una playa bonita en Puerto Vallarta, México.

República Dominicana Aquí vemos muchas planchas de vela en una playa de la costa norte de la República Dominicana. La plancha de vela es un deporte acuático popular en muchas partes del mundo. ▶

▲ **Honduras** Un delfín en el Instituto de Ciencias Marinas en Roatán, Honduras

España Los esquiadores suben la montaña en un telesilla en una estación de esquí en la Sierra Nevada cerca de Granada, España. ▼

▲ **Argentina, Paraguay** Las famosas cataratas del Iguazú en la frontera entre Brasil, Argentina y Paraguay

España Una estación de esquí en Aragón en el norte de España ▶

229

El verano

¿Qué tiempo hace en el verano?

Hace buen tiempo.
Hace (Hay) sol.
Hace calor.

A veces llueve.
Cuando llueve está nublado.
Hay nubes.

En otras partes

Tomar fotos is used throughout Latin America. **Sacar fotos** is used in Spain. In Spain and other countries you will hear **la piscina.** In Mexico it is **la alberca.** You will also hear **la pila.**

la playa, el balneario
el mar
tomar el sol
la ola
una cámara digital
el traje de baño, el bañador
la toalla
la arena

Los amigos fueron a la playa.
Pasaron el fin de semana en la playa. Tomaron el sol.
Elena tomó (sacó) fotos con su cámara digital.

practicar la plancha de vela

el surfing
la tabla hawaiana

el buceo
bucear

los anteojos de sol, las gafas para el sol

la piscina, la alberca

una crema solar, una loción bronceadora

VIDEO To visit a beautiful beach in Puerto Rico, watch **Cultura en vivo.**

Jaime nadó en la piscina.

el esquí acuático (náutico)

un barquito

esquiar en el agua

Los amigos alquilaron (rentaron) un barquito.
Carlos esquió en el agua.

la cancha de voleibol

Hay una cancha de voleibol en la playa.
Un jugador lanza el balón.
Otro jugador del equipo contrario lo devuelve.

QuickPass

Go to glencoe.com
For: **Vocabulary practice**
Web code: **ASD9304c7**

ESCUCHAR

 ① Escucha las frases. Parea cada frase con la foto que describe.

a.

b.

c.

d.

¡Así se dice!

When you want to say something is not worthwhile you can say **No vale.**

No vale ir a la playa cuando llueve.

HABLAR • ESCRIBIR

② Contesta sobre unos amigos que pasaron un rato (unos momentos) en la playa.

1. ¿Fueron los amigos a la playa ayer?
2. ¿Pasaron el fin de semana en la playa?
3. ¿Nadó José en el mar?
4. ¿Tomó Adela el sol?
5. ¿Usó una loción bronceadora protectora?
6. ¿Buceó ella o esquió en el agua?

EXPANSIÓN

Ahora, sin mirar las preguntas, da toda la información en tus propias palabras. Si no recuerdas algo, un(a) compañero(a) te puede ayudar.

¿Lo sabes?

The following are some time expressions you will want to use when referring to the present and the past.

PRESENTE	PASADO
hoy	ayer
esta noche	anoche
esta tarde	ayer por la tarde
este año	el año pasado
esta semana	la semana pasada

ESCUCHAR • HABLAR • ESCRIBIR

③ Confirma. ¿Sí o no?

1. Hay playas en un balneario.
2. Hay olas grandes en una piscina.
3. El Caribe es un mar y el Pacífico es un océano.
4. A todos les gusta ir a la playa cuando está nublado y llueve.
5. Es importante usar una crema o loción bronceadora protectora cuando uno toma el sol.
6. Una persona lleva un traje de baño cuando juega tenis.
7. Alquilaron un barquito porque van a nadar.

ESCUCHAR • HABLAR • ESCRIBIR

4 Con un(a) compañero(a) de clase, prepara una conversación según el modelo.

MODELO —¿Qué compró Elisa?
—Compró un traje de baño.
—Y, ¿cuánto le costó?
—Ni idea.

1.

2.

3.

4.

Comunicación

5 Tú y un(a) amigo(a) planean una excursión a la playa. ¿Qué tienen que llevar a la playa? ¿Cómo van a pasar la tarde en la playa?

HABLAR • ESCRIBIR

6 Contesta sobre un grupo de amigos en la playa.
1. ¿Hay una cancha de voleibol en la playa?
2. ¿Juegan los amigos voleibol?
3. ¿Cuántas personas hay en la cancha?
4. ¿Golpeó Luis el balón?
5. ¿Pasó por encima de la red el balón?
6. ¿Marcó él un tanto?

CULTURA

Los jóvenes juegan voleibol en una playa en España. El voleibol es una actividad playera popular.

VIDEO To practice your new words, watch **Vocabulario en vivo.**

El invierno

¿Qué tiempo hace en el invierno?

Hace frío. Nieva.
A veces hay mucha nieve.
Ayer la temperatura bajó a cero.

el pico

la montaña

una estación de esquí

la pista

el telesquí, el telesilla

el gorro

la esquiadora

el bastón

el esquí

la snowboarder

el casco

los guantes

la chaqueta de esquí, el anorak

la bota

¡Así se dice!

If you want to say *perhaps* or *maybe*, you can use the expressions **¡Quizás!, ¡Quizá!,** or **¡Tal vez!**

VIDEO To go shopping for ski clothes with friends, watch **Diálogo en vivo.**

la ventanilla, la boletería

el boleto, el ticket

Los amigos compraron los tickets para el telesquí.
Los compraron en la ventanilla.

Tomaron el telesilla.
Lo tomaron para subir la montaña.

Hugo tiene miedo.
No quiere bajar la pista avanzada.
Prefiere las pistas para principiantes.

el/la patinador(a)

la pista de patinaje al aire libre

el patín

Julio y su amiga fueron a patinar sobre el hielo ayer.

En otras partes

El boleto is used throughout Latin America to mean *ticket*. In Spain it is **un billete.** A small ticket such as for a lift, bus, or subway is called **un ticket.** Variations are **el tiquete, el tique.**

QuickPass

Go to glencoe.com
For: **Vocabulary practice**
Web code: **ASD9304c7**

HABLAR • ESCRIBIR

1 Identifica todo lo que ves en la foto. ¿Qué tiempo hace?

LEER

2 Categoriza. ¿Son palabras relacionadas con el esquí, el patinaje o los dos?

	esquí	patinaje	los dos
1. el pico			
2. el invierno			
3. la ventanilla			
4. el patín			
5. el hielo			
6. la pista			
7. el telesilla			
8. el bastón			

CULTURA

Los esquiadores suben los Pirineos en un telesilla en una estación de esquí en Andorra entre Francia y España.

HABLAR • ESCRIBIR

3 Contesta sobre un grupo de amigos en una estación de esquí.

1. ¿Fueron los amigos a una estación de esquí?
2. ¿Compraron tickets para subir la montaña en el telesilla?
3. ¿Tomaron el telesilla para subir?
4. Cuando llegan al pico de la montaña, ¿ven muchas pistas?
5. ¿Hay pistas para expertos y principiantes?
6. ¿Tiene miedo Guillermo?
7. ¿Qué no quiere bajar?

EXPANSIÓN

Ahora, sin mirar las preguntas, da toda la información en tus propias palabras. Si no recuerdas algo, un(a) compañero(a) te puede ayudar.

HABLAR • ESCRIBIR

4 Prepara una lista de todo lo que necesitas cuando vas a esquiar. Luego prepara una lista de lo que necesitas cuando vas a la playa.

Comunidades

¿En qué parte de Estados Unidos vives? ¿Hay balnearios o estaciones de esquí? ¿Qué atracciones hay? ¿Visitan muchos turistas tu estado? ¿Qué quieren ver o visitar? Si de vez en cuando hay unos turistas que hablan español, les debes hablar para practicar tu español.

Más práctica

📗 Workbook, pp. 7.6–7.7
💿 StudentWorks™ Plus

ESCUCHAR • HABLAR • ESCRIBIR

5 Personaliza. Da respuestas personales.

1. Donde tú vives, ¿es popular el patinaje sobre hielo?
2. ¿Hay pistas de patinaje?
3. ¿Hay pistas al aire libre o cubiertas?
4. ¿Tienes patines?
5. ¿Hace mucho frío donde vives?
6. ¿Tienes miedo a veces cuando participas en ciertas actividades?
7. ¿Cuándo tienes miedo?

HABLAR • ESCRIBIR

6 Describe una de las fotografías.

LEER • ESCRIBIR

7 **Rompecabezas**

Work in pairs to solve the puzzle. Unscramble the words. Then, unscramble the circled letters. The first to discover the secret word wins.

LIHOE ___ ___ ___ (___) ___

TANÓBS (___) ___ ___ ___ ___ ___

YEAR ___ ___ (___) ___

MOPITE ___ ___ ___ ___ ___ (___)

APTSI ___ ___ ___ (___) ___

SOCCA ___ ___ ___ ___ (___)

   Palabra secreta: _____

Gramática

QuickPass

Go to glencoe.com
For: **Grammar practice**
Web code: **ASD9304c7**

Pretérito de los verbos en -ar

1. To express an action that began and ended at a specific time in the past you use the preterite tense. The endings of the preterite tense are different from those of the present tense.

2. You form the preterite of regular **-ar** verbs as follows.

infinitive	mirar		
stem	mir-		
yo	miré	nosotros(as)	miramos
tú	miraste	*vosotros(as)*	*mirasteis*
Ud., él, ella	miró	Uds., ellos, ellas	miraron

infinitive	nadar		
stem	nad-		
yo	nadé	nosotros(as)	nadamos
tú	nadaste	*vosotros(as)*	*nadasteis*
Ud., él, ella	nadó	Uds., ellos, ellas	nadaron

¿Te acuerdas?

Remember the following spelling patterns.
**ca, que, qui, co, cu
ga, gue, gui, go, gu
za, ce, ci, zo, zu**

3. Note the spelling of the **yo** form of verbs that end in **car**, **gar**, and **zar**.

c → qué   g → gué   z → cé
¿Marcaste un tanto?   Sí, marqué un tanto.
¿Llegaste a tiempo?   Sí, llegué a tiempo.
¿Empezaste a bucear?   Sí, empecé a bucear.

CULTURA
Aquí en Puerto Madryn, Argentina, puedes rentar todos los artículos necesarios para el buceo.

Práctica

ESCUCHAR

1 Escucha y determina si es el presente o el pretérito. Indica tus respuestas en una tabla como la de abajo.

presente	pretérito

ESCUCHAR • HABLAR

2 Contesta sobre Gustavo quien pasó una tarde en la playa.

1. Ayer, ¿pasó Gustavo la tarde en la playa?
2. ¿Con quiénes pasó la tarde?
3. ¿Tomó Gustavo mucho sol?
4. ¿Usó una loción bronceadora protectora?
5. ¿Nadó en el mar?
6. ¿Esquió en el agua?
7. ¿Tomó fotos con su cámara digital?

EXPANSIÓN

Ahora, sin mirar las preguntas, cuenta la información en tus propias palabras. Si no recuerdas todo, un(a) compañero(a) te puede ayudar.

ESCRIBIR

3 Forma frases en el pasado.

MODELO   **amigos / comprar / raqueta**
                Los amigos compraron una raqueta.

1. jóvenes / jugar / tenis
2. ellos / jugar / cancha cubierta
3. ellos / golpear / pelota
4. los jóvenes / jugar / dobles
5. Alicia y Paco / marcar / primer tanto
6. ellos / ganar / partido

EXPANSIÓN

Ahora, sin mirar las frases que formaste, relata toda la información en tus propias palabras.

Los dos amigos jugaron individuales en una cancha de tenis al aire libre.

Carreras

ME ENCANTA NEW YORK

New York City

GUIA Y MAPA
PARA VISITANTES

Si hablas español hay muchas oportunidades para usar la lengua en la industria del turismo. ¿Por qué? Pues, porque hay mucha gente de ascendencia latina que vive en Estados Unidos y hay muchos turistas de España y Latinoamérica que visitan nuestro país.

ESCUCHAR • HABLAR • ESCRIBIR

4 Personaliza. Da una respuesta personal.

1. Ayer, ¿a qué hora llegaste a casa?
2. ¿Preparaste la comida?
3. ¿Estudiaste?
4. ¿Escuchaste música?
5. ¿Miraste la televisión?
6. ¿Hablaste con un(a) amigo(a)?
7. ¿Le hablaste por teléfono en tu móvil?
8. ¿Te gustó la conversación?

HABLAR

5 Trabajando en grupos, preparen una conversación sobre un juego de básquetbol según el modelo.

MODELO —¿**Jugó Pablo?**
—**A ver, Pablo. ¿Jugaste?**
—**Sí, jugué.**

1. ¿Jugó Pablo básquetbol?
2. ¿Dribló con el balón?
3. ¿Pasó el balón a un amigo?
4. ¿Tiró el balón a su amigo?
5. ¿Entró el balón en el cesto?
6. ¿Marcó un tanto?

LEER • ESCRIBIR

6 Cambia **nosotros** a **yo.** Presta atención a la ortografía.

Ayer nosotros llegamos a la playa y empezamos a jugar fútbol. Jugamos muy bien. No tocamos el balón con las manos. Lo lanzamos con el pie o con la cabeza. Marcamos tres tantos.

CULTURA

Los jóvenes jugaron fútbol en una playa de Puerto Vallarta en México.

HABLAR

7 Conversa con un grupo de amigos que fueron a una fiesta anoche.

> **MODELO** hablar →
> —¿Hablaron ustedes durante la fiesta?
> —Sí, hablamos.

1. jugar juegos de video
2. tomar una merienda
3. sacar fotos
4. rentar un DVD
5. tomar un refresco
6. escuchar música

LEER • ESCRIBIR

8 Completa en el pretérito. Tienes que usar todas las formas de los verbos.

Un grupo de amigos y yo ___1___ (pasar) unos días en un balneario. Nosotros ___2___ (llegar) el viernes por la noche y ___3___ (pasar) dos noches en la casa de nuestro amigo Andrés.

En la playa todos nosotros ___4___ (tomar) el sol. Yo ___5___ (nadar) en el mar pero a Teresa no le gusta el mar y ella ___6___ (nadar) en la piscina. Rubén ___7___ (alquilar) un barquito y él y yo ___8___ (esquiar) en el agua.

Y tú, ¿___9___ (nadar) la última vez que ___10___ (pasar) algunos días en la playa? Y tus amigos, ¿___11___ (nadar) ellos también o solo ___12___ (tomar) el sol?

CULTURA

Un anuncio publicitario en Valencia, España

InfoGap For more practice using the preterite of **-ar** verbs, do Activity 7 on page SR9 at the end of this book.

LEER • HABLAR • ESCRIBIR

9

First choose the word in each group that does not belong. Then think of another word that fits the category. Using all four words, create a sentence in the preterite.

1. el mar · la ola · el invierno · la playa
2. la toalla · las gafas · la crema protectora · la bota
3. el bañador · el gorro · los guantes · el anorak
4. nadar · patinar · bucear · tomar el sol

Pretérito de ir y ser

The verbs **ir** and **ser** are irregular in the preterite. Note that they have the same forms. You can determine the difference in meaning by the context of the sentence.

ir, ser	
yo	fui
tú	fuiste
Ud., él, ella	fue
nosotros(as)	fuimos
vosotros(as)	*fuisteis*
Uds., ellos, ellas	fueron

CULTURA
Los alumnos fueron a la escuela a pie in Oaxaca, México.

Yo fui a la playa y él fue también.
I went to the beach and he went, too.

Yo fui presidente y él fue vicepresidente.
I was president and he was vice president.

CULTURA
Un grupo de señores fueron a la playa de las Canteras en Las Palmas de Gran Canaria. Pasaron unos días agradables.

Práctica

ESCUCHAR

10 Escucha y determina quién habla.

yo	él, ella

HABLAR • ESCRIBIR

11 Personaliza. Da una respuesta personal.
1. Ayer, ¿fuiste a la escuela?
2. ¿Cómo fuiste? ¿En carro, en bus o a pie?
3. ¿Fuiste a las montañas el invierno pasado?
4. ¿Fuiste a una estación de esquí?
5. ¿Fuiste a la playa el verano pasado?
6. ¿Fuiste a un balneario?
7. ¿Fuiste al partido de fútbol el sábado pasado?

EXPANSIÓN

Ahora, sin mirar las preguntas, relata toda la información en tus propias palabras. Si no recuerdas algo, un(a) compañero(a) te puede ayudar.

ESCRIBIR

12 Completa con el pretérito de **ir.**
1. Yo _____ a la escuela ayer.
2. Mis amigos _____ también.
3. Nosotros _____ juntos.
4. Nosotros _____ a las ocho de la mañana.
5. Yo _____ a la cafetería para tomar el almuerzo pero Elena no _____.
6. ¿_____ (tú) a la cafetería ayer también?

CULTURA
La muchacha fue a la costa en San Juan, Puerto Rico, donde patinó en línea a lo largo de la playa.

Comunicación

13 Get together in groups of three or four. You will ask one another where you went in the past year. After you all have given your answers, determine how many of you went to the same places. Present your results to the class.

DE VACACIONES

doscientos cuarenta y tres **243**

Los pronombres lo, la, los, las

1. The direct object is the word in the sentence that receives the direct action of the verb. It answers the question *what* or *whom*. The direct object can be either a noun or a pronoun. **Lo, la, los,** and **las** are direct object pronouns.

2. The direct object pronouns can replace either a thing or a person. The pronoun must agree with the noun it replaces and it comes right before the verb.

¿Te acuerdas?

Remember that you must use the **a personal** before a direct object when it is a person.
Invité a Carlos.
Invité a sus amigos también.

Ella compró el casco.   Ella **lo** compró.

Compró los guantes.   **Los** compró.

¿Miró Juan la pelota?   Sí, **la** miró.

¿Miró las raquetas?   Sí, **las** miró.

¿Invitaste a Juan?   Sí, **lo** invité.

¿Invitaste a María?   Sí, **la** invité.

¿Invitaste a sus amigos? Sí, **los** invité.

CULTURA

La señora vende anteojos de sol. Los vende en una calle de Baños, Ecuador. Ahora no tiene clientes y charla con una amiga.

VIDEO Want help with direct and indirect object pronouns? Watch **Gramática en vivo.**

Más práctica

Workbook, pp. 7.12–7.13

StudentWorks™ Plus

Gramática

Práctica

ESCUCHAR • HABLAR

 14 Con un(a) compañero(a), prepara una conversación según el modelo.

MODELO **el bañador →**
—**¿Tienes el bañador?**
—**Sí, lo tengo. Lo compré ayer.**

1. los anteojos de sol
2. el boleto
3. la toalla
4. el gorro
5. las botas
6. los guantes
7. la chaqueta de esquí
8. el casco

ESCUCHAR • HABLAR • ESCRIBIR

 15 Contesta con el pronombre apropiado.

1. ¿Tienes tus botas nuevas?
2. ¿Tienes tu raqueta nueva?
3. ¿Tienes tu bañador nuevo?
4. ¿Tienes tus patines nuevos?
5. ¿Tienes tu cámara nueva?
6. ¿Tienes tu móvil nuevo?

LEER • HABLAR

16 Rompecabezas

 Work with a partner and see who can solve each riddle first.

1. la usas cuando sacas fotos
2. la usas después de nadar
3. la necesitas cuando practicas el surfing
4. lo alquilas para esquiar en el agua
5. lo tomas para subir la montaña
6. la llevas cuando hace frío
7. lo debes comprar si quieres tomar el telesquí
8. los lleva una persona que patina

HABLAR

 Piensa en cosas que quieres comprar. Luego, con un(a) compañero(a) de clase, prepara una conversación según el modelo.

MODELO —¿Cuándo compraste los esquís?
—Los compré ayer.
—Me gustan. ¿Dónde los compraste?
—Los compré en la tienda Galerías.
—¿Cuánto te costaron?
—Me costaron 150 pesos.

LEER • ESCRIBIR

 Completa con un pronombre.

Ayer yo fui a buscar una raqueta de tenis para Elena. __1__ compré en el Corte Inglés. A Elena le gustó mucho. Ella __2__ usó ayer cuando jugamos tenis. Ella me enseñó unas fotos. José __3__ sacó con su nueva cámara digital. Él __4__ compró ayer porque él también fue al Corte Inglés.

HABLAR

 Work with a partner. Make up a conversation based on what you see in the photograph and use as many object pronouns as you can.

LARGE SENTENCE STRIPS
See page SH31 for help with making this foldable. Practice using direct object pronouns. On the front of each flap, write sentences with direct objects. Trade sentence strips and under the flaps replace the objects with pronouns. Check each other's work.

PRONUNCIACIÓN

Las consonantes b, v

There is no difference in pronunciation between a **b** and a **v** in Spanish. The **b, v** sound is somewhat softer than the sound of an English *b*. When making the sound, the lips barely touch.

Since **b** and **v** sound the same, people very often have trouble spelling words with a **b** or a **v**. They will often ask:

¿B de burro?   ¿V de vaca?

ba	be	bi	bo	bu
balón	béisbol	bien	recibo	bus
base	bebe	recibimos	árbol	aburre
batea	recibe	biftec	bonito	abuela
bajo	bebida	billete	fútbol	buceo
bárbaro	nube		boleto	
bastón			bota	

va	ve	vi	vo	vu
va	vela	vive	vosotros	vuelve
nieva	verano	vivimos	huevo	vuestro
nueva	verde	viejo	volver	
vamos	joven	vista	voy	
vaso	ventanilla	invierno	voleibol	
	venezolano		nuevo	

✏️ Dictado

Pronounce the following sentences carefully. Then write them to prepare for a dictation.

> Va a visitar a sus abuelos en Bolivia.
> No nieva en Venezuela donde vivimos.
> Bárbara bebe un batido en el bus.
> Víctor ve la televisión.
> David vive en una casa nueva, no vieja.
> El joven alquila un barco de vela en verano.
> Lleva bañador cuando bucea.

Refrán

Can you guess what the following proverb means?

A invierno lluvioso, verano abundoso.

¡Bravo!

You have now learned all the new vocabulary and grammar in this chapter. Continue to use and to practice all that you know while learning more cultural information. ¡Vamos!

Conversación

Go to glencoe.com
For: **Conversation practice**
Web code: ASD9304c7

Un día en la playa

Nando ¿Fuiste a la playa ayer?

Teresa Sí, fui con Naida. Pasamos una tarde agradable. Naida nadó mucho y yo tomé el sol.

Nando ¿Esquiaron en el agua?

Teresa No, yo tomé (llevé) mi plancha de vela pero no la usé.

Nando ¿No la usaste? ¿Por qué?

Teresa Poco viento.

Nando Ah, verdad. Si no hay mucho viento no puedes practicar la plancha de vela. No vale.

Teresa ¡Quizás, mañana!

Nando Debes ir a Rincón. Allí las olas son más grandes y hay más viento.

¿Comprendes?

A Contesta según la información en la conversación.

1. ¿Quién fue a la playa?
2. ¿Con quién fue?
3. ¿Cómo pasaron la tarde?
4. ¿Quién nadó?
5. ¿Quién tomó el sol?
6. ¿Usó su plancha de vela Teresa?
7. ¿Adónde debe ir Teresa para practicar la plancha de vela?
8. ¿Cuáles son dos cosas necesarias para poder practicar la plancha de vela?

GeoVistas

To learn more about Puerto Rico, take a tour on pages SH62–SH63.

B **Resumiendo** Cuenta lo que pasó en la conversación en tus propias palabras.

C **Analizando** Si estás en Puerto Rico y quieres practicar la plancha de vela, ¿adónde debes ir? ¿Por qué?

CULTURA

En la playa de Tres Palmas en Rincón, Puerto Rico, las olas son bastante grandes.

DE VACACIONES

Antes de leer

Before reading the selection, look at the two subtitles. Make a chart with a subtitle at the top of each column.

Durante la lectura

As you read, fill in your chart with information you want to remember. You don't need to use complete sentences.

✓ Reading Check

¿Adónde fueron a comer los amigos?

Un día en una playa de España 🎧 ♻

La playa de Estepona El otro día Juan Carlos y un grupo de sus amigos del colegio fueron a Estepona donde pasaron el día entero en la playa. Estepona tiene muchos balnearios y cuando el día está muy claro, es posible ver la costa de África.

Los amigos lo pasaron muy bien en la playa. Conversaron de muchas cosas. Nadaron y tomaron el sol. Sandra y Felipe alquilaron un barquito y esquiaron en el agua. Y Tomás practicó la plancha de vela.

A eso de las tres y media todos fueron a un chiringuito—un restaurante pequeño al aire libre en la playa. Como[1] están en la costa tienen que comer pescado y mariscos. Todos picaron de varios platos—gambas al ajillo[2], arroz con camarones, calamares[3]—y una tortilla a la española. La tortilla fue para Maripaz porque a ella no le gustan los mariscos ni el pescado.

CULTURA
Un chiringuito en Estepona

✓ Reading Check

¿Para quiénes es un paraíso Tarifa?

Después de leer

Use your notes to help with the ¿Comprendes? activities. Were your notes helpful?

Tarifa Durante el almuerzo habló Fernando. Les habló a sus amigos de su día en Tarifa. Tarifa no está muy lejos de Estepona. En Tarifa el Mediterráneo entra en el Atlántico. Hay mucho viento y el mar está casi siempre bravo[4]. Las olas son muy grandes y por consecuencia Tarifa es un paraíso para los aficionados a la plancha de vela.

[1]Como   *As, Since*
[2]gambas al ajillo   *shrimp in garlic sauce*
[3]calamares   *squid*
[4]bravo   *rough*

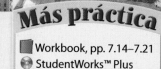

¿Comprendes?

A **Recordando hechos** Contesta.

1. ¿Adónde fueron Juan Carlos y un grupo de sus amigos?
2. ¿De qué hablaron los amigos?
3. ¿En qué actividades participaron?
4. ¿Adónde fueron a eso de las tres y media?
5. ¿Qué platos picaron?
6. ¿A quién no le gustan los mariscos ni el pescado?

B **Describiendo** Describe.

1. un chiringuito
2. Tarifa
3. Estepona

C **Analizando** Contesta.

¿Por qué a los aficionados a la plancha de vela les gusta ir a Tarifa?

Más práctica

Workbook, pp. 7.14–7.21
StudentWorks™ Plus

CULTURA

A mucha gente le gusta practicar la plancha de vela en Tarifa, España.

CULTURA

El joven esquió en el agua en Puerto Banús, Marbella, España.

251

Julio en Argentina 🎧♻

Antes de leer

Vas a leer sobre una estación de esquí. Antes de leer piensa en la información que ya tienes de tus cursos de ciencias sobre las estaciones en las diferentes partes del mundo.

Es el mes de julio y Miguel y sus amigos de su colegio en Buenos Aires están de vacaciones. No hay clases porque tienen sus vacaciones de invierno. Miguel y varios amigos fueron a Bariloche a esquiar. Bariloche es un pueblo en los Andes de Argentina.

Pero, una pregunta: ¿Esquiaron en julio? ¿Cómo es posible? ¿Hay nieve en julio? Como Argentina está en el hemisferio sur, las estaciones son contrarias a las estaciones del hemisferio norte.

Bariloche está en el distrito de los famosos lagos[1] en la frontera de Argentina y Chile. Cerro Catedral está a veinte kilómetros de Bariloche y es la estación de esquí más popular de Argentina. Tiene una infinidad de pistas para todos los niveles[2] de esquiadores.

No importa si no te gusta esquiar. Tienes que visitar la región de Bariloche. Si no te fascinan las pendientes nevadas[3] seguramente te va a encantar el panorama magnífico que puedes observar de un telesilla que te sube hasta los 2.400 metros de altura. ¿Vas a tener miedo?

[1]lagos   *lakes*   [3]pendientes nevadas   *snow-covered slopes*
[2]niveles   *levels*

CULTURA

Cerro Catedral en el Parque Nacional Nahuel Huapi cerca de Bariloche en la frontera de Argentina y Chile

¿Comprendes?

CULTURA
El lago Nahuel Huapi y
la catedral en San Carlos
de Bariloche, Argentina

Escoge.

1. «Las estaciones son contrarias» significa que son _____.
   a. las mismas
   b. cortas
   c. opuestas
   d. al mismo tiempo

2. «Cerro Catedral tiene una infinidad de pistas» significa
   que _____.
   a. las pistas en Cerro Catedral son infinitas
   b. hay muchas pistas
   c. hay un número definido de pistas
   d. las pistas en Cerro Catedral son famosas

3. ¿Por qué debe uno visitar la región de Bariloche aun si no
   le gusta esquiar?
   a. Hay pistas para todos los niveles de esquiadores.
   b. Cerro Catedral no está muy lejos de Bariloche.
   c. Bariloche está en los Andes en la frontera de Argentina
      y Chile.
   d. Las vistas son estupendas y les encantan a todos.

4. ¿Quién puede tener miedo?
   a. una persona a quien no le gusta la nieve
   b. una persona que no puede esquiar
   c. una persona a quien no le gusta el invierno
   d. una persona a quien no le gusta subir muy alto

Vocabulario

To review **Vocabulario 1** and **Vocabulario 2,** turn to pages 230–231 and 234–235.

1 Identifica.

1.   2.

3.   4.

5.

2 Contesta.

6. ¿Qué tiempo hace en verano?

7. ¿Qué tiempo hace en invierno?

3 Contesta.

8. ¿Qué lleva una persona cuando va a la playa?

9. ¿Qué lleva una persona que esquía?

10. ¿Dónde puede nadar una persona?

11. ¿Dónde puede esquiar una persona?

12. ¿Dónde puede patinar una persona?

Gramática

4 **Completa con el pretérito.**

13. Carlos _____ en el agua. (esquiar)

14. Ellos _____ un barquito. (alquilar)

15. La temperatura _____ a cero. (bajar)

16. ¿_____ (tú) fotos? (tomar)

17. Yo _____ español con mis amigos. (hablar)

18–19. Nosotros _____ las fotos que Elena _____.
      (mirar, tomar)

20. Yo _____ un CD. (escuchar)

To review **el pretérito,** turn to pages 238 and 242.

5 **Escribe en el pretérito.**

21–22. Yo voy y él va también.

23. Yo llego a la playa.

24. Empiezo a jugar voleibol con mis amigos.

25. Yo marco tres tantos.

26. Y tus amigos, ¿juegan bien también?

27. Vamos a la playa después del almuerzo.

6 **Contesta con un pronombre.**

28. ¿Tiene José el gorro?

29. ¿Compró María la crema solar?

30. ¿Tiene Carolina los boletos?

31. ¿Alquilaron los amigos el barquito?

32. ¿Alquilaron las planchas de vela también?

33. ¿Ves a los gemelos en el telesilla?

34. ¿Escucharon los niños a sus padres cuando
   esquiaron?

35. ¿Miraste a tu hermana en la piscina?

36. ¿Invitaron los amigos a Alicia a la playa?

To review **los pronombres,** turn to page 244.

Cultura

7 **Completa.**

37. De Estepona en la Costa del Sol es posible ver
   la costa de _____.

38. _____ es un restaurante pequeño al aire libre
   en la playa.

39. En los restaurantes en la playa comen mucho
   _____ porque están en la costa.

40. Tarifa está en un punto de tierra donde el mar
   Mediterráneo entra en _____.

To review this cultural information, turn to pages 250–251.

Prepárate para el examen

Practice for oral proficiency

1 **El tiempo**

✍ *Describe the weather where you live*

What are the summers like? What are the winters like? Which do you prefer? Why?

2 **Mis vacaciones de verano**

✍ *Talk about a summer vacation*

Work with a classmate. Tell him or her where you like to go on a summer vacation. Tell what you do and give some reasons why you like it so much. Your classmate will then tell what he or she does. Are your summer vacations similar?

3 **Donde vivo yo**

✍ *Tell about vacations where you live*

Work with a classmate. He or she will take the role of an exchange student from Argentina. Tell him or her where people from your area tend to vacation. Give reasons. Your classmate will then tell what they do in Argentina based on what you have learned in this chapter. Argentina also has many beaches such as Mar del Plata.

4 **Un paraíso**

✍ *Discuss two beautiful resorts*

Look at this ski resort in the Sierra Nevada mountains in Spain and this beach resort in Taboga Island, Panama. Which one do you prefer for a vacation? Explain why.

La estación de esquí de Pradollano en la Sierra Nevada en España

Una playa tranquila en la isla Taboga en Panamá

5 **Ayer**

✍ *Tell what you did*

Work with a classmate. Tell the things you did yesterday. Compare and see whether you did the same things. Use the following verbs.

estudiar	trabajar	mirar un DVD	escuchar música	hablar
tomar	sacar	nadar	esquiar	llevar

Prepárate para el examen
✓ Practice for written proficiency

Tarea

Write an e-mail about what you did during a real or imaginary vacation in a Spanish-speaking country.

Writing Strategy

Writing an e-mail You often write an e-mail to a friend or family member to tell them about something you did. You want to give them information that will interest them. So that they can share and enjoy your experience, remember to write with enthusiasm using expressions such as **¡Bárbaro! ¡Fabuloso! ¡Estupendo!**

CULTURA

El malecón a lo largo de la playa en Cádiz, España

❶ Prewrite

- Decide on the resort you are going to say you visited. You may want to re-read some information about the place in your textbook.

- Since you're going to describe what you did, you must use the past tense. Make a list of all the **-ar** verbs you know that relate to your vacation. You will also want to use **ir** and **ser.**

- Use the verbs in your list to write sentences about what you did or what others did who were with you. Use the diagram below to help organize your sentences.

❷ Write

- Begin the e-mail with an attention-grabbing introduction that tells where, when, and with whom you went.

- Organize your writing. You may want to use chronological order, or you may prefer to organize by activity or people involved.

- Write a conclusion. End by telling why you had a great time. **Lo pasé muy bien porque…**

- Read over your e-mail and correct any errors you find. Errors in grammar or spelling could lead to confusion on the part of the reader.

- Click SEND!

Evaluate

Don't forget that your teacher will evaluate you on the correct use and spelling of the verbs in the past tense as well as on how organized, understandable, and interesting your e-mail is.

Repaso del Capítulo 7

Gramática

- **Pretérito de los verbos en -ar** *(page 238)*

  The preterite tense is used to express actions that began and ended at a specific time in the past. Review the forms of the preterite of regular **-ar** verbs.

hablar			
yo	hablé	nosotros(as)	hablamos
tú	hablaste	*vosotros(as)*	*hablasteis*
Ud., él, ella	habló	Uds., ellos, ellas	hablaron

- **Pretérito de ir y ser** *(page 242)*

  Review the preterite forms of **ir** and **ser**. Note that their forms are identical.

ir, ser			
yo	fui	nosotros(as)	fuimos
tú	fuiste	*vosotros(as)*	*fuisteis*
Ud., él, ella	fue	Uds., ellos, ellas	fueron

- **Pronombres lo, la, los, las** *(page 244)*

  The direct object pronouns **lo, la, los, las** can replace either a thing or a person. The pronoun comes right before the verb.

  ¿Ves a Juan? ¿**Lo** ves?

  ¿Tienes el móvil? ¿**Lo** tienes?

  Tengo los tickets. **Los** tengo.

  ¿Invitaste a Marisol? ¿**La** invitaste?

  ¿Quieren la cámara? ¿**La** quieren?

  José compró las botas. **Las** compró.

CULTURA

Los jóvenes pasaron una tarde agradable en una de las isletas en el lago de Nicaragua.

Vocabulario

Describing weather

el verano	la nieve	Nieva.	Hace calor (frío).
el invierno	la nube	Hace buen (mal)	Hace (Hay) sol.
la temperatura	Llueve.	tiempo.	nublado(a)

Describing the beach and summer activities

el balneario	la piscina, la alberca	el esquí acuático	pasar
la playa	el surfing	(náutico)	nadar
la arena	la plancha de vela	el barquito	bucear
el mar	la tabla hawaiana	el voleibol	
la ola	el buceo	practicar	
el sol		alquilar, rentar	

Identifying beach gear

la toalla	los anteojos de sol,	una crema (loción)	una cámara digital
el traje de baño,	las gafas para el	solar, una loción	
el bañador	sol	bronceadora	

Describing a ski resort and winter activities

una estación de	el/la esquiador(a)	el patinaje sobre el	esquiar
esquí	el/la snowboarder	hielo	subir
la montaña	la ventanilla, la	la pista de patinaje	bajar
el pico	boletería	el/la patinador(a)	patinar
la pista	el boleto, el ticket	el/la experto(a)	
el telesquí, el	el hielo	el/la principiante	
telesilla			

Describing winter gear and equipment

el esquí	las botas	la chaqueta de esquí	el snowboard
el bastón	los guantes	el anorak	el patín
el gorro	el casco		

Other useful words and expressions

ayer	este año	tener miedo
esta noche	el año pasado	No vale.
anoche	esta semana	¡Quizás! ¡Quizá!
esta tarde	la semana pasada	¡Tal vez!
ayer por la tarde	el fin de semana	

Repaso cumulativo

Repasa lo que ya has aprendido

These activities will help you review
what you have learned so far in Spanish.

**HORARIO
DE
FARMACIA**
DE LUNES A SABADO
DE: 9 A.M. A 9 P.M.
DOMINGOS
DE: 8 A.M. A 8 P.M.

1 Escucha las frases. Indica si la frase es correcta o no según la información en el anuncio.

2 Contesta.

1. ¿Van ustedes a veces a la playa?
2. ¿A ti te gusta la playa?
3. ¿Nadas? ¿Dónde nadas?
4. ¿Tomas el sol? ¿Usas una loción bronceadora?
5. ¿Vas a la playa con tus amigos?
6. ¿Toman tus amigos una merienda en la playa?
7. ¿Esquían ustedes en el agua?
8. ¿Pasan ustedes un día agradable en la playa?

3 Cambia al presente.

1. Esquié en las montañas.
2. Mi amigo Carlos compró los tickets para el telesilla.
3. Tomamos el telesilla para subir la montaña.
4. Yo llevé un casco.
5. Bajé una pista avanzada.
6. Carlos bajó una pista más fácil.

4 Rompecabezas

Choose the word in each group that does not belong and tell why it is **el intruso.** Then think of another word that could replace **el intruso.**

1. la madre | el sobrino | el postre | la prima
2. driblar | toser | patinar | correr
3. perezoso | sincero | paciente | pelirrojo
4. el otoño | la profesora | el médico | la mesera

5 Completa en el presente.

1. Ricardo _____ en una tienda. (estar)

2. Unos amigos _____ con él. (estar)

3. Ricardo _____ una camisa. (necesitar)

4. Él _____ una camisa blanca. (buscar)

5. Ricardo, yo también _____ una camisa. (necesitar)

6. Ricardo y yo _____ con la empleada. (hablar)

7. La empleada _____ en la tienda. (trabajar)

8. Ella nos pregunta, «¿Qué _____ ustedes?» (desear)

9. Ricardo y yo _____ la camisa que _____. (comprar, necesitar)

10. Luego nosotros _____ a la caja y _____. (ir, pagar)

6 ¡Te toca a ti! Crea frases con las siguientes expresiones.

Me gusta   **Me interesa**   **Me enoja**

7 Mira los dibujos de un día que Marta y Juan pasaron en la playa. Describe el día.

CAPÍTULO

8

En tu tiempo libre

Aquí y Allí

Vamos a comparar Los eventos culturales como *shows* o espectáculos folklóricos, conciertos y exposiciones artísticas son muy populares en los países hispanos. La gente asiste con frecuencia a los eventos culturales. ¿Qué piensas? ¿Son populares aquí en Estados Unidos también?

Objetivos

You will:

- talk about a birthday party
- discuss concerts, movies, and museums
- discuss Hispanic art and music

You will use:

- preterite of **-er** and **-ir** verbs
- the verbs **oír** and **leer**
- affirmative and negative words

El Museo Guggenheim en Bilbao, España, es famoso por su estilo arquitectónico y sus exposiciones de arte moderno y contemporáneo.

QuickPass

Go to glencoe.com
For: **Online book**
Web code: **ASD9304c8**

Introducción al tema
En tu tiempo libre

Look at these photographs to acquaint yourself with the theme of this chapter. We all love free time, **¿no?** In this chapter you'll see some of the things your counterparts in the Spanish-speaking world do when they have free time. You will learn that culture plays an important role in their activities. Do you see activities on this page that you also enjoy during your free time?

Cuba ▲ El joven canta y toca el contrabajo. Forma parte de un conjunto musical en La Habana.

◄ **Argentina** Una pareja joven baila el famoso tango en una calle de San Telmo en Buenos Aires.

España La Gran Vía es una de las avenidas principales de Madrid. En la Gran Vía hay muchos cines y teatros. ►

México El museo de la famosa artista mexicana Frida Kahlo está en Coyoacán al sur de la Ciudad de México. El museo es la antigua casa de la familia de Frida Kahlo. Ella vivió en la casa también durante los años de su matrimonio con Diego Rivera, un pintor y muralista mexicano. ▼

▲ **Argentina** La Boca en Buenos Aires es un barrio o zona pintoresca de la ciudad donde hay muchos artistas. La Boca es famosa por sus casas de muchos colores.

MUSEO *Frida Kahlo*
Nº 13376
LONDRES Nº 247
COL. DEL CARMEN
COYOACAN

INSTITUTO ESTATAL DE LA CULTURA DE GUANAJUATO
Museo Casa Diego Rivera
COOPERACIÓN $ 15.00
Positos No. 47
Guanajuato, Gto., México

Guatemala Aquí vemos a una artista que pinta un cuadro en su taller en Antigua, Guatemala. ▶

▲ **Chile** Las muchachas dan un espectáculo de bailes folklóricos en Poconchile, un pueblo en el desierto de Atacama en Chile.

Guatemala El Museo Nacional de Arqueología y Etnología en la Ciudad de Guatemala ▼

Bolivia Un joven indígena toca la zampoña, un tipo de flauta en el pueblo Llapallapani en el altiplano de Bolivia. La zampoña es un instrumento tradicional de los indígenas en los Andes. ▼

Nicaragua El Palacio Nacional es un museo en el centro de Managua, Nicaragua. ▼

Una fiesta en casa

las velas

la torta, la tarta, el pastel

el regalo

En otras partes

Cacahuates is used in most areas of Latin America; in Spain it is **cacahuetes. El maní** is used in Puerto Rico.

Felipe dio una fiesta en casa para el cumpleaños de Sarita.
Todos los amigos dieron regalos a Sarita.
Ella recibió muchos regalos y los abrió.
Carlos le dio boletos (entradas) para un concierto.

las galletas

los vegetales crudos

los cacahuates, el maní

Durante la fiesta, los jóvenes picaron.
Comieron vegetales crudos, galletas con queso y cacahuates.

Un concierto

Sarita salió ayer.
Ella asistió a un concierto.

¡Ojo!

The verb **salir** means *to leave* or *to go out*. It can also convey the meaning *to go out with someone* in the sense of *to date.*

Ella salió para España.
Ella salió anoche.
Salió con Roberto.

la banda

los músicos

los cantantes

un conjunto, un grupo musical

Sarita oyó el concierto.
La banda tocó bien.
Los cantantes cantaron bien.

Después del concierto,
Sarita volvió a casa.
Volvió a casa a pie.

QuickPass

Go to glencoe.com
For: **Vocabulary practice**
Web code: **ASD9304c8**

ESCUCHAR

1 Escucha y parea. Parea lo que oyes con el dibujo que describe.

a.

b.

¿Te acuerdas?

You have already learned the verb **perder** meaning *to lose*.
   Perdieron el juego.
Perder can also mean *to miss*.
   Perdió el autobús.

HABLAR

2 Contesta sobre un concierto según se indica.
   1. ¿A qué asistió Tomás? (un concierto)
   2. ¿Quiénes dieron el concierto? (su grupo favorito)
   3. ¿Fue un concierto de jazz, rock o pop? (pop)
   4. ¿Qué recibieron los músicos y cantantes? (muchos aplausos)
   5. ¿Cómo volvió Tomás a casa? (a pie)
   6. ¿Por qué volvió a pie? (perdió el bus)

EXPANSIÓN

Ahora, sin mirar las preguntas, cuenta la información en tus propias palabras. Si no recuerdas algo, un(a) compañero(a) te puede ayudar.

HABLAR

3 Contesta según las fotos.
   ¿Qué comió José?

1.

2.

3.

Más práctica

☐ Workbook, pp. 8.3–8.4
🌐 StudentWorks™ Plus

HABLAR • ESCRIBIR

④ Personaliza. Da respuestas personales.

Los nombres de muchos instrumentos musicales son palabras afines. Aquí tienes unos ejemplos: **el piano, el violín, la viola, la guitarra, la trompeta, el clarinete, la flauta.** ¿Tocas un instrumento musical? ¿Cuál? ¿Tocas en una orquesta o banda? ¿Qué tipo de orquesta o banda es?

LEER • ESCRIBIR

⑤ Da una palabra apropiada.

1. los que cantan
2. los que tocan instrumentos musicales
3. lo que da o presenta un grupo musical
4. un grupo o conjunto de músicos
5. algo que puedes comer
6. lo que recibes para tu cumpleaños
7. lo que hay sobre una torta de cumpleaños

la guitarra

el violín

CULTURA

La Banda Municipal de Las Palmas de Gran Canaria de España dio un concierto al aire libre.

El cine

la taquilla

una película

Ana fue al cine.
Ana compró las entradas en la taquilla.

En otras partes

In addition to **una película,** you will also hear **un filme** or **un film.**

Vio una película.   Ella la vio en español.

¡Así se dice!

If suddenly something comes to your mind and you want to say *by the way* you can say **¡A propósito!**
¡A propósito! ¿Te interesa ir al museo?

Para conversar

¿Comprendió (Entendió) Ana la película?

Sí, la entendió bastante bien. Pero su amigo no entendió nada.

El museo

VIDEO To witness a discussion on culture, watch **Diálogo en vivo.**

un cuadro

una estatua de bronce

En otro salón vieron una estatua de bronce.

Los amigos visitaron el museo.
Vieron una exposición de arte hispano.

Eduardo siempre va al museo.
Le gusta mucho el arte.

Pero a su amigo José no le gusta nada.
Él no va casi nunca al museo.

La pintora tiene algo en la mano.

Ahora no tiene nada en la mano.

Anita ve a alguien. Ve a su amiga.

Ahora Anita no ve a nadie.

Comunidades

El Museo del Barrio en la Ciudad de Nueva York tiene exposiciones sobre muchos aspectos de la cultura puertorriqueña.

En el *Hispanic Institute* en Nueva York hay una exposición permanente de los cuadros de artistas famosos de España.

ESCUCHAR • HABLAR • ESCRIBIR

1 Escucha las frases. Indica en una tabla como la de abajo si cada frase es verdad o no.

verdad	falso

LEER

2 Escoge la palabra apropiada.
  1. La muchacha (vio, oyó) un filme.
  2. La muchacha (vio, oyó) el concierto.
  3. El artista pinta (un cuadro, una estatua).
  4. Vieron una exposición en (el cine, el museo).
  5. (El pintor / El escultor) pinta.

HABLAR • ESCRIBIR

3 Contesta.
  1. ¿Qué visitó la clase del señor Salas?
  2. ¿Qué vieron?
  3. ¿Qué tipo de exposición fue?
  4. ¡A propósito! ¿Fue Ana al cine?
  5. ¿Qué vio?
  6. ¿Entendió la película?

CULTURA

Un grupo de estudiantes en un museo de arte contemporáneo en Vitoria en el País Vasco (Euskadi) en España

Más práctica

Workbook, p. 8.5
StudentWorks™ Plus

ESCRIBIR

4 Da el contrario.

1. siempre
2. alguien
3. algo
4. nada
5. nunca
6. nadie

HABLAR • ESCRIBIR

5 Personaliza. Da respuestas personales.

1. ¿Te gusta el arte?
2. ¿Eres aficionado(a) al arte?
3. ¿Vas con frecuencia a un museo?
4. ¿Qué puedes ver en un museo?
5. ¿Vas con frecuencia al cine?
6. ¿Te gustan las películas?
7. ¿Qué piensas? ¿Puedes entender películas en español?
8. ¿Entiendes películas en inglés?

CULTURA
Un museo de arte moderno en Palma de Mallorca

6 **Rompecabezas**

Can you figure out what the following movie titles are in English?

Rompiendo el Hielo

Lo que el viento se llevó

Piratas del Caribe

LA GUERRA DE LAS GALAXIAS

El Señor de los Anillos

El Rey León

La Bella y La Bestia

Blanca Nieves

Comunicación

7 Tell the class whether you prefer to go to an art museum or a movie theater. Explain why.

8 In small groups, discuss activities you like to do in your free time. In addition to going to a party, movie, concert, or museum, you may wish to discuss some of your other activities. Some expressions you may want to use are: **escuchar música, ver la tele, leer, navegar la red, practicar un deporte, ir a un café, tocar un instrumento musical, ir a la playa.**

InfoGap For more practice using your new vocabulary, do Activity 8 on page SR10 at the end of this book.

QuickPass

Go to glencoe.com
For: **Grammar practice**
Web code: **ASD9304c8**

Pretérito de los verbos en -er, -ir

1. You have already learned the preterite forms of regular **-ar** verbs. Study the preterite forms of regular **-er** and **-ir** verbs: **-í, -iste, -ió, -imos, -isteis, -ieron.** The preterite endings of regular **-er** and **-ir** verbs are the same.

infinitive	comer		
stem	com-		
yo	comí	nosotros(as)	comimos
tú	comiste	vosotros(as)	comisteis
Ud., él, ella	comió	Uds., ellos, ellas	comieron

infinitive	asistir		
stem	asist-		
yo	asistí	nosotros(as)	asistimos
tú	asististe	vosotros(as)	asististeis
Ud., él, ella	asistió	Uds., ellos, ellas	asistieron

2. The preterite forms of the verbs **dar** and **ver** are the same as those of regular **-er** and **-ir** verbs. However, note that there are no accent marks.

	dar	ver
yo	di	vi
tú	diste	viste
Ud., él, ella	dio	vio
nosotros(as)	dimos	vimos
vosotros(as)	disteis	visteis
Uds., ellos, ellas	dieron	vieron

3. Remember that the preterite is used to tell about an event that began and ended at a specific time in the past.

Ellos salieron anoche.
Ayer no comí en casa. Comí en el restaurante.
¿Viste una película la semana pasada?

Práctica

HABLAR • ESCRIBIR

1 Contesta sobre una fiesta de cumpleaños que dio Miguel.

1. ¿Dio Miguel una fiesta?
2. ¿La dio para celebrar el cumpleaños de Alejandra?
3. ¿Escribió Miguel las invitaciones?
4. ¿Vio Alejandra a todos sus amigos en la fiesta?
5. ¿Le dieron regalos a Alejandra?
6. ¿Recibió ella muchos regalos?
7. ¿A qué hora salieron sus amigos de la fiesta?
8. Según sus padres, ¿volvieron a casa bastante tarde?

EXPANSIÓN

Ahora, sin mirar las preguntas, relata toda la información en tus propias palabras. Si no recuerdas algo, un(a) compañero(a) te puede ayudar.

HABLAR • ESCRIBIR

2 Personaliza. Da respuestas personales.

1. ¿A qué hora saliste de casa esta mañana?
2. ¿Perdiste el bus escolar o no?
3. ¿Aprendiste algo nuevo en español?
4. ¿Comprendiste lo que aprendiste?
5. ¿Viste un DVD en clase?
6. ¿A qué hora saliste de la escuela?
7. ¿A qué hora volviste a casa?

ESCUCHAR • HABLAR

3 Con un(a) compañero(a) de clase, prepara una miniconversación según el modelo.

MODELO **ir al cine →**
—**¿Fuiste al cine?**
—**Sí, fui al cine.**

1. ver una película americana
2. entender la película
3. salir del cine a las diez
4. perder el autobús
5. volver a casa a pie

CULTURA

Dos amigos compraron una bebida y luego vieron una película en un cine en Santiago de Chile.

VIDEO Want help with the preterite of regular verbs? Watch **Gramática en vivo.**

Las guaguas escolares esperan el regreso de los alumnos que gozan de una excursión escolar en La Habana.

LEER

4 Completa en el pretérito sobre una visita a un restaurante mexicano.

—¿ __1__ ustedes a un restaurante mexicano? (Ir)

—Sí.

—¿Qué __2__ ustedes? (comer)

—Pues, todos nosotros no __3__ la misma cosa. Yo __4__ tacos y otros __5__ enchiladas. Pero todos nosotros __6__ arroz y frijoles. (comer)

—¿A qué hora __7__ ustedes del restaurante? (salir)

— __8__ a eso de las ocho y media. (Salir)

—¿ __9__ ustedes una propina al mesero? (Dar)

—Sí, le __10__ una propina porque él nos __11__ un servicio bueno. (dar)

EXPANSIÓN

¡Adivina! Según el contexto, ¿qué es una propina?

ESCRIBIR

5 Cambia el párrafo al pretérito.

    Esta mañana, José sale de casa y ¡qué pena! Pierde el bus escolar. Así va a la escuela a pie. En la escuela yo como en la cafetería. José y yo no comemos juntos porque él sale de la escuela y come en un café cerca de la escuela. Hoy la profesora nos enseña una lección difícil. Los alumnos no la comprenden enseguida. La profesora nos da otra explicación y luego todos la comprendemos. Aprendemos mucho en su clase. ¿Y tú? ¿Aprendes mucho en tu clase de español? ¿Qué aprendes?

FOLDABLES
Study Organizer

SENTENCE STRIP HOLDER

See page SH33 for help with making this foldable. Practice the preterite form of verbs by making flashcards of verbs. Then, with a partner, take turns using these verbs in sentences. Ask each other questions about the sentences.

 Comunicación

6 With a partner, make up a conversation telling what you did in the past week. Find out if you did the same things.

Gramática

Los verbos oír, leer

1. Note the forms of the present and preterite of **oír.** Pay particular attention to the spelling.

oír		
	presente	**pretérito**
yo	oigo	oí
tú	oyes	oíste
Ud., él, ella	oye	oyó
nosotros(as)	oímos	oímos
vosotros(as)	*oís*	*oísteis*
Uds., ellos, ellas	oyen	oyeron

2. The verb **leer** follows the same pattern as **oír** in the preterite.

leer	
leí	leímos
leíste	*leísteis*
leyó	leyeron

Práctica

LEER • ESCRIBIR

7 Completa con la forma correcta del presente de **oír.**

1. Yo _____ la música de una guitarra.
2. Nosotros no _____ nada.
3. Tú, ¿me _____ bien?
4. Él _____ todo.
5. Ustedes _____ lo que explico, ¿no?

LEER • ESCRIBIR

8 Cambia **yo** a **Raúl.**

1. Yo leí el anuncio del concierto.
2. Lo leí en la revista *Gente.*
3. Yo oí el concierto.
4. Oí a Shakira. Ella cantó muy bien.

EXPANSIÓN

Cambia **yo** a **Raúl y yo.** Luego cambia **yo** a **Raúl y Ana.**

Cultura

Shakira es una cantante colombiana de ascendencia libanesa. Sus canciones en español y también en inglés tienen mucho éxito. Shakira es también compositora, instrumentista y bailadora.

Además de ser una figura famosa es una persona caritativa. Estableció varias escuelas especiales para niños pobres en el norte de Colombia.

Gramática

Más práctica

Workbook, p. 8.10
StudentWorks™ Plus

Palabras afirmativas y negativas

1. Study the following affirmative and negative words.

Algo está en la mesa.
Hay algo en la mesa.
Vi algo allí.

Nada está en la mesa.
No hay nada en la mesa.
No vi nada allí.

Alguien canta.
Oí a alguien.

Nadie canta.
No oí a nadie.

Él siempre va al cine.

Ella nunca va al cine.
Ella no va nunca al cine.

2. Note that in Spanish you can use more than one negative word in the same sentence.

Él nunca habla mal de nada ni de nadie.

Práctica

CULTURA

¿Tiene algo la muchacha? Sí, tiene un libro y una mochila.

LEER • HABLAR • ESCRIBIR

9 Cambia a la forma negativa.

1. Siempre como comida mexicana.
2. Siempre uso mi móvil.
3. Alguien me enoja.
4. Veo a alguien delante de la clase.
5. Tengo algo en mi mochila.
6. El profesor tiene algo en la mano.

ESCUCHAR • HABLAR • ESCRIBIR

10 Contesta con **no.**

1. ¿Tienes algo en la mano?
2. ¿Hay algo en tu mochila?
3. ¿Ves a alguien?
4. ¿Hay alguien delante de ti?
5. ¿Vas siempre al museo?
6. ¿Siempre lees algo a alguien?
7. ¿Siempre les escribes algo a tus amigos?

PRONUNCIACIÓN

Las consonantes j, g

The Spanish **j** sound does not exist in English. In Spain, the **j** sound is very guttural. It comes from the throat. In Latin America, the **j** sound is much softer. Repeat the following.

ja	je	ji	jo	ju
hija	garaje	Jiménez	José	junio
roja		antojitos	ojo	julio
trabaja			joven	jugar
jardín			frijol	jugo
caja				

In combination with **e** or **i**, **g** has the same sound as the Spanish **j**. For this reason, you must pay particular attention to the spelling of words with **ge** and **gi**.

ge	gi
gemelos	gigante
gente	biología
generoso	energía

  Dictado

Pronounce the following sentences carefully. Then write them to prepare for a dictation.

> **El hijo de José Jiménez trabaja en el garaje.**
> **El joven jugador tiene ojos azules.**
> **La clase de biología cultiva vegetales en un jardín.**
> **Los gemelos José y Julián son dos jóvenes generosos.**
> **El viejo general trabaja con alguien en julio.**

¡Ojo!

Garaje can also be written **garage**.

Refrán

Can you guess what the following proverb means?

¡FELIZ CUMPLEAÑOS, ANA!

Más vale tarde que nunca.

CULTURA

Los jóvenes son gemelos. Son inteligentes los dos y también son muy generosos.

¡Bravo!

You have now learned all the new vocabulary and grammar in this chapter. Continue to use and practice all that you know while learning more cultural information. ¡Vamos!

QuickPass

Go to glencoe.com
For: **Conversation practice**
Web code: **ASD9304c8**

Anoche

Hola, Julia. ¿Qué tal?

Bastante bien, Roberto.

¡A propósito, Julia! Te llamé anoche y no contestaste.

No contesté porque fui al cine.

¿Qué filme viste?

Vi *Ni de aquí ni de allí.*

¿Te gustó?

Mucho. Fue en español y lo entendí casi todo.

¡Bárbaro! Un día vas a ser una verdadera latina.

No. Vi un DVD en casa.

Y tú, Roberto, ¿saliste anoche?

¿Con quién lo viste?

Con nadie. ¿Por qué me preguntas?

Por nada.

¿Comprendes?

A Contesta según la información en la conversación.

1. ¿Por qué no contestó su móvil Julia?
2. ¿Adónde fue?
3. ¿Qué vio?
4. ¿Le gustó?
5. ¿Lo entendió?
6. ¿Salió Roberto?
7. ¿Qué vio?
8. ¿Con quién vio el DVD?

B **Resumiendo** Cuenta la información de la conversación en tus propias palabras.

C **Analizando** ¿Qué te indica que Julia tiene interés en Roberto?

D **Interpretando** En la conversación, ¿quién es hispano y quién no lo es? Por qué?

CARTELERA DE CINE

AMOR CIEGO
(Todo público)

San Pedro 5	2-4:30-6:45-9:15 p.m.	*¢1.100	**¢600
Internacional 3	2-4:30-6:45-9:15 p.m	*¢1.100	**¢600
Cariari 6	2-4:30-6:45-7-9:15 p.m.	*¢1.100	**¢600
Cinemark	1:20-4:05-7:20-9:55 p.m.	*¢1.300	**¢1.000

LOS OTROS
(May. de 16 años)

San Pedro 4	2-4-7-9 p.m.	*¢1.100	**¢600

MONSTER, INC
(Todo público)

San Pedro 2	9 p.m. (inglés)	*¢1.200	**¢600
San Pedro 2	1:15-3:10-5:05-7 p.m.	*¢1.200	**¢600
Internacional 2	11:25-3:20-5:15-7:10-9:05 p.m.	*¢1.100	**¢600
Cariari 5	1:25-3:20-5:15-7:10-9:05 p.m.	*¢1.100	**¢600
Cinemark	1:25-3:40-6:45-9 p.m.	*¢1.300	**¢1.000
Cinemark	2-4:15 p.m. (inglés)	*¢1.300	**¢1.000

CULTURA

Clientes delante de la taquilla del Cine Corrientes en Buenos Aires, Argentina

LECTURA CULTURAL

Antes de leer

Think about any cultural events you have attended that you enjoyed.

Durante la lectura

As you read each section, decide which interests you more and why.

✓ Reading Check

¿Durante qué guerra luchó Zapata?

✓ Reading Check

¿Cuáles son dos instrumentos andinos?

Después de leer

What aspect of culture in this reading did you personally find the most or least interesting?

READING STRATEGY

Responding Responding is thinking about or telling what you like, dislike, or find surprising or interesting in a selection. When you react in a personal way to what you read, you'll enjoy a selection more and remember it better.

Un día de cultura latina

Ayer pasaste un día de cultura latina. Viste una exposición de arte hispano. Comiste en una churrasquería—un restaurante argentino donde comiste el famoso bife argentino. Luego oíste un concierto de música latina.

Arte En el museo, viste un cuadro del famoso muralista mexicano José Clemente Orozco— *Zapatistas*. Tiene un motivo político emocionante. Emiliano Zapata fue un líder revolucionario. Durante la Revolución mexicana los zapatistas lucharon[1] con Zapata contra las injusticias del gobierno. En el cuadro, ¿ves como los peones[2] caminan (van a pie) de una manera pausada y laboriosa? ¿Puedes ver la inclinación de los cuerpos[3]? ¿Te parece que los peones participan en una marcha determinada para derrocar[4] a sus opresores?

Música Durante el concierto oíste varios tipos de música latina. Un conjunto de los Andes tocó la flauta y la zampoña—instrumentos populares entre los indígenas andinos.

Un grupo guatemalteco tocó marimbas. En Guatemala las orquestas de marimbas van de un pueblo a otro para tocar durante las fiestas locales.

Un grupo de jóvenes tocan zampoñas y flautas.

Un grupo de músicos tocan marimbas en Antigua, Guatemala.

[1]lucharon *fought*
[2]peones *peasants*
[3]cuerpos *bodies*
[4]derrocar *overthrow*

¿Comprendes?

Más práctica
Workbook, pp. 8.11–8.13
StudentWorks™ Plus

A Recordando hechos Contesta.

1. ¿Qué viste en el museo durante tu visita imaginaria?
2. ¿Dónde comiste?
3. ¿Qué comiste?
4. Después de comer, ¿adónde fuiste?
5. ¿Qué oíste?

B Explicando Contesta.

1. ¿Contra qué lucharon los peones en el cuadro de Orozco?
2. ¿A quiénes quieren derrocar? ¿Por qué?

Zapatistas de José Clemente Orozco

C Describiendo

Describe el cuadro *Zapatistas* en tus propias palabras.

D Describiendo Describe.

1. la música indígena andina
2. la música indígena guatemalteca

doscientos ochenta y tres **283**

LECTURA
UN POCO MÁS

Antes de leer

Vas a leer sobre una excursión escolar. A veces, ¿hay excursiones escolares en tu escuela? ¿Adónde van? ¿Visitan un parque especial, un museo, un teatro? Antes de leer piensa en una posible excursión con tu clase de español.

CULTURA

El Zócalo y la Catedral Metropolitana en la Ciudad de México

GeoVistas

To learn more about Mexico, take a tour on pages SH46–SH47.

Domingo, día 18 de febrero

La señora Ocampo acompañó a su clase de español a hacer una excursión escolar a su capital, la Ciudad de México. Visitaron muchos sitios de interés histórico en la capital.

¿Por qué fueron el domingo? Fueron el domingo porque los domingos a las nueve y media de la mañana hay un espectáculo del Ballet Folklórico de México en el magnífico Palacio de Bellas Artes. Los alumnos de la señora Ocampo vieron el espectáculo y les gustó mucho. Después subieron al tercer piso donde vieron unos murales de los famosos muralistas mexicanos Rivera, Orozco y Siqueiros. En sus murales de protesta social los artistas critican las injusticias que sufrieron los peones mexicanos.

Cuando salieron del Palacio de Bellas Artes, pasaron por el centro histórico de la capital. En el Zócalo, la plaza principal de la capital y la más grande de Latinoamérica, visitaron la Catedral Metropolitana.

Después de su visita a la catedral, fueron a la famosa Casa de los Azulejos[1] donde tomaron el almuerzo. Casi todos comieron tacos y enchiladas acompañadas de arroz y frijoles refritos. ¡Qué rico!

Cuando volvieron a casa después de pasar un día muy agradable, todos decidieron que quieren volver otra vez a la capital para visitar el Bosque de Chapultepec y el Museo de Antropología. ¡A ver si la señora Ocampo está conforme!

[1]Azulejos   *Tiles*

CULTURA

Un domingo en el Bosque de Chapultepec

¿Comprendes?

VIDEO To see **una charreada**—a favorite Mexican cultural event—watch **Cultura en vivo.**

Escoge.

1. ¿Cuál es la profesión de la señora Ocampo?
   a. guía turística
   b. agente
   c. profesora
   d. excursionista

2. ¿Qué es el Palacio de Bellas Artes en México?
   a. un palacio privado
   b. la residencia del presidente
   c. un espectáculo
   d. un museo y un teatro

3. Los grandes muralistas mexicanos critican _____.
   a. el arte surrealista
   b. las injusticias sociales
   c. a los peones y campesinos
   d. la protesta social

4. ¿Qué es la Casa de los Azulejos?
   a. una casa privada
   b. un restaurante
   c. una catedral
   d. un museo de azulejos

5. ¿Qué quieren los alumnos de la señora Ocampo?
   a. volver a visitar la capital una vez más
   b. ver un espectáculo del Ballet Folklórico
   c. pintar unos murales
   d. tomar el almuerzo en un restaurante mexicano

CULTURA

La Casa de los Azulejos en el centro histórico de la Ciudad de México. Es una tienda y un restaurante.

 Conexiones

La geografía

La Ciudad de México es una gran metrópoli. Hay muy pocas ciudades con mayor población que la Ciudad de México. ¿Puedes adivinarse su población? Pues la zona metropolitana de la ciudad tiene unos veinte millones de habitantes. ¿Cuántos habitantes hay en tu ciudad o pueblo?

Vocabulario

1 Identifica.

1.

2.

3.

4.

5.

To review **Vocabulario 1** and **Vocabulario 2,** turn to pages 266–267 and 270–271.

2 Corrige.

6. Dan o presentan una película en un museo.

7. Los pintores dieron un concierto.

8. Ellos bebieron vegetales crudos.

9. Ellos oyeron una exposición de arte.

10. No hay nadie en la mochila.

11. Hay regalos en la torta.

12. Vieron una estatua en el cine.

13. Anoche los cantantes tocaron muy bien.

14. José dio un concierto para su cumpleaños.

15. Los músicos dieron muchos aplausos.

Gramática

3 **Completa con el pretérito.**

16. Yo _____ una película muy buena. (ver)

17. El público _____ mucho. (aplaudir)

18. Nosotros _____ ir al concierto. (decidir)

19. Los cantantes _____ muchos aplausos. (recibir)

20. ¿A qué hora _____ tú del estadio? (salir)

21. ¿Dónde _____ ustedes? (comer)

22. Teresa _____ el concierto y le gustó mucho. (oír)

23. Ellos _____ la novela *Lazarillo de Tormes*. (leer)

24. Ayer yo les _____ las entradas a mis amigos. (dar)

25. ¿_____ tú al concierto la semana pasada? (asistir)

26. Nosotros _____ muchos regalos para nuestro cumpleaños. (recibir)

27. ¿_____ ustedes el nuevo CD de su grupo favorito? (oír)

28. Sarita _____ tres gaseosas. (beber)

To review **el pretérito**, turn to pages 274 and 277.

4 **Da la forma negativa.**

29. Ellos oyeron a alguien.

30. Hay algo en la mesa.

31. Ellos van siempre al mismo cine.

32. Ellos siempre hablan a alguien de algo.

33. Hay siempre algo nuevo en el museo.

34. Ella tiene algo en la mano.

35. Alguien habla.

To review **palabras afirmativas y negativas**, turn to page 278.

To review this cultural information, turn to pages 282–283.

Un mural de David Alfaro Siqueiros en un edificio de la Universidad de México

Cultura

5 **¿Sí o no?**

36. Una churrasquería es un restaurante mexicano.

37. Muchos murales de los muralistas mexicanos tienen motivos políticos.

38. Orozco es un muralista mexicano.

39. La marimba es un instrumento popular entre los indígenas en los Andes de Sudamérica.

40. Emiliano Zapata pintó el cuadro *Zapatistas*.

CULTURA

1 **Anoche**

 Talk about a birthday party

Work with a classmate. Each of you went to a different birthday party last night. Tell each other about the party you attended. Whose birthday was it? Who attended? What did you eat and drink? What music did you listen to?

2 **Una visita al museo**

 Discuss a museum visit

Work in groups of three or four. Two of you spent last Saturday at a museum. Your friends have some questions. Describe your museum visit and answer all their questions.

3 **Un conjunto musical**

 Describe a musical group

Work with a classmate. Tell each other about your favorite musical group. Tell why you like their music.

4 **Volviste tarde.**

 Explain why you got home late

You got home really late last night. One of your parents (your partner) wants to know why. He or she will ask how you spent your evening. You'd better have some good answers.

Prepárate para el examen

Practice for written proficiency

CENTRO DE ARTE
OG
FUNDACION ORTIZ-GURDIAN

Casa Dr. Juan Derbyshire
La más amplia colección de arte
latinoamericano en Centroamérica

Tarea

Prepare a poster announcing a cultural event that is going to take place at your school or in your town. You have already seen a preview of the event, so as part of your poster you will write a brief review of what you saw.

Writing Strategy

Writing publicity Publicity includes posters and ads. The first goal of publicity writing is to capture the attention of your audience. Publicity should:

- attract attention
- include all the important information
- get the results you want

❶ Prewrite

- Decide the event for which you want to prepare the poster. It can be a movie at your school, *a school show,* «espectáculo» or «drama», a musical concert, or exposition of work by members of the art club.
- Think about the important information you have to include—event, participants, place, date and time, and price.

participantes

fecha y hora

evento

lugar

precio

❷ Write

- Write an attention-grabbing heading for your poster.
- Give all the necessary information about the event.
- Write your brief paragraph about the preview you saw. Remember to use the preterite.
- Check to make sure your facts are accurate.
- Check to make sure you haven't made any spelling or grammatical errors.

Evaluate

Don't forget that your teacher will evaluate you on your poster's design and completeness of information, and on your paragraph's organization, use of vocabulary, and correctness of spelling and grammar.

Repaso del Capítulo 8

Gramática

- ### Pretérito de los verbos en -er, -ir (page 274)
  The preterite endings of regular **-er** and **-ir** verbs are the same.
  Review the forms below.

comer			
yo	comí	nosotros(as)	comimos
tú	comiste	*vosotros(as)*	*comisteis*
Ud., él, ella	comió	Uds., ellos, ellas	comieron

escribir			
yo	escribí	nosotros(as)	escribimos
tú	escribiste	*vosotros(as)*	*escribisteis*
Ud., él, ella	escribió	Uds., ellos, ellas	escribieron

  The preterite forms of the verbs **dar** and **ver** are the same as those
  of regular **-er** and **-ir** verbs. Review the following forms.

DAR	di	diste	dio	dimos	*disteis*	dieron
VER	vi	viste	vio	vimos	*visteis*	vieron

- ### Los verbos oír, leer (page 277)
  The verbs **leer** and **oír** have a spelling change in the **él** and **ellos**
  forms of the preterite tense.

Ud., él, ella	leyó	oyó
Uds., ellos, ellas	leyeron	oyeron

- ### Palabras afirmativas y negativas (page 278)
  Review the following words.

AFFIRMATIVE	NEGATIVE
algo	nada
alguien	nadie
siempre	nunca

  Él nunca le dio nada a nadie.
  Ella no compró nada en la tienda.

CULTURA

Los jugadores gritaron y aplaudieron cuando un
miembro de su equipo marcó un gol.

There are a number of cognates in this list. See how many you and a partner can find. Who can find the most? Compare your list with those of your classmates.

Vocabulario

Describing a concert

el concierto	el/la cantante	cantar	recibir (muchos)
el/la músico(a)	dar un concierto	asistir a un concierto	aplausos
el grupo, el conjunto	tocar un	oír un concierto	
la banda	instrumento		

Going to the movies

el cine	la taquilla	el boleto, la entrada
la película		

Describing a museum visit

el museo	una estatua	una exposición	el/la pintor(a)
el salón	(de bronce)	de arte	el/la escultor(a)
un cuadro			

Describing a party

el cumpleaños	la torta, la tarta,	el regalo	el maní
la fiesta	el pastel	las galletas	los vegetales crudos
	las velas	los cacahuates	picar

Other useful words and expressions

todos	nunca	visitar	decidir
casi	algo	salir	¡A propósito!
nada	alguien	perder (el autobús)	
nadie	siempre		

Repaso cumulativo

Repasa lo que ya has aprendido

These activities will help you review
what you have learned so far in Spanish.

 1 Escucha las frases. Indica el dibujo que cada frase describe.

a.

b.

2 Completa en el presente.

1. Nosotros _____ a un concierto. (asistir)
2. Mi grupo favorito _____ el concierto. (dar)
3. Todos los aficionados _____ mucho. (aplaudir)
4. Yo no _____ cacahuates. (comer)
5. Tú _____ una película en español. (comprender)
6. ¿A quién _____ ustedes? (ver)

3 Completa con la letra que falta.

1. Nosotros _i_imos en Estados Unidos.
2. Nosotros _e_emos leche.
3. Él _e la tele_isión.
4. El paciente a_re la _oca.
5. Ellos _an al consultorio y yo _oy también.
6. Ella _ende camisas.

4 Identifica.

a. las cosas que te gustan
b. las cosas que te interesan
c. las cosas que te aburren

A ella no le interesa nada la clase de matemáticas.

Categoriza. Organiza las palabras en las siguientes categorías.

alto	bajo	serio	ambicioso
bonito	moreno	rubio	gracioso
inteligente	malo	interesante	enfermo
tímido	honesto	triste	generoso
nervioso	guapo	bueno	cansado
contento			

personalidad	características físicas	emociones	condiciones físicas o mentales

 Describe a un(a) de tus amigos(as).

 Personaliza. Contesta.

1. ¿Quién eres?

2. ¿De dónde eres?

3. ¿Cómo eres?

4. ¿Cómo estás hoy?

5. ¿Cuántos años tienes?

6. Por lo general, ¿estás de buen humor o estás de mal humor?

8 **Rompecabezas**

 How many Spanish words of three or more letters can you and a partner make from the letters in **Rompecabezas?**

      20+   ¡Estupendo!

   12–19   ¡Excelente!

    6–11   ¡Bien!

    0–5   **No muy bien.** ☹

CAPÍTULO

9

¡Vamos
de compras!

Aquí y Allí

Vamos a comparar Vas a aprender como va de compras la gente en España y Latinoamérica. En los países latinos hay varios tipos de mercados que son muy interesantes. Algunos son muy pintorescos. ¿Qué tipo de tiendas hay cerca de donde tú vives? ¿Dónde va de compras tu familia? ¿En un mercado, un supermercado, tiendas pequeñas o tiendas grandes?

Objetivos

You will:

- talk about buying clothes
- talk about buying food
- compare shopping in Spanish-speaking countries with shopping in the United States

You will use:

- more numbers
- the present tense of **saber** and **conocer**
- comparatives and superlatives
- demonstrative adjectives and pronouns

Una estudiante universitaria en un mercado de flores en Cuenca, Ecuador

Go to glencoe.com
For: **Online book**
Web code: **ASD9304c9**

Introducción al tema
¡Vamos de compras!

▲ **Chile** El joven vende pescado en una pescadería en Puerto Montt en la Patagonia chilena.

Look at these photographs to acquaint yourself with the theme of this chapter. Shopping is something we all do. We shop for basic everyday needs and we shop for some things that are not so necessary. As you will learn in this chapter, there are many interesting and fun types of shopping venues in Spain and Latin America. At which of the places shown here would you most like to shop?

México Es una panadería en La Condesa, una zona o colonia de la Ciudad de México. ¿Tienes hambre? ¿Quieres comprar algo? ▼

◄ **Argentina** Las muchachas en Buenos Aires regresan a casa después de las clases. Pero antes, van de compras.

Ecuador Aquí vemos una tienda en Ecuador. En la tienda venden de todo— máscaras, cerámicas, tejidos, etc. ▼

◄ **Argentina** Es una vista del centro comercial Galerías Pacífico en el centro de Buenos Aires.

◀ Nicaragua
La señora tiene un puesto de frutas y verduras (legumbres) en León, Nicaragua. Tales puestos o tenderetes son populares en todas partes de Latinoamérica.

España Las muchachas van de compras en el Rastro—un antiguo mercado famoso en Madrid los domingos por la mañana. ▶

▲ Perú Es la galería de un mercado grande en Lima, Perú.

España ¿Quieres comprar algo en el Centro Villalobos en la Gran Canaria? ¿A qué piso tienes que ir para comprar lo que quieres? ▶

Centro Villalobos

super ofertas	4
ofertas	3
maletas y bolsos	2
caballero y niño	1
señora	0
mesa sport	-1

◀ España Venden cangrejos de río en el mercado municipal de San Sebastián en el País Vasco (Euskadi).

MERCADO MUNICIPAL DE ABASTOS

España La joven es empleada en una tienda de ropa en el País Vasco en el norte de España. ▶

Un centro comercial

En otras partes

Un blue jean is universally understood but you will also hear **un (pantalón) vaquero** in many areas and **los mahones** in Puerto Rico. In addition to **la chaqueta** you will also hear **un saco** and, less commonly, **una americana** for a sports jacket.

el escaparate

Hay muchas tiendas en un centro comercial.
Mucha gente va de compras en el centro comercial.

La ropa

la talla

el número

una camisa de manga corta

una corbata

una chaqueta

un vestido

un blue jean

un pantalón largo

un par de zapatos

un par de tenis

Para conversar

José, esta chaqueta no te queda bien.

Es verdad. Es muy grande, ¿no? Necesito una talla más pequeña.

José quiere comprar una chaqueta.
Pero no sabe su talla.

Para conversar

Quiero un par de zapatos.

Y, ¿qué número calza usted?

37.

¿Le gustan estos?

Elena habla con la empleada.

¡Así se dice!

When you want to say how lucky you are about something, you can say **¡Qué suerte tengo!**

¿Cuál es el precio?

Estas blusas (aquí) cuestan 500 pesos. Cuestan mucho. Son caras.
Aquellas camisetas (allá) cuestan 250 pesos. Cuestan poco. Son baratas.

Hoy hay un saldo (una liquidación).
Cuando una tienda tiene un saldo, rebajan los precios.
Todo te sale más barato.
Te cuesta menos.

ESCUCHAR

 ① Escucha. Escoge la frase correcta. Prepara una tabla como la de abajo para indicar tus respuestas.

a	b

HABLAR • ESCRIBIR

② Personaliza. Da respuestas personales.

    1. ¿Hay un centro comercial donde ustedes viven?

    2. ¿Qué hay en este centro comercial?

    3. ¿Cuándo rebajan las tiendas los precios?

    4. Cuando rebajan los precios, ¿cómo te sale todo?

    5. ¿Qué talla necesitas cuando compras una camisa o una blusa?

    6. ¿Qué número calzas?

ESCRIBIR

 ③ Repasa los colores. Indica todos los artículos de ropa de color rojo, amarillo, negro, gris, blanco, verde, anaranjado y azul.

CULTURA

Es un centro comercial moderno en Barcelona, España.

    Diego   Teresa   Ernesto   Graciela

HABLAR • ESCRIBIR

④ Personaliza. Da respuestas personales.

    1. ¿A ti te gusta mirar en los escaparates de las tiendas?

    2. ¿Te gusta ir de compras o no?

    3. ¿Prefieres llevar una camisa o una blusa de mangas largas o de mangas cortas?

    4. Si eres muchacho, ¿te gusta llevar chaqueta y corbata? Si eres muchacha, ¿te gusta llevar vestido?

    5. ¿Prefieres llevar un pantalón más formal y zapatos o un blue jean y tenis a la escuela?

LEER • HABLAR

5 Escoge la respuesta correcta del **banco de palabras.**

con la empleada	treinta y ocho
en la caja	ciento cincuenta pesos
una camisa	no, barata
el dinero	

1. ¿Con quién habla Esteban en la tienda de ropa?
2. ¿Qué quiere comprar Esteban?
3. ¿Qué talla usa?
4. ¿Cuánto cuesta la camisa que mira?
5. ¿Es cara?
6. ¿Dónde paga Esteban?
7. ¿Qué le da al cajero?

EXPANSIÓN

Ahora, sin mirar las preguntas, da toda la información en tus propias palabras. Si no recuerdas algo, un(a) compañero(a) te puede ayudar.

CONVERSION DE TALLAS

Ropa de señora – Vestidos y abrigos						
Estados Unidos	6	8	10	12	14	16
España	36	38	40	42	44	46
Sudamérica	34	36	38	40	42	44
Ropa de señora – Blusas y jersey						
Estados Unidos	30	32	34	36	38	40
España	38	40	42	44	46	48
Sudamérica	38	40	42	44	46	48
Ropa de caballeros – Trajes						
Estados Unidos	34	36	38	40	42	44
España	44	46	48	50	52	54
Sudamérica	44	46	48	50	52	54
Calzado – señoras						
Estados Unidos	4	5	6	7	8	9
España	34/35	35/36	36/37	38/39	39/40	41/42
Sudamérica	2	3	4	5	6	7
Calzado – caballeros						
Estados Unidos	8	8½	9	9½	10	10½
España	41	42	43	43	44	45
Sudamérica	6	6½	7	7½	8	8½

6 **Rompecabezas**

 Change one letter in each word to form a new word.

habla   par   **cara**   corta   más

allá   **sale**   nada   hoy   menor

Comunicación

7 Con un(a) compañero(a) de clase, preparen una conversación entre los jóvenes en la fotografía. Presenten su conversación a la clase.

CULTURA

La pareja miró en el escaparate de una tienda de ropa en el barrio de Salamanca, Madrid. Este barrio tiene muchas tiendas elegantes.

En el mercado

un puesto, un tenderete

En el mercado hay muchos puestos.
En cada puesto los vendedores venden un producto diferente.

Las señoritas van de compras.
Ellas van de un puesto a otro.

Un puesto de legumbres, una verdulería

las judías verdes

las zanahorias

los pimientos

los guisantes

el maíz

las cebollas

En otras partes

In addition to **el maíz,** you will hear **el elote** in Mexico and parts of Central America. You will hear **el choclo** in areas of South America. **Las judías verdes** are also called **chauchos, porotos,** and, in some areas, **frijoles.**

Un puesto de frutas, una frutería

las naranjas

la piña

las uvas

las manzanas

los plátanos

En el supermercado

un carrito lleno de compras

un paquete de vegetales congelados

ocho tajadas de jamón

una botella de agua mineral

un bote (una lata) de atún

un frasco de mayonesa

¡Así se dice!

When asking how much something costs, such as fruits and vegetables whose prices vary frequently, you most often ask:

—¿A cuánto están los tomates?

—Están a cincuenta el kilo.

When a vendor asks if you want something else (¿Algo más?), you can say what you want or respond No, nada más, gracias.

En un mercado indígena

tejidos

artesanía

sandalias

cerámicas

En el mercado indígena venden de todo.
La clienta no paga el precio que le da el vendedor.
Quiere pagar menos.
Quiere un precio más bajo.
En el mercado todos regatean.

Vocabulario 2 — práctica

QuickPass

Go to glencoe.com
For: **Vocabulary practice**
Web code: ASD9304c9

FOLDABLES®
Study Organizer

PROJECT BOARD WITH TABS

See page SH32 for help with making this foldable. Practice using vocabulary related to shopping. Create an illustrated tab for different shopping venues. Under each tab, list what you would purchase at that particular shopping place. Compare your purchases with a partner's.

ESCUCHAR

1 Escucha las frases. Parea cada frase con la foto que describe.

a.

b.

c.

HABLAR

2 Contesta sobre el mercado y el supermercado.

1. ¿Qué hay en un mercado?
2. ¿Hablan los clientes con los vendedores?
3. ¿Van los clientes con frecuencia a los mismos puestos?
4. ¿Tienen precios buenos?
5. ¿Qué tipo de productos hay en un mercado indígena?
6. ¿Regatean los clientes en un mercado indígena?
7. ¿Vas al supermercado para comprar comida?
8. ¿Usas un carrito cuando estás en el supermercado?

ESCRIBIR

3 Categoriza. Prepara una lista de frutas y legumbres.

frutas	legumbres

Una pastelería en Antigua, Guatemala. Tiene un buen surtido de dulces, ¿no?

Más práctica

📕 Workbook, p. 9.6
💿 StudentWorks™ Plus

LEER • HABLAR

 Completa la conversación en un mercado o verdulería.

—¿_____ están los tomates hoy?
—Están a cincuenta _____ kilo.
—Un kilo, por _____.
—¿_____ más, señora?
—No, _____, gracias.

LEER • ESCRIBIR

⑤ Escoge del **banco de palabras** para completar las frases.

carnicería	pastelería	panadería
verdulería	pescadería	frutería

1. Necesito pan. Voy a la _____.
2. Vamos a comer sardinas. Voy a la _____.
3. Necesito carne picada para preparar hamburguesas. Voy a la _____.
4. Quiero comprar un postre. Voy a la _____.
5. Quiero guisantes, maíz y brócoli. Voy a la _____.
6. Voy a preparar una ensalada de manzanas, naranjas y plátanos. Voy a la _____.

LEER • ESCRIBIR

⑥ Completa la lista de compras de la señora Vázquez.

HABLAR

⑦ **Juego** Play this game with a partner. Name one item you want to buy and your partner will tell you where you can buy it. Choose from the following shopping venues. Take turns.

Conexiones

Las matemáticas
La medida tradicional para peso en Estados Unidos es la libra. En el sistema métrico, la medida para peso está basada en el kilogramo, o kilo. Hay mil gramos en un kilo. El kilo es igual a 2,2 libras. Una libra estadounidense es un poco menos de medio kilo.

🌀 **Lista de compras** 🌀

un _____ de tomates frescos

un _____ de atún en aceite

dos _____ de guisantes congelados

un _____ de mayonesa

seis _____ de jamón

dos _____ de agua mineral

un supermercado

un mercado indígena

una tienda de ropa

¿Dónde lo compro?

un puesto de legumbres

un puesto de frutas

Gramática

Los números

1. **Cien** is used when followed by a noun. When followed by another number it is **ciento**.

> **cien euros**
> **ciento cincuenta pesos**

¿Te acuerdas?

You have already learned the numbers **uno a cien(to)** on page 8 of **¡Así se dice!** Level 1A.

2. The numbers from 200 to 1000 are as follows. Pay particular attention to the spelling of 500, 700, and 900. Numbers, when used as adjectives, must agree with the nouns they modify.

> **doscientos**
> **trescientos**
> **cuatrocientos**
> **quinientos**
> **seiscientos**
> **setecientos**
> **ochocientos**
> **novecientos**
> **mil**

TODOS ESTOS REGALOS PUEDEN SER SUYOS

1955 PUNTOS   MALETA TIPO TROLLEY

1.785 PUNTOS   MOCHILA

3945 PUNTOS   BICICLETA DE MONTAÑA

el año mil cuatrocientos noventa y dos	1492
el año mil setecientos setenta y seis	1776

Comparaciones

En muchos de los países hispanos usan un punto en los números donde en Estados Unidos usamos una coma. Nota los siguientes números.
  1,480 (Estados Unidos)
  1.480 (países hispanos)
¿Cómo escribes el número 2482 si vives en Estados Unidos? ¿Y si vives en un país hispano?

3. **Mil** when used in counting does not have a plural form. **Un millón** does. Note the following.

> **mil dólares**   **un millón de dólares**
> **dos mil dólares**   **dos millones de euros**
> **cien mil dólares**   **un millón quinientos mil pesos**
> **dos mil nueve**

Note that when stating the year after 2000, you should use the article.

> **en el dos mil diez**

4. **Mil** has a plural form when not used in counting.

> **Miles de turistas visitan Guatemala cada año.**

Práctica

Gramática

Más práctica
Workbook, p. 9.7
StudentWorks™ Plus

HABLAR

1 Cuenta de cien a mil por cientos.

HABLAR

2 Indica el precio según el modelo.

MODELO   **tomates / quinientos pesos / el kilo →**
          Los tomates están a quinientos pesos el kilo.

   1. huevos / dos euros / la docena
   2. papas / doscientos pesos / el kilo
   3. manzanas / setecientos pesos / el kilo
   4. cebollas / sesenta y dos pesos / el kilo

HABLAR • ESCRIBIR

3 Da las siguientes fechas.

   1. 1492   **5.** 1810
   2. 1808 a 1814   **6.** 1776
   3. 718   **7.** 1898
   4. 1936   **8.** 2001

LEER • HABLAR

4 **Investigación** Look up the important event that took place in each of the years listed in Activity 3. Discuss your findings with the class.

CULTURA

Un puesto de legumbres en un mercado municipal en Guadalajara, México

---

 Comunicación

 5 You work in a clothing store after school. You must do the inventory. Tell another employee (your partner) how many of the following items the store has in stock. Take turns.

   vestidos 842   **camisas 15.445**
   pantalones 9.850   **blue jean 6.100**
   zapatos 10.049   **chaquetas 577**

Presente de saber y conocer

¡Ojo!

Look what happens when **saber** stands alone.
Lo sé.
You must put **lo** before the verb.
In the negative you have a choice.
No lo sé. Or **No sé.**

1. The verbs **saber** and **conocer** both mean *to know*. Note that like many Spanish verbs they have an irregular **yo** form in the present tense. All other forms are regular.

saber			
yo	sé	nosotros(as)	sabemos
tú	sabes	*vosotros(as)*	*sabéis*
Ud., él, ella	sabe	Uds., ellos, ellas	saben

conocer			
yo	conozco	nosotros(as)	conocemos
tú	conoces	*vosotros(as)*	*conocéis*
Ud., él, ella	conoce	Uds., ellos, ellas	conocen

2. The verb **saber** means *to know a fact* or *to have information about something.* It also means *to know how to do something.*

> **Yo sé donde está el mercado.**
> **No sabemos a qué hora vamos al mercado.**
> **Ellos saben regatear.**

3. The verb **conocer** means *to know* in the sense of *to be acquainted with.* It is used with people and complex or abstract concepts rather than simple facts.

> **Yo conozco a Luis.**
> **Ella conoce a su hermano.**
> **Los alumnos conocen bien la arquitectura española.**

CULTURA

¿Sabes que hay mucha influencia árabe en la arquitectura española? Aquí vemos un ejemplo de la influencia de los moros en Granada.

Práctica

HABLAR • ESCRIBIR

 6 Personaliza. Da respuestas personales.

1. ¿Sabes el número que calzas?
2. ¿Sabes la talla que usas?
3. ¿Sabes dónde está el mercado?
4. ¿Sabes el número de tu móvil?
5. ¿Conoces España?
6. ¿Conoces la historia de España?
7. ¿Conoces al primo de José Luis?

ESCUCHAR • HABLAR • ESCRIBIR

7 **¡Te toca a ti!** Crea frases originales con **saber** o **conocer.** Usa las siguientes expresiones.

1. a tu amigo
2. donde vive
3. su número de teléfono
4. su dirección de correo electrónico
5. a sus padres
6. a toda la familia de José
7. el precio
8. la talla
9. jugar tenis
10. donde está la cancha
11. a Picasso

CULTURA

Estos tunos en la Ciudad de México saben tocar muy bien la guitarra. ¿Sabes tú tocar un instrumento musical? ¿Cuál?

ESCRIBIR

8 Completa con las formas correctas de **saber** o **conocer.**

1. Yo _____ a Mari y _____ donde vive.
2. ¿_____ si ella tiene el número de tu móvil?
3. Yo no _____ si lo tiene o no.
4. Aquí está Felipe. Tú lo _____, ¿no?
5. Sí, yo lo _____. Y _____ que es el hermano de Mari.

Comunicación

 9 Trabaja con un(a) compañero(a) de clase. Indiquen todo lo que saben hacer. ¿Saben hacer las mismas cosas o no?

LEER • ESCRIBIR

10 Completa con la forma correcta de **saber** o **conocer.**

Pepita	Sandra, ¿___1___ tú a Sarita Álvarez?
Sandra	Claro que ___2___ a Sarita. Ella y yo somos muy buenas amigas.
Pepita	¿___3___ tú que ella va a Argentina?
Sandra	¿Ella va a Argentina? No, yo no ___4___ nada de sus planes. ¿Cuándo va a salir?
Pepita	Pues, ella no ___5___ exactamente qué día va a salir. Pero ___6___ que va a salir en junio.
Sandra	¿Sarita ___7___ Argentina?
Pepita	Creo que sí. Yo no ___8___ definitivamente. Pero yo ___9___ que ella ___10___ a mucha gente en Argentina.
Sandra	¿Cómo es que ella ___11___ a mucha gente allí?
Pepita	Pues, tú ___12___ que ella tiene parientes en Argentina, ¿no?
Sandra	Ay, sí es verdad. Yo ___13___ que tiene familia en Argentina porque yo ___14___ a su tía Lola. Y ___15___ que ella es de Argentina.

GeoVistas

To learn more about Argentina, take a tour on pages SH58–SH59.

CULTURA

Durante los fines de semana hay un mercado al aire libre en el parque de la Recoleta en Buenos Aires. Muchos artistas venden sus cuadros.

11 **Juego** **¿A quién conoces?** Think of someone in the class whom you know quite well. Tell your partner some things you know about this person. Don't say who it is. Your partner will guess. Take turns.

Comparativo y superlativo

1. To express the comparative in Spanish, you put **más** or **menos** before the adjective or adverb and **que** after it.

> Ella es **más** alta **que** su hermana.
> Es también **más** ambiciosa **que** ella.

After **que**, you use the subject pronouns or **nadie**.

> Ella sabe más que **yo, tú y ella**.
> Ella sabe más que **nadie**.

2. To express the superlative, you use the definite article plus **más**. **De** always follows the superlative.

> Ella es **la** muchacha **más** simpática **de** todas.
> Su hermano es **el más** inteligente **de** la clase.

3. Study the comparative and superlative forms of **bueno, malo, bien,** and **mal**.

bueno	mejor	el/la mejor
malo	peor	el/la peor
bien	mejor	
mal	peor	

> Carlos es **el mejor** alumno **de** la clase de español.
> Él habla **mejor que** nadie.

El sencillo cuesta menos que el súper y el doble cuesta más que el súper. El doble es el más caro de los tres.

Práctica

HABLAR • ESCRIBIR

12 Contesta.

1. ¿Es más grande tu clase de historia o tu clase de español?
2. ¿Cuál es tu clase más pequeña de todas?
3. En tu escuela, ¿es más popular el fútbol o el béisbol?
4. ¿Cuál es el deporte más popular de todos?
5. Cuando hay una liquidación, ¿son los precios más bajos o más altos?

HABLAR • ESCRIBIR

13 Forma frases completas según el modelo.

> MODELO alto   Luis / Jaime / Andrés →
> Luis es alto. Jaime es más alto que Luis y Andrés es el más alto de todos.

1. graciosa   Susana / Adela / Lupe
2. interesantes   los Gómez / los García / los Ramos
3. dinámico   Paco / Tadeo / Carlos

Una joven con su hermana menor en el pueblo pequeño de Subtanjalla en el sur de Perú. Las dos muchachas tienen un gatito.

Más práctica

📕 Workbook, p. 9.10
🔵 StudentWorks™ Plus

InfoGap For more practice using the comparative and superlative, do Activity 9 on page SR11 at the end of this book.

Nota

Mayor and **menor** are comparatives and superlatives that most often refer to age.

Yo soy mayor que mi hermana.

Mi hermana es la menor de la familia.

HABLAR • ESCRIBIR

14 Personaliza. Da respuestas personales.

1. En tu familia, ¿quiénes son mayores que tú?
2. ¿Tienes un(a) hermano(a) menor?
3. ¿Eres tú el (la) menor o no?
4. ¿Quién es el (la) mejor estudiante?
5. ¿Quién es tu mejor amigo(a)?
6. ¿En qué clase recibes las mejores notas?
7. ¿En qué clase recibes las peores notas?

Demostrativos

1. In Spanish the demonstratives are **este, ese,** and **aquel.** Note that the demonstratives can be either adjectives or pronouns. **Este** *(this, this one)* indicates something close to you. **Ese** *(that, that one)* indicates something close to the person you're speaking with. **Aquel** *(that, that one over there)* indicates something far away from both of you.

2. Study the forms of the demonstratives.

este libro	estos libros	esta mesa	estas mesas
ese libro	esos libros	esa mesa	esas mesas
aquel libro	aquellos libros	aquella mesa	aquellas mesas

esta camisa y esa (que tú tienes)
estas tiendas aquí y aquellas (en las afueras)

Práctica

HABLAR

15 Prepara una conversación con un(a) compañero(a) según el modelo.

MODELO los zapatos →
—¿Cuál es el precio de los zapatos?
—¿Cuáles? ¿Estos zapatos aquí?
—No, aquellos allá.

1. los guantes
2. las blusas
3. el vestido
4. los pantalones
5. el gorro
6. las botas
7. la chaqueta
8. la camisa

CULTURA

En este parque de la Ciudad de México, el Bosque de Chapultepec, hay puestos donde venden globos y algodón de azúcar.

ESCUCHAR • HABLAR • ESCRIBIR

 Cambia al singular o viceversa.

1. Estas ideas son muy buenas.
2. Ese carro es nuevo.
3. Esos niños son inteligentes.
4. Aquella casa es moderna.
5. Estos cuadros son interesantes.
6. Aquel museo es fabuloso.

PRONUNCIACIÓN

Las consonantes ñ, ch, x

The **ñ** is a separate letter of the Spanish alphabet. The mark over it is called a **tilde.** Note that it is pronounced similarly to the *ny* in the English word *canyon.* Repeat the following.

señor	otoño	España	niño
señora	pequeño	cumpleaños	compañía
año	mañana	baño	piña

Ch is pronounced much like the *ch* in the English word *church.* Repeat the following.

coche	chaqueta	champú
chocolate	muchacho	churro

An **x** between two vowels is pronounced much like the English *x* but a bit softer. It's like a **gs: examen →
eg-samen.** Repeat the following.

exacto	examen
éxito	próximo

When **x** is followed by a consonant, it is pronounced like an **s.** Repeat the following.

| extremo | explicar | exclamar |

Dictado

Pronounce the following sentences carefully. Then write them to prepare for a dictation.

El señor español compra una chaqueta cada año en el otoño.

Va a tener éxito en su próximo examen.

La señora exclama «¡Qué pena!» cuando el señor explica la situación extrema.

Refrán

Can you guess what the following proverb means?

Más vale pájaro en mano que cien volando.

¡Bravo!

You have now learned all the new vocabulary and grammar in this chapter. Continue to use and practice all that you know while learning more cultural information. **¡Vamos!**

QuickPass

Go to glencoe.com
For: **Conversation practice**
Web code: ASD9304c9

En una tienda de ropa

VIDEO To go shopping with two friends, watch **Diálogo en vivo.**

¿Comprendes?

A Contesta según la información en la conversación.

1. ¿Con quién habla José en la tienda de ropa?
2. ¿Qué quiere comprar?
3. ¿Sabe su talla?
4. ¿Le queda bien la chaqueta?
5. ¿Qué necesita?
6. ¿Cuánto cuesta la chaqueta?
7. ¿Por qué tiene suerte José?
8. ¿Qué más quiere él?
9. ¿A qué departamento tiene que pasar?

B Resumiendo Cuenta la información en la conversación en tus propias palabras.

C Llegando a conclusiones

1. ¿Qué piensas? Cuando José pasa al departamento de calzados, ¿sabe qué número calza? ¿Tiene el empleado un par de zapatos que le queda bien? ¿Compra José zapatos?

2. ¿Por qué quiere José comprar una chaqueta nueva y un par de zapatos? ¿Por qué los necesita? ¿Adónde va a ir?

CULTURA

Una tienda de ropa para caballeros en la Ciudad de México

Antes de leer

Think of your family's shopping habits. What types of stores do you and your family prefer for buying food?

✓ Reading Check

¿Cuándo tienen mercado los pueblos indígenas de Latinoamérica?

✓ Reading Check

¿Por qué son famosos los otavaleños?

Mercados indígenas

Es un domingo y estamos en Chichicastenango, Guatemala. Son las seis de la mañana y llega mucha gente a pie y en bus para ir al mercado. En muchos pueblos indígenas de Latinoamérica hay mercado uno o dos días a la semana.

Los sábados hay un mercado célebre en Otavalo en Ecuador. En Otavalo como en «Chichi» hay muchos puestos en el centro donde venden de todo—artesanía, ropa, tejidos y ¡claro!, comestibles—la comida es muy importante.

En los mercados la mayoría de los vendedores son mujeres y ellas saben que sus compradores nunca quieren pagar el primer precio y van a regatear. Todos quieren un precio más bajo. En los mercados hay unos turistas también que quieren comprar y llevar a casa un buen recuerdo. Y como recuerdo no hay nada mejor que un tejido de Otavalo. Los indígenas otavaleños tienen fama mundial de ser los mejores tejedores y es la comunidad indígena más próspera de toda América.

CULTURA

Esta señora en el mercado de Chichicastenango en Guatemala no tiene un puesto. Vende sus productos de una canasta en el suelo.

Durante la lectura

Compare and contrast these shopping habits with yours. Do you bargain to get the best prices?

CULTURA

Como ves en la foto, hay vendedores que colocan sus productos en el suelo y hay otros que tienen puestos o tenderetes. Este mercado está en Otavalo.

¿Comprendes?

Más práctica

Workbook, pp. 9.11–9.12
StudentWorks™ Plus

CULTURA

En Mérida, México, como en muchas otras ciudades, hay un gran mercado municipal y en las calles alrededor del mercado hay más puestos como los que ves aquí.

A Recordando hechos

    1. ¿Qué hay en muchos pueblos de Latinoamérica?

    2. ¿Cuántas veces a la semana hay mercado?

    3. ¿Qué hay en los mercados?

B Confirmando información Corrige.

    1. Los mercados indígenas son por la noche.

    2. En los mercados indígenas la mayoría de los vendedores son hombres.

    3. Los compradores pagan el primer precio que les da la vendedora.

    4. Solo los habitantes del pueblo van al mercado.

    5. Los indígenas de Chichicastenango son la comunidad más próspera de toda América.

C Describiendo

Describe un mercado indígena.

D Explicando

¿Qué es el regateo? ¿A ti te gusta regatear?

E Analizando

¿Por qué es el mercado en Otavalo, Ecuador, un mercado célebre (famoso)?

VIDEO To visit an indigenous market in Peru, watch **Cultura en vivo.**

De compras 🎧♻

Antes de leer

Piensa en como los miembros de tu familia van de compras y el tipo de comidas que ustedes toman.

CULTURA

El mercado municipal en Estepona en el sur de España

Mercado municipal En muchas ciudades de España y Latinoamérica hay un mercado municipal. En el mercado hay muchos puestos—carnicerías, panaderías, verdulerías, etc. A mucha gente le gusta ir al mercado municipal porque saben que todo lo que compran es fresco. Y, ¡una cosa más! Como suelen[1] ir de compras a diario (todos los días), conocen a los vendedores y pueden tener confianza en ellos.

CULTURA

Hay muchos pasillos en este supermercado moderno en Mérida, Venezuela.

Supermercado Además de mercados municipales hay supermercados donde la gente toma un carrito y lo empuja[2] de pasillo a pasillo donde pueden comprar comestibles en paquetes, latas y frascos. Y como no quieren o no pueden ir de compras todos los días compran muchas cosas congeladas.

Centro comercial En las afueras de las ciudades hay grandes centros comerciales modernos. Tienen tiendas de ropa, videojuegos y electrodomésticos. Y si tienes hambre hay también una zona de comedores. ¿Quieres ver una película? Hay cines también.

[1]suelen *they are used to*   [2]empuja *push*

318

¿Comprendes?

Escoge.

1. ¿Qué es un mercado municipal?
   a. un mercado de la ciudad
   b. un mercado indígena
   c. un mercado en un centro comercial
   d. un supermercado

2. Las carnicerías, panaderías, etc., en los mercados son _____.
   a. centros
   b. puestos
   c. tiendas
   d. mercados

3. ¿Cuándo va la gente de compras en un mercado municipal?
   a. un día a la semana
   b. casi nunca
   c. casi todos los días
   d. cuando hay mercado

4. Los clientes en un supermercado usan _____.
   a. un pasillo
   b. un carrito
   c. una lata
   d. un puesto

5. En los centros comerciales hay _____.
   a. puestos indígenas
   b. solo ropa
   c. muchas tiendas
   d. comida congelada

CULTURA

Los clientes empujan sus carritos por los pasillos de este hipermercado en la Ciudad de México.

Vocabulario

1 Completa.

1–2. Esa chaqueta no le _____ bien. Necesita una _____ más grande.

3. ¿Qué _____ calzas?

4–5. Rebajan los precios cuando hay un _____ y todo le sale más _____.

6. Hay muchos _____ en un mercado.

7–8. Él compra _____ de agua mineral y _____ de atún.

9–10. Ayer en el supermercado compré un _____ de mayonesa y cinco _____ de jamón.

11–12. En el carrito de Pablo hay siempre muchas frutas. Le gustan _____ y _____.

13. Yo pregunté al vendedor, «¿_____ están las zanahorias?»

14. Cuando la señora necesita comida, va _____ en el mercado.

15. Hay muchas tiendas de todos tipos en un _____.

To review **Vocabulario 1** and **Vocabulario 2,** turn to pages 298–299 and 302–303.

2 Parea los contrarios.

16. largo	**a.** barato
17. mucho	**b.** compro
18. menos	**c.** más
19. caro	**d.** corto
20. vendo	**e.** poco

Gramática

3 Contesta.

21. ¿Sabes quién es?

22. ¿Lo conoces?

23. ¿Sabes dónde vive?

To review **saber** and **conocer,** turn to page 308.

4 **Escoge.**

24. Ella _____ que hay una diferencia.
   a. sabe   **b.** conoce

25. Ellos _____ donde vivimos.
   a. saben   **b.** conocen

26. Él me _____ bien.
   a. sabe   **b.** conoce

27. Él _____ que tengo móvil.
   a. sabe   **b.** conoce

28. Le gusta el arte y _____ bien la historia del arte mexicano.
   a. sabe   **b.** conoce

Cerámicas de México

5 **Completa.**

29. Este centro comercial es _____ moderno _____ el otro.

30. A mi parecer, este centro comercial es _____ _____ moderno _____ todos.

31. Te va a salir _____ barato si regateas.

32. Él tiene veinte años y yo tengo dieciséis. Él es _____ _____ _____.

33. Ella es muy inteligente. Ella sabe _____ _____ nadie.

To review **comparativo y superlativo,** turn to page 311.

6 **Cambia al singular.**

34. Aquellos pantalones son caros.

35. Estos juegos de computadora me gustan mucho.

36. Esas frutas son muy frescas.

37. ¿Dónde compraste esos?

To review **demostrativos,** turn to page 312.

Cultura

7 **Contesta.**

38. ¿Qué venden en un mercado indígena?

39. ¿Qué pasa cuando el cliente y el vendedor regatean?

40. ¿De qué tienen fama los otavaleños?

To review this cultural information, turn to pages 316–317.

Prepárate para el examen
Practice for oral proficiency

1 **En una tienda de ropa**

Shop for clothes •······································

Work with a classmate. One will be the shopper and the other the clerk. Make up conversations to buy the items you see in the photo.

2 **De compras**

Discuss your shopping preferences

Have a conversation with a friend. Tell whether or not you like to shop. Tell why. When you do shop, what types of things do you buy and what types of stores do you go to? Do you go to individual stores or large ones such as **un supermercado** or **una tienda de departamentos?**

CULTURA

El escaparate de una tienda de moda femenina en Santiago, Chile

3 **En el mercado**

Shop in a market

You are spending a summer with a family in Spain. You are going to prepare a dinner for your Spanish family. Decide what you have to buy at the market. Then have a conversation with a classmate who will be the clerk at the store or stores.

CULTURA

Una pescadería en Valencia, España

4 **En el centro comercial**

Describe a shopping mall

Work with a classmate who will be an exchange student from Chile. Tell him or her about a mall near you that you are both going to go to.

5 **En el mercado indígena**

Talk about shopping at an indigenous market

Imagine that you just returned from a visit to Ecuador or Guatemala. Tell a friend all about your experience **en un mercado indígena.**

Prepárate para el examen

Practice for written proficiency

Tarea

You have learned about stores and markets in Spain and Latin America. Write an essay in which you compare and contrast the different types of shopping venues in the Spanish-speaking world. Then continue your essay by comparing and contrasting them with shopping areas and customs that you are familiar with in the United States.

Una tienda de ropa en Arrecife, Lanzarote, una de las islas Canarias

Writing Strategy

Comparing and contrasting When writing, it is often necessary to compare people, places, or things. To do this you must write in such a way that your readers can be made aware of how they are alike and different. When you compare two things you explain how they are similar. When you contrast two things, you explain how they are different. Before you start, it is often a good idea to make a diagram or list of similarities and differences.

② Write

- Begin with an introduction that will explain the purpose of the essay and grab the readers' attention.
- Decide how you want to order your paragraphs.
- Use the information from your diagram to compare and contrast the different shopping venues.
- Choose an interesting title.
- Proofread your essay and correct errors.
- Invite a classmate to read your essay and to edit it or give you feedback.

① Prewrite

The following diagram will help you organize your ideas. Each circle shows aspects of one shopping venue. Where the circles overlap, write aspects the different venues have in common.

un centro comercial

un supermercado

un mercado indígena

Evaluate

Don't forget that your teacher will evaluate you on your use of vocabulary, correctness of grammar and sentence structure, ability to compare and contrast shopping venues and customs, and the completeness of your message.

Repaso del Capítulo 9

Gramática

- ### Presente de saber y conocer *(page 308)*

  The verb **saber** means *to know a fact* or *to know how to do something*.
  The verb **conocer** means *to know* in the sense of *to be acquainted with*.
  Review the forms below.

saber		
yo **sé**	nosotros(as)	sabemos
tú sabes	*vosotros(as)*	*sabéis*
Ud., él, ella sabe	Uds., ellos, ellas	saben

conocer		
yo conozco	nosotros(as)	conocemos
tú conoces	*vosotros(as)*	*conocéis*
Ud., él, ella conoce	Uds., ellos, ellas	conocen

- ### Comparativo y superlativo *(page 311)*

  To form the comparative in Spanish, you put **más** or **menos** before the adjective or adverb and **que** after it.

Ella es más inteligente que yo.	*She is smarter than I am.*
Es menos ambiciosa que yo.	*She is less ambitious than I am.*

  To form the superlative in Spanish, you use the appropriate definite article **el, la, los, las** plus **más** and the adjective.

Él es el más serio de todos.	*He is the most serious of all.*
Él es el muchacho más alto de la clase.	*He is the tallest boy in the class.*

  The adjectives **bueno** and **malo** and the adverbs **bien** and **mal** have irregular comparative and superlative forms.

bueno	mejor	el/la mejor	los/las mejores
malo	peor	el/la peor	los/las peores
bien	mejor		
mal	peor		

  The adjectives **mayor** and **menor** most often refer to age.

  Yo soy mayor que mi hermana.
  Mi hermana es la menor de la familia.

- ### Demostrativos *(page 312)*

  Demonstrative adjectives and pronouns indicate location. In Spanish there are three demonstratives: **este, ese,** and **aquel.**

CULTURA

Los vegetales en este puesto en Barcelona son algunos de los mejores del mercado.

Vocabulario

Identifying some more articles of clothing

una camisa	un pantalón	una chaqueta	un blue jean
de manga corta	un par de zapatos	un vestido	un par de tenis
(larga)	una blusa	una corbata	

Shopping for clothes

el centro comercial	la talla	rebajar	barato(a)
la tienda de ropa	el número	usar	caro(a)
el escaparate	un saldo,	calzar	mucho
el/la empleado(a)	una liquidación	costar	poco
	el precio		

Shopping for food

el mercado	el supermercado	las manzanas	una botella
el puesto,	los guisantes	los plátanos	un frasco
el tenderete	las judías verdes	las uvas	una tajada
el/la vendedor(a)	las zanahorias	la piña	la mayonesa
el producto	las cebollas	un carrito	el atún
el kilo	los pimientos	las compras	congelado(a)
la verdulería	el maíz	un bote, una lata	ir de compras
la frutería	las naranjas	un paquete	

Shopping in an indigenous market

el mercado indígena	las sandalias	regatear
la artesanía	las cerámicas	
los tejidos		

Other useful words and expressions

la gente	todos(as)	Te sale más barato.	¿A cuánto está(n)?
el/la cliente(a)	Es verdad.	Te queda bien.	¿Algo más?
diferente			Nada más.

 Literary Reader

You may wish to read the adaptation of *La camisa de Margarita* by Ricardo Palma, found on pages 406–409.

Repaso cumulativo

Repasa lo que ya has aprendido

These activities will help you review and remember what you have learned so far in Spanish.

Un mercado al aire libre en Mérida, Venezuela

1 Escucha las frases. Indica en una tabla como la de abajo si la frase describe la foto o no.

sí	no

2 Completa con el pretérito.

1. Nosotros _____ de compras. (ir)
2. Yo _____ a la tienda de ropa. (ir)
3. (Yo) _____ un blue jean. (buscar)
4. El empleado me _____. (hablar)
5. ¿_____ tú al concierto? (asistir)
6. ¿Te _____ el concierto? (gustar)
7. ¿Quién _____? (cantar)
8. ¿_____ el público? (aplaudir)
9. ¿Dónde _____ ustedes después? (comer)
10. ¿Te _____ el menú el mesero? (dar)

3 Sigue el modelo.

MODELO **¿Quién compró los muebles? →
        Yo los compré.**

1. ¿Quién compró la computadora?
2. ¿Quién creó la página Web?
3. ¿Quién compró la cámara digital?
4. ¿Quién tomó las fotos?
5. ¿Quién comió los chocolates?
6. ¿Quién vio la telenovela?
7. ¿Quién recibió los correos electrónicos?
8. ¿Quién no comprendió el menú?

Las amigas fueron de compras y tomaron el almuerzo. Lo tomaron en la zona de comedores en el centro comercial.

Cambia a la forma negativa.

1. Alguien lo sabe.

2. Ellos conocen a alguien.

3. Ellos compraron algo.

4. Algo está en el pupitre.

5. Ellos van siempre al centro comercial.

6. Ellos siempre compran algo.

 Describe el plan del apartamento.

 Completa con expresiones apropiadas.

1. Yo voy a _____.

2. Tenemos que _____.

3. No puedo _____.

4. No puedo porque tengo que _____.

5. Debes _____.

6. Ellos tomaron lecciones de tenis y saben _____.

7. Empiezan a _____.

 Juego Play this game with a partner. Tell your partner what you do in your free time. Your partner will try to guess where you do it. Take turns. You may use the following as suggestions.

Navego la red.   Ceno con mi familia.   MIRO UNA PELÍCULA.

Compro las zapatillas.   Toco la guitarra.

Corro después de las clases.   Nado con mis amigos(as).

En avión

Aquí y Allí

Vamos a comparar Los medios de transporte más importantes varían de una región del mundo a otra. En España, por ejemplo, el servicio de trenes es excelente. No lo es en Latinoamérica donde mucha gente toma un autobús para ir de un lugar a otro. Pero vas a aprender por qué el avión es el medio de transporte más importante. Donde tú vives, ¿qué medios de transporte públicos hay? ¿Tienen muchos usuarios?

◄ El avión está despegando de la pista del aeropuerto de La Romana en la República Dominicana.

Objetivos

You will:

- talk about packing for a trip and getting to the airport
- tell what you do at the airport
- talk about being on an airplane
- discuss air travel in South America

You will use:

- verbs that have **g** in the **yo** form of the present tense
- the present progressive tense

QuickPass

Go to glencoe.com
For: **Online book**
Web code: **ASD9304c10**

Introducción al tema
En avión

Look at these photographs to acquaint yourself with the theme of this chapter. Air travel is the most important means of transportation in the world today. As you learn to use your Spanish in an airport and on an airplane, you will also learn why air travel is so extremely important in Latin America.

España ▶
Aquí vemos una terminal nueva en el aeropuerto internacional de Barajas, el aeropuerto que sirve a Madrid.

DEPARTING TO	AIRLINE	FLIGHT	GATE	TIME
CARACAS	American	935	C7	12:30P
HOUSTON-IAH	American	1391	C3	12:07P
SANTO DOMINGO	American	783	C5	1:20P
KEY WEST	American	4987		2:00P
BALTIMORE	American	1060	C7	4:19P
QUITO	American	967	C5	4:30P
INDIANAPOLIS, IN	American	1682	C9	6:21P
SAN JOSE, C.R.	American	2171	C7	6:24P

◀ Estados Unidos
Aquí vemos una pantalla de salidas. ¿Para qué ciudades latinoamericanas hay vuelos?

Chile **El agente de la línea aérea está revisando los documentos de una pasajera que está tomando un vuelo internacional. ▼**

330

▲ **Perú** El avión está en el aeropuerto de Arequipa en el sur de Perú. En el fondo vemos los Andes.

Argentina ▲
Los pasajeros tienen que esperar en fila delante del mostrador de una línea aérea en el aeropuerto de Ezeiza en Buenos Aires.

▲ **República Dominicana** Es el aeropuerto en Santo Domingo, la República Dominicana. Podemos ver también la torre de control.

México ▶
Los pasajeros están pasando por el control de seguridad en León, México.

◀ **Colombia** La asistenta de cabina está demostrando el uso de una máscara de oxígeno abordo de un avión colombiano.

Antes de salir para el aeropuerto

You will want to be able to discuss packing a suitcase. To review summer and winter clothing, see Chapter 7. To review general clothing, see Chapter 9.

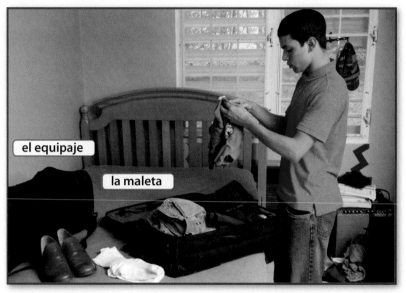

el equipaje

la maleta

Juan va a hacer un viaje.
Antes hace la maleta.
¿Qué pone en la maleta?

Pone la ropa que necesita para el viaje.

Al aeropuerto

el baúl, la maletera

el taxi

Juan sale para el aeropuerto en taxi.
Trae su equipaje.

Pone su equipaje en la maletera del taxi.
El taxista lo ayuda con su equipaje.

En el aeropuerto

Nueva Generación de asientos de clase ejecutiva en el 767

AA

el boleto (billete) electrónico

el agente

American

el mostrador

¡Así se dice!

When you are in a crowded area and you want to get by someone, you can politely say **¡Con permiso!**

En otras partes

In addition to **la tarjeta de embarque** you will also hear **la tarjeta de abordar** and **el pasabordo.**

la tarjeta de embarque

AEROMEXICO
aeromexico.com
SKYTEAM

el nombre del pasajero

NOMBRE/NAME
PAYTI/ANDREWMR
ORIGEN/ORIGIN
MEXICO CITY
DESTINO/DESTINATION
OAXACA

el número del vuelo

VUELO/FLIGHT   CLASE   FECHA/DATE
AM 2046   L   04JUN07
SALA/GATE   HORA/TIME   ASIENTO/SEA
-7A-   1140.
NON-SMOKING
CONTROL 28   5C
FTKT 704.

la hora de salida

el número del asiento

Su tarjeta de embarque sale de un distribuidor automático.

Juan está en el mostrador de la línea aérea.
Está haciendo un viaje internacional en avión.
Tiene que facturar su equipaje.
Pero no tiene que facturar su equipaje de mano.

QuickPass

Go to glencoe.com
For: **Vocabulary practice**
Web code: **ASD9304c10**

ESCUCHAR

1 Escucha las frases. Parea cada frase con el dibujo que describe.

a.　　　　b.　　　　c.

d.　　　　e.　　　　f.

CULTURA

La señora está en el mostrador de la línea aérea. Va a volar a México.

HABLAR • ESCRIBIR

2 Contesta sobre un viaje que Teresa va a hacer a México.

1. ¿Hace Teresa un viaje a México?
2. Antes de hacer su viaje, ¿qué pone en la maleta?
3. ¿Para dónde sale Teresa para empezar su viaje?
4. ¿Cómo va al aeropuerto?
5. ¿Quién la ayuda con su equipaje?
6. ¿Dónde lo pone?

EXPANSIÓN

Ahora, sin mirar las preguntas, relata toda la información en tus propias palabras. Si no recuerdas algo, un(a) compañero(a) te puede ayudar.

LEER • ESCRIBIR

3 Elisa está en el aeropuerto. Va a las Galápagos. Completa con una palabra apropiada.

1. En el aeropuerto Elisa tiene que _____ su equipaje.
2. Va al mostrador de la _____.
3. Elisa tiene un _____ electrónico.
4. El agente le da su _____ para poder abordar el avión.

CULTURA

Una vista de las islas Galápagos, Ecuador

CAPÍTULO 10

LEER • ESCRIBIR

④ Completa. Escoge del **banco de palabras.**

pone	sale	trae	hace

1. Eduardo _____ un viaje a España.
2. Él _____ su ropa en la maleta.
3. Eduardo no _____ mucho equipaje.
4. _____ solamente una maleta y una mochila.
5. _____ el equipaje en la maletera del taxi.
6. _____ para el aeropuerto.
7. Su vuelo para España _____ a las ocho y media de la tarde.

InfoGap For more practice using your new vocabulary, do Activity 10 on page SR12 at the end of the book.

CULTURA

El famoso acueducto romano de Segovia, España, construido a fines del primer siglo después de Cristo

HABLAR • ESCRIBIR

⑤ Prepara una pregunta sobre cada frase en la Actividad 4. Usa las siguientes palabras.

¿quién?   ¿cuándo?

¿adónde?   ¿qué?   ¿dónde?

LEER • ESCRIBIR

⑥ Completa la tarjeta de embarque.

⑦ **Rompecabezas**

Unscramble the letters to reveal words related to airplane travel.

1. a l t a m e
2. n o t i s e a
3. j a q u e p i e
4. r a d o r o m t s
5. s o a r j e p a

En el control de seguridad

hacer cola

el pasaporte

Los pasajeros están pasando por el control de seguridad.
Su equipaje de mano tiene que pasar por el control de seguridad.
Hay que mostrar una forma de identidad con una fotografía.

En la puerta de salida

La pasajera está en la puerta de salida.
Está esperando la salida de su vuelo.
El avión está saliendo a tiempo. No sale tarde.
No hay un retraso (una demora).
Ella va a embarcar (abordar) dentro de poco.

Abordo del avión

el compartimiento superior

el servicio

la ventanilla

el asistente de vuelo

el pasillo

abrochados

el cinturón de seguridad

el asiento

la señal de no fumar

la máscara de oxígeno

Los pasajeros tienen que poner su equipaje de mano en el compartimiento superior o debajo del asiento.

Durante el despegue y el aterrizaje, los pasajeros tienen que tener sus cinturones abrochados.

el despegue

El avión está despegando.
Está despegando con destino a Madrid.
El avión acaba de despegar de la pista.

el aterrizaje

El avión está aterrizando.
Es un vuelo (procedente) de Lima.

QuickPass

Go to glencoe.com
For: Vocabulary practice
Web code: ASD9304c10

ESCUCHAR • HABLAR • ESCRIBIR

1 Personaliza. Da respuestas personales.

1. ¿Tomas un vuelo de vez en cuando?
2. ¿Te gusta volar?
3. ¿Quieres tomar un vuelo un día?
4. ¿Quieres hacer un viaje nacional o internacional?
5. ¿Adónde quieres ir?
6. ¿Hay un aeropuerto cerca de tu casa? ¿Cuál?
7. ¿Es un aeropuerto nacional o internacional?
8. Si tienes que tomar un vuelo, ¿prefieres un asiento en el pasillo o en la ventanilla?

LEER

2 Escoge la palabra apropiada.

1. Los pasajeros hacen cola en (el asiento, la puerta) de salida.
2. Están (esperando, haciendo) la salida del vuelo.
3. El avión sale con un retraso de cinco minutos. Sale (tarde, a tiempo).
4. Los pasajeros toman su (pasillo, asiento) en el avión.
5. El avión despega de la (cola, pista).
6. Un vuelo (procedente de, con destino a) Panamá llega ahora.

CULTURA

La gente está llegando al aeropuerto de Ixtapa-Zihuatanejo en la costa del Pacífico en México.

LEER

3 Verifica. ¿Sí o no?

1. Los pasajeros tienen que pasar por el control de seguridad abordo del avión.
2. Los pasajeros esperan la salida de su vuelo en la puerta de salida.
3. Los pasajeros embarcan después del aterrizaje.
4. Los pasajeros desembarcan después del aterrizaje.
5. Los pasajeros pueden poner su equipaje en el pasillo.
6. Los pasajeros tienen que tener sus cinturones de seguridad abrochados durante el despegue y el aterrizaje.
7. Un vuelo que sale tarde sale a tiempo.
8. En una cola o fila hay mucha gente.

Comunicación

4 Habla con un(a) compañero(a). Discutan todo lo que necesitan si hacen un viaje internacional.

LEER • ESCRIBIR

5 Pon las actividades en orden.

Llega al aeropuerto.

Toma su asiento.

Pone su ropa en la maleta.

Factura su equipaje y toma su tarjeta de embarque.

Sale de casa para ir al aeropuerto.

Espera el avión en la puerta de salida.

Pone su equipaje en la maletera del taxi.

Pasa por el control de seguridad.

Embarca el avión.

El avión despega.

CULTURA

El mostrador de una línea aérea centroamericana en el aeropuerto de la Ciudad de Guatemala. Es de noche y hay muy poca gente.

Comunicación

6 You are flying to Mexico to visit your key pal. You have never flown before. Once on the plane, you have some questions for the flight attendant (your partner) about the flight and where to put your things. Take turns.

7 **¡Manos a la obra!** Make up a name for a Spanish airline. Create a fun and colorful travel poster advertising the airline and where it flies. See how many new words you can include.

Gramática

QuickPass

Go to glencoe.com
For: Grammar practice
Web code: ASD9304c10

Presente de hacer, poner, traer, salir

Nota

The verbs **oír** and **caer** *(to fall)* also have a **g** in the **yo** form.
oigo   caigo

1. The verbs **hacer** *(to do, to make)*, **poner** *(to put, to place)*, **traer** *(to bring)*, and **salir** *(to leave)* have an irregular **yo** form. The **yo** form has a **g**. All the other forms are regular.

	hacer	poner	traer	salir
yo	hago	pongo	traigo	salgo
tú	haces	pones	traes	sales
Ud., él, ella	hace	pone	trae	sale
nosotros(as)	hacemos	ponemos	traemos	salimos
vosotros(as)	hacéis	ponéis	traéis	salís
Uds., ellos, ellas	hacen	ponen	traen	salen

2. Remember that the verb **tener** has a **g** in the **yo** form. The verb **venir** *(to come)* follows the same pattern. Note the **g** and the stem change.

venir			
yo	vengo	nosotros(as)	venimos
tú	vienes	vosotros(as)	venís
Ud., él, ella	viene	Uds., ellos, ellas	vienen

CULTURA

Las señoritas tienen equipaje porque van a hacer un viaje de Puerto Rico a Nueva York. Salen pronto pero antes toman un refresco en un café en San Juan.

Práctica

Más práctica

Workbook, pp. 10.7–10.9
StudentWorks™ Plus

Gramática

HABLAR • ESCRIBIR

1 Imagina que vas a hacer un viaje a Ecuador.
Contesta las preguntas.

1. ¿Haces un viaje?
2. ¿Haces un viaje a Ecuador?
3. ¿Haces el viaje con un grupo de tu escuela?
4. ¿Sales para el aeropuerto con tus padres?
5. ¿Traes mucho equipaje?
6. ¿Traes tu cámara digital?
7. ¿Pones tu boleto y tu pasaporte en tu mochila?

EXPANSIÓN

Ahora, sin mirar las preguntas, relata toda la información
en tus propias palabras. Si no recuerdas algo, un(a)
compañero(a) te puede ayudar.

HABLAR • ESCRIBIR

2 Personaliza. Da respuestas personales.

Cuando haces un viaje a la playa donde hace calor,
¿qué pones en la maleta? Y cuando haces un viaje
a una estación de esquí, ¿qué pones en la maleta?

ESCUCHAR • HABLAR • ESCRIBIR

3 Sigue el modelo. Presta atención a las terminaciones
-emos, -imos.

MODELO   **Ellos hacen un viaje. →**
          **Sí, ellos hacen un viaje y nosotros
          también hacemos un viaje.**

1. Ellos hacen un viaje a España.
2. Ellos salen para el aeropuerto.
3. Ellos traen mucho equipaje.
4. Ellos salen en el mismo vuelo.
5. Ellos vienen al aeropuerto en autobús.

CULTURA

La Plaza de Armas en el casco antiguo
de Quito, Ecuador

CULTURA

Los pasajeros acaban de llegar
al aeropuerto de Barcelona y
toman un taxi para ir al centro
de la ciudad. Hay una fila de taxis
bastante larga, ¿no?

LEER • ESCRIBIR

4 Completa con la forma correcta del presente del verbo. Ahora tienes que usar todas las formas.

Yo __1__ (hacer) un viaje a Palma. Palma __2__ (estar) en la isla de Mallorca en el Mediterráneo. __3__ (Estar) al este de España no muy lejos de Barcelona. Mi amiga Luisa __4__ (hacer) el viaje también. Nosotros __5__ (hacer) el viaje en avión hasta Barcelona y luego __6__ (ir) en barco, un ferry, desde Barcelona a Palma. Claro que podemos __7__ (hacer) el viaje en avión pero preferimos tomar el barco.

—¡Ay, Luisa! Pero tú __8__ (traer) mucho equipaje.

—No, yo no __9__ (traer) mucho. __10__ (Tener) solo dos maletas. Tú exageras. Tú también __11__ (venir) con mucho equipaje.

—¡Oye! ¿A qué hora __12__ (salir) nuestro vuelo para Barcelona?

—No __13__ (salir) hasta las seis y media. Nosotros __14__ (tener) mucho tiempo.

—¡Vamos ya! ¡Con permiso, señora!

CULTURA

Una playa en Palma de Mallorca. Mallorca es una de las islas Baleares en el mar Mediterráneo.

Comunicación

5 Tell a friend all the things you do the day of a flight from packing your suitcase to boarding the plane. Your friend will then ask you questions.

HABLAR

6 **Juego** Play this **Diez preguntas** game with a partner. Think of something related to airline travel for your partner to guess. If your partner guesses in ten questions or less, he or she wins. Take turns.

El presente progresivo

VIDEO To see a humorous experience at an airport, watch **Diálogo en vivo.**

1. You use the present progressive tense in Spanish to express an action in progress, an action that is currently taking place.

2. To form the present progressive you use the verb **estar** and the present participle. Study the forms of the present participle.

INFINITIVE	hablar	comer	vivir	hacer	salir
STEM	habl-	com-	viv-	hac-	sal-
PARTICIPLE	hablando	comiendo	viviendo	haciendo	saliendo

The verbs **leer, traer, oír,** and **caer** have a **y.**

leyendo   **trayendo**   **oyendo**   **cayendo**

3. Study the following examples of the present progressive.

José **está haciendo** un viaje a México.
Ahora **está esperando** la salida de su vuelo.
José **está mirando** su tarjeta de embarque.

Una pantalla de llegadas y salidas en el aeropuerto de la Ciudad de Guatemala. Hace buen tiempo hoy y la mayoría de los vuelos salen a tiempo. ¡Qué suerte para todos!

Práctica

ESCUCHAR • HABLAR

7 Con un(a) compañero(a), practica la conversación en voz alta. Presta atención a todos los verbos en el tiempo progresivo.

Sandra, ¡qué sorpresa! ¿Qué estás haciendo aquí en el aeropuerto?

Estoy esperando a mi padre. Está volviendo de Puerto Rico. ¿Y tú, Julia? ¿Qué estás haciendo aquí?

Pues, estoy viajando a Costa Rica.

¡A Costa Rica! ¡Qué suerte tienes!

Sí, toda mi familia está haciendo el viaje para visitar a nuestros abuelos.

No, no. Son de aquí pero ahora están viviendo en Costa Rica. Les gusta mucho.

Ah, tus abuelos son de Costa Rica.

HABLAR • ESCRIBIR

8 Contesta según la conversación.

1. ¿Por qué está en el aeropuerto Sandra?
2. ¿De dónde está volviendo el padre de Sandra?
3. Y, ¿para dónde está saliendo Julia?
4. ¿Quién está viajando con ella?
5. ¿A quiénes van a visitar?
6. ¿Qué están haciendo sus abuelos en Costa Rica?

EXPANSIÓN

Ahora, sin mirar las preguntas, relata toda la información en tus propias palabras. Si no recuerdas algo, un(a) compañero(a) te puede ayudar.

GeoVistas

To learn more about Costa Rica, take a tour on pages SH52–SH53.

ESCUCHAR • HABLAR • ESCRIBIR

 Contesta según se indica.

1. ¿Adónde están llegando los pasajeros? (al aeropuerto)
2. ¿Cómo están llegando? (en taxi)
3. ¿Adónde están viajando? (a Argentina en la América del Sur)
4. ¿Cómo están haciendo el viaje? (en avión)
5. ¿Dónde están facturando el equipaje? (en el mostrador de la línea aérea)
6. ¿Qué está mirando el agente? (los boletos y los pasaportes)
7. ¿De qué puerta están saliendo los pasajeros para Buenos Aires? (número siete)
8. ¿Qué están abordando? (el avión)

Comunicación

 Use the conversation between Julia and Sandra as a guide to role-play a conversation between two friends who run into each other at an airport.

CULTURA

La Casa Rosada en Buenos Aires. Es aquí donde tiene el presidente argentino sus oficinas.

FOLDABLES®
Study Organizer

SINGLE PICTURE FRAME

See page SH27 for help with making this foldable. Work in groups. Each member of the group will make a foldable with a drawing (or magazine picture) related to airplane travel. Create a story about each picture by passing the picture around, with each person adding a sentence in the present progressive. An alternative would be to do this same activity as a writing activity.

HABLAR • ESCRIBIR

11 Forma frases según el modelo. Escoge palabras del **banco de palabras.**

MODELO   viajar →
   Sí, estoy viajando.
   No, no estoy viajando.

hablar español	usar mi móvil	hacer una tarea
leer una novela	estudiar	jugar fútbol
aprender mucho	salir ahora	comer

HABLAR

12 **Juego** Form small groups. Take turns pantomiming activities that might take place at an airport or on an airplane. The others will guess what you're doing, using the present progressive.

HABLAR • ESCRIBIR

13 Describe lo que ves en los dibujos. Usa el presente progresivo.

PRONUNCIACIÓN

La consonante r

When a word begins with **r** (initial position), the **r** is trilled in Spanish. Within a word, this trilled **r** sound is spelled **rr**. The Spanish trilled **r** sound does not exist in English. Repeat the following.

ra	re	ri	ro	ru
rápido	receta	**Ricardo**	**Roberto**	**Rubén**
raqueta	red	aterriza	rojo	rubio
párrafo	corre	río	perro	

The sound for a single **r** within a word (medial position) does not exist in English either. It is trilled less than the initial **r** or **rr**. Repeat the following.

ra	re	ri	ro	ru
verano	arena	boletería	número	Perú
maletera	quiere	consultorio	pasajero	Aruba
para		periódico	cinturón	

Dictado

Pronounce the following sentences carefully. Then write them to prepare for a dictation.

> **El perro de Rubén corre en la arena.**
> **El avión para Puerto Rico aterriza con un retraso de una hora.**
> **El pasajero corre rápido por el aeropuerto.**
> **Ricardo pone su raqueta en la maletera del carro.**

Refrán

Can you guess what the following proverb means?

Mal hace quien nada hace.

¡Bravo!

You have now learned all the new vocabulary and grammar in this chapter. Continue to use and practice all that you know while learning more cultural information. **¡Vamos!**

CULTURA
El avión está aterrizando en el aeropuerto de Buenos Aires, Argentina.

QuickPass

Go to glencoe.com
For: **Conversation practice**
Web code: ASD9304c10

En el aeropuerto

Susana	¡Oye, Pedro! Está saliendo nuestro vuelo.
Pedro	Sí, ¡vamos ya! Tenemos que pasar por el control de seguridad y siempre hay una cola larga.
Susana	¿Tienes nuestras tarjetas de embarque?
Pedro	Sí, sí. Las tengo. ¿Necesitas ayuda con tu equipaje de mano?
Susana	No, no traigo mucho. Lo puedo llevar. ¿De qué puerta salimos?
Pedro	De la puerta 11. ¿A qué hora empieza el embarque?
Susana	Ahora mismo. ¡Vamos!

¿Comprendes?

A Contesta según la información en la conversación.

    1. ¿Dónde están Pedro y Susana?

    2. ¿Qué están anunciando?

    3. ¿Ya pasaron por el control de seguridad Pedro y Susana?

    4. ¿Qué hay siempre en el control de seguridad?

    5. ¿Quién tiene las tarjetas de embarque?

    6. ¿De qué puerta de salida salen?

    7. ¿Está empezando el embarque?

B **Resumiendo** Relata toda la información en la conversación en tus propias palabras.

C **Prediciendo** ¿Piensas que Susana y Pedro van a perder su vuelo? ¿Por qué contestas que sí o que no?

CULTURA

Una vista panorámica de San Juan de Puerto Rico desde el Viejo San Juan hasta el Condado

LECTURA
CULTURAL

Antes de leer

Scan the reading to find the most important idea in each section. Look for topic sentences.

✓ Reading Check

¿Cuál es un medio de transporte muy importante en Sudamérica?

✓ Reading Check

¿Dónde es muy densa la vegetación? ¿En las montañas o en las selvas?

Durante la lectura

Note each topic sentence. Think about the one idea that all the sentences and sections are about.

Después de leer

What was the main idea of the reading and of each section? What do you think was the author's purpose here?

El avión en la América del Sur

El continente sudamericano es vasto. Las distancias entre ciudades son largas. Por eso el avión es un medio de transporte importante. A veces es imposible viajar por tierra[1] de un lugar a otro. ¿Por qué?

Montañas Una gran parte del oeste del continente es montañosa. Los altos picos nevados de los Andes parecen tocar el cielo[2]. Unas ciudades como Bogotá, Quito y La Paz están en los Andes. Y claro que hay también pequeños pueblos aislados en las montañas.

Selvas Al este de los Andes en Colombia, Ecuador, Perú, Bolivia y Brasil hay grandes selvas tropicales del río Amazonas. En las selvas la vegetación es muy densa y una gran parte de la cuenca[3] amazónica es inhóspita e impenetrable.

Desiertos La región a lo largo de la costa desde Perú hasta el centro de Chile es desierto. El Atacama en Chile es el desierto más árido (seco) del mundo—una región de arena y rocas (piedras).

Día y noche los aviones sobrevuelan los picos, selvas y desiertos para enlazar[4] las ciudades y pueblos de Sudamérica.

[1]por tierra *by land*
[2]cielo *sky*
[3]cuenca *basin*
[4]enlazar *connect*

CULTURA
Un pueblo aislado en los Andes de Venezuela

¿Comprendes?

Más práctica

Workbook, pp. 10.11–10.13
StudentWorks™ Plus

A Recordando hechos Contesta.

1. ¿Qué montañas corren del norte al sur a lo largo del océano Pacífico en la América del Sur?
2. ¿Qué hay al este de los Andes?
3. ¿Qué región de Sudamérica es desierto?

B Describiendo Describe.

1. los picos andinos
2. las selvas tropicales
3. el desierto

C Analizando Contesta.

1. ¿Por qué es el avión un medio de transporte muy importante?
2. En muchas regiones de Sudamérica, ¿por qué es difícil viajar por tierra?

CULTURA

Un pico nevado en el desierto de Atacama en Chile

D Categorizando Completa la tabla de abajo. Luego, relata la información en la tabla en tus propias palabras.

	a lo largo de la costa peruana y chilena	al este de las montañas	en las montañas
desiertos			
picos cubiertos de nieve			
selvas tropicales			
la cuenca amazónica			
vegetación densa			
tierra árida			
Bogotá, Quito, La Paz			

LECTURA
UN POCO MÁS

Antes de leer

Vas a leer sobre un misterio famoso que hay en Perú. ¿Te gustan los misterios? ¿Hay algún misterio donde vives?

Reading Check

¿Qué son las líneas de Nazca?

Un viaje interesante 🎧♻

Un vuelo interesante Si quieres hacer un viaje interesante en avión tienes que sobrevolar las líneas de Nazca. ¿Qué son las líneas de Nazca? Pues, en el desierto árido del sur de Perú hay una serie de dibujos o figuras misteriosas. Hay figuras geométricas—rectángulos, triángulos y líneas paralelas. Hay también representaciones perfectas de varios animales. A pesar de[1] muchas investigaciones el origen de las líneas o figuras que tienen más de 1.500 años queda[2] un misterio.

Y son tan grandes que la única manera de ver las figuras es tomar un vuelo. Las avionetas salen de Lima o del aeropuerto de la pequeña ciudad de Ica, muy cerca de las figuras.

[1]A pesar de   *In spite of*   [2]queda   *remains*

CULTURA
Las líneas de Nazca

¿Comprendes?

Escoge o completa.

1. Las líneas de Nazca están _____ .
   a. en el pico de una montaña
   b. en una selva
   c. en un desierto

2. ¿Qué son las líneas?
   a. animales
   b. figuras misteriosas
   c. solamente figuras geométricas

3. El origen de las líneas de Nazca es _____ .

4. ¿Por qué es necesario ver las líneas de un avión?
   a. porque hay avionetas que salen de Ica y Lima
   b. porque están en un desierto
   c. porque son tan inmensas

5. Un avión pequeño es _____ .

CULTURA

Recientemente los arqueólogos descubrieron otras figuras delineadas en el costado rocoso no muy lejos de Nazca. Estas figuras son de la civilización de los paracas y son anteriores a las famosas líneas de Nazca.

CULTURA

Una avioneta que sobrevuela las líneas de Nazca

To review **Vocabulario 1** and **Vocabulario 2,** turn to pages 332–333 and 336–337.

Vocabulario

 1 **Completa.**

1–2. El agente trabaja en el _____ de la línea aérea en el _____.

3. La tarjeta de embarque indica el número del _____ y el número del asiento del pasajero.

4. Antes de ir a la puerta de salida los pasajeros tienen que pasar por el _____ donde inspeccionan su equipaje de mano.

5. El avión no sale a tiempo. Sale _____.

6. Los pasajeros tienen que _____ una forma de identidad.

7. Abordo del avión, hay que poner su equipaje en el _____.

8. Estamos esperando nuestro vuelo en la _____.

9. Antes de facturar mi equipaje, tomo mi tarjeta de embarque del _____.

10. Estás abordo del avión. ¿Sabes el número de tu _____?

2 **Identifica.**

11.   12.

13.   14. 15.

Gramática

3 **Contesta.**

16. ¿Haces un viaje?

17. ¿Vienes en junio para mi cumpleaños?

18. ¿Qué pones en tu maleta o mochila?

19. ¿A qué hora sales?

20. ¿Traes mucho equipaje?

To review verbs with a **g** in the **yo** form, turn to page 340.

4 **Completa en el presente.**

21. Ellos _____ mañana. (venir)

22. Nosotros _____ mucho trabajo. (hacer)

23. José _____ su mochila debajo del asiento. (poner)

24. Yo lo _____. (oír)

25. ¿Tú _____ tu equipaje de mano? (traer)

26. Señor, ¿usted _____ esta mañana o esta tarde? (salir)

27. Nosotros _____ al aeropuerto con nuestros padres. (venir)

To review **el presente progresivo,** turn to page 343.

5 **Escribe en el presente progresivo.**

28. El avión despega.

29. Nosotros hacemos cola.

30. Ellos salen a tiempo.

31. Los pasajeros esperan en la puerta de salida.

32. Yo leo mi libro favorito.

33. Juan y Marisol, ¡ustedes nadan en el mar!

34. Tú vives cerca de mi casa ahora.

35. ¿Qué oyen tus primos?

Cultura

6 **Escoge.**

36. El continente sudamericano es _____.

   a. pequeño   **b.** alto   **c.** inmenso

37. Hay selvas tropicales en _____.

   a. las montañas   **b.** el desierto   **c.** la cuenca amazónica

38. El Amazonas es _____.

   a. un pico andino   **b.** un río   **c.** un desierto

CULTURA

La canoa es el medio de transporte más importante de la selva tropical de Latinoamérica. Aquí la madre y su hija van a Iquitos en la selva peruana.

7 **Contesta.**

39. ¿Por qué es difícil viajar por tierra en muchas partes de la América del Sur?

40. ¿Cuáles son unas características geográficas de la América del Sur?

To review this cultural information, turn to pages 350–351.

Prepárate para el examen
Practice for oral proficiency

1 **Preparar para un viaje**
Tell about packing for a trip
You're getting ready to leave on a trip. Tell what you're going to pack. Will you use a suitcase, carry-on, or backpack? Does the weather where you're going influence what you are going to pack?

2 **En el mostrador de la línea aérea**
Converse with a ticket agent
You are at the ticket counter at the airport. You are talking with the ticket agent (your partner). You want to find out details about the flight and check your luggage. The ticket agent asks for confirmation of your e-ticket and passport and answers any questions you have.

3 **Un billete para Madrid**
Buy an airplane ticket
Work with a classmate. You want to fly with your family from somewhere in the United States to Madrid and you will be returning from Barcelona. Call the airline to get a reservation. Your classmate will be the reservation agent. Before you call, think about all the information you will need to provide or get from the airline agent: date of departure, departure time, arrival time in Madrid, flight number, and price.

4 **¿Quién está haciendo qué?**
Tell what people are doing in your classroom
Who's doing what? Look around you and tell what everyone is doing.

CULTURA

La profesora está enseñando y los alumnos están prestando atención en una clase de matemáticas en San Juan, Puerto Rico.

5 **El continente sudamericano**
Tell about travel in South America
Work in small groups. Your aunt and uncle's family is thinking about traveling around South America. You have already been there. Tell them why it can be difficult to travel from one place to another by land. They will ask you questions.

Prepárate para el examen
Practice for written proficiency

Tarea

Write a letter to a service organization interested in international relations. Your goal is to win an all-expense-paid trip to spend two weeks living with a Spanish-speaking family in a country of your choice.

Writing Strategy

Answering an essay question Many types of applications contain or expect you to answer questions concerning your qualifications or reasons for applying. This requires you to write an essay that convinces that you are the right person.

❶ Prewrite

- Think of your overall goal—to convince all concerned why you are the right person to be sent to a foreign country.

- Look at the list of some types of questions you may have to answer. **¿Qué quieres visitar? ¿Por qué quieres ir allí? ¿Qué esperas hacer, ver o aprender allí? ¿Cómo quieres viajar? ¿Qué tipo de persona eres? ¿Qué estás haciendo ahora?**

- Think of other information the organization may want to know about you.

❷ Write

You really want to go on this trip, so be sure to plan your essay carefully.

- Write an introduction that will make the organization want to find out more about you.

- Start a new paragraph for the answer to each question.

- When you finish writing, check your work. Check spelling, grammar, and verb endings. Make sure your sentences are complete and understandable.

- Read over your work again to make sure all errors are corrected and to make sure that you have effectively communicated your message to the organization.

Evaluate

Don't forget that your teacher will evaluate you on your organization, use of vocabulary and grammar, and on how clear, complete, and convincing your essay is.

Repaso del Capítulo 10

Gramática

- ### Presente de hacer, poner, traer, salir *(page 340)*

  The verbs **hacer, poner, traer, salir,** and **oír** have a **g** in the **yo** form. All other forms are regular. Review the following forms.

  | yo | ha**go** | pon**go** | trai**go** | sal**go** | oi**go** |

  Venir has a **g** in the **yo** form as well as a stem change just like the verb **tener,** which you have already learned.

venir	
ven**go**	venimos
vienes	*venís*
viene	vienen

- ### El presente progresivo *(page 343)*

  The present progressive expresses an action that is taking place at the moment. It is formed with the verb **estar** and the present participle. Review the following forms.

  estoy
  estás
  está
  estamos
  estáis
  están

  viajando   comiendo   saliendo   leyendo

CULTURA
La señorita está escuchando música en su MP3 mientras regresa a casa después de un viaje.

Vocabulario

Leaving for a trip

el equipaje de mano
la maleta
el taxi

el/la taxista
la maletera, el baúl
poner

hacer
  un viaje
  la maleta

Describing airport activities

el aeropuerto
el avión
el/la agente
el mostrador
la línea aérea
el boleto, el billete
  (electrónico)

el distribuidor
  automático
la tarjeta de
  embarque
el pasaporte
el nombre
el/la pasajero(a)

el número del vuelo
la hora de salida
la hora de embarque
el número del asiento
la forma de identidad
la puerta de salida
facturar el equipaje

pasar por el control
  de seguridad
hacer cola
mostrar
esperar
embarcar, abordar

Describing a flight

el/la asistente(a)
  de vuelo
el asiento
el pasillo
la ventanilla
el compartimiento
  superior

la máscara de
  oxígeno
el cinturón de
  seguridad
la señal de no fumar
el servicio

un retraso, una
  demora
el despegue
el aterrizaje
la pista
despegar
aterrizar

internacional
abordo
tarde
a tiempo
con destino a
procedente de

Other useful words and expressions

hay que
a veces
de vez en cuando

dentro de poco
debajo de

¡Con permiso!
abrochado(a)

Repaso cumulativo

Repasa lo que ya has aprendido

These activities will help you review and remember
what you have learned so far in Spanish.

 Escucha las expresiones. Indica en una tabla como la de abajo si tienes que usar el verbo saber o conocer.

saber	conocer

 Completa con verbos apropiados.

Álvaro Irizarry ___1___ un muchacho alto y guapo.
Él ___2___ de San Juan, la capital de Puerto Rico. Puerto
Rico ___3___ una isla tropical en el mar Caribe. En la isla
siempre ___4___ calor y el tiempo ___5___ muy bueno con
mucho sol. A Álvaro y a sus amigos les ___6___ mucho ir
a la playa donde ___7___ una tarde agradable. Si ___8___
hambre, ___9___ a uno de los carritos que ___10___ en la
playa donde ___11___ una empanada deliciosa.

CULTURA

Una playa en la isla de Vieques en
Puerto Rico

 Repasa tu vocabulario. Prepara una lista de todos los artículos de ropa que ya aprendiste en español.

 Contesta.

1. Va a hacer calor. ¿Qué vas a llevar?
2. Va a hacer frío. ¿Qué vas a llevar?
3. ¿Qué te gusta comer cuando tienes hambre?
4. ¿Qué te gusta beber cuando tienes sed?

 Escribe las frases y cambia las palabras indicadas a pronombres.

1. Juan vio *a Ana* después de las clases.
2. Él dio *los boletos* a Ana porque es su amiga buena.
3. Habló también *a Mateo y Gabriela*.
4. Ellos compraron un refresco *para Juan*.

Identifica el deporte.

1. El portero quiere bloquear el balón.

2. Es posible bajar una pista fácil para principiantes o una pista difícil para expertos.

3. Los jugadores corren de una base a otra.

4. El balón tiene que pasar por encima de la red.

5. Juegan con una pelota y una raqueta y la pelota tiene que pasar por encima de la red.

 Rompecabezas

 El intruso Choose the word in each group that does not belong and tell why it is **el intruso.**

1. banda   avión   carro   autobús

2. siempre   a veces   nunca   nadie

3. mar   pelota   ola   piscina

4. cama   silla   falda   mesa

5. leer   patinar   escribir   estudiar

 Contesta.

1. Ellos están jugando voleibol. ¿Tiene que pasar el balón por encima de la red o debajo de la red?

2. Mi padre está trabajando en nuestro jardín. ¿Él está cerca de nuestra casa o lejos de nuestra casa?

3. La agente trabaja en el mostrador de la línea aérea en el aeropuerto. ¿Está delante del mostrador o detrás del mostrador?

4. La pasajera está facturando su equipaje en el aeropuerto. ¿Está delante del mostrador o detrás del mostrador?

5. Abordo del avión, ¿es necesario poner el equipaje de mano debajo del asiento o sobre el asiento?

CULTURA

Los pasajeros están esperando delante del mostrador de una línea aérea en el aeropuerto de Ezeiza en Buenos Aires, Argentina.

¡Una rutina diferente!

Vamos a comparar ¿Qué haces cada día desde el momento que te levantas hasta que te acuestas? Muchas cosas de la rutina diaria pueden ser aburridas, ¿no? Vas a ver si los jóvenes en España y Latinoamérica tienen la misma rutina. Pero vas a observar también que hay maneras de cambiar la rutina—sobre todo si decides viajar con un grupo de jóvenes por un país hispano.

Objetivos

You will:

- identify more parts of the body
- talk about your daily routine
- talk about backpacking and camping

You will use:

- reflexive verbs
- commands with **favor de**

◀ Estos jóvenes están viajando por España con sus mochilas. A muchos jóvenes les gusta ser excursionistas o mochileros. De estas dos parejas, una es escandinava y la otra es norteamericana.

QuickPass

Go to glencoe.com
For: Online book
Web code: ASD9304c11

Introducción al tema

¡Una rutina diferente!

Look at these photographs to acquaint yourself with the theme of this chapter. What activities are part of your daily routine? What activities do you enjoy doing occasionally? What do you think **una rutina diferente** refers to? In this chapter you will learn to talk about daily activities, but you will also see that many fun opportunities in Spain and Latin America await anyone with a spirit of adventure.

México La muchacha mexicana se cepilla. Tiene el pelo largo, ¿no? ▶

Perú El cartel que vemos aquí se encuentra delante de un albergue juvenil en Barranco, un barrio de Lima, Perú. ▼

▲ **México** Mochileros en Oaxaca, México

España El joven da una caminata por los Picos de Europa en Asturias en el norte de España. ▶

364

Argentina Un camping rodeado de un paisaje espectacular en el Parque Nacional Los Glaciares en la Patagonia, Argentina ▶

OBELISCO CAMPING

- MOCHILAS
- BOLSAS de DORMIR
- CARPAS
- ART. P/ESCALADA
- ACCESORIOS

Argentina
Una mochila puede llevar muchas cosas—aun un saco de dormir o, como indica el cartel en una tienda de camping en Buenos Aires, una bolsa de dormir. ▶

Chile La muchacha tiene su saco de dormir y su carpa en un camping en una reserva natural en Chile. ▼

Perú Estos jóvenes peruanos están viajando de mochileros por la región andina de su país. Están practicando una rutina importante. Tienen que cepillarse los dientes. ▼

El cuerpo humano

la cabeza

la espalda

el codo

el brazo derecho

el dedo

la pierna

la rodilla

el pie

la mano izquierda

Para mantenerse en forma, Cristina se estira.

La rutina diaria

despertarse

tomar una ducha

lavarse la cara

lavarse el pelo

cepillarse (lavarse) los dientes

peinarse

el espejo

mirarse

sentarse

¡Hola!
Me llamo Roberto.
¿Y tú? ¿Cómo te llamas?

El muchacho se llama Roberto.

Ana se levanta temprano.
No se queda en la cama.
Se levanta enseguida. Ella es madrugadora.
Le gusta levantarse temprano.

Roberto se acuesta tarde.
Se acuesta a las once y media de la noche.
Él se duerme enseguida.
Él duerme ocho horas.

Elena tiene frío.
Se pone un suéter.

Elena tiene calor.
Se quita el suéter.

¡UNA RUTINA DIFERENTE!

QuickPass

Go to glencoe.com
For: **Vocabulary practice**
Web code: ASD9304c11

ESCUCHAR

1 Escucha las frases. Parea cada frase con el dibujo que describe.

a.

b.

c.

d.

e.

f.

HABLAR • ESCRIBIR

2 Contesta.

1. Cuando Marisol se despierta, ¿se levanta enseguida?
2. Cuando Carlos se despierta, ¿se queda en la cama?
3. Cuando Vicente se peina, ¿se mira en el espejo?
4. Cuando Juanita se lava el pelo, ¿usa agua caliente?
5. Cuando Tomás toma el desayuno, ¿se sienta a la mesa?
6. Cuando Julia se acuesta, ¿se duerme enseguida?
7. ¿Cuándo se levanta un madrugador? ¿Temprano por la mañana o tarde?
8. Cuando Ricardo se levanta, ¿se estira?

3 Rompecabezas

Cambia una letra en cada palabra para formar una palabra nueva.

1. como
2. dolor
3. cada
4. coche

5. tocar
6. peso
7. gano
8. hola

LEER

4 Parea para hacer una frase larga.

1. Él se pone un suéter   a. porque va a comer.
2. Ella se lava las manos   b. porque se peina.
3. Ella se cepilla los dientes   c. porque tiene calor.
4. Él se mira en el espejo   d. porque acaba de comer.
5. Ella se quita el suéter   e. porque tiene frío.

InfoGap For more practice using your new vocabulary, do Activity 11 on page SR13 at the end of this book.

HABLAR • ESCRIBIR

5 **Juego** ¡Corrige todas las frases absurdas!

1. **Cada pierna tiene una mano y la mano tiene un dedo.**
2. **El codo está en la pierna y la rodilla está en el brazo.**
3. **La cara está en la espalda.**
4. **Los dientes están en el pelo.**
5. **La boca y los ojos están en la rodilla.**

✿ Comunicación

6 Pick someone in your family and describe his or her weekday routine to the class.

LEER

7 **Juego** Race with a partner to see who can be the first to put José's activities in the correct order.

José se levanta.

José se duerme enseguida.

José se lava la cara y los dientes en el cuarto de baño.

José va al comedor y toma el desayuno.

José se despierta.

José se acuesta.

José se quita la ropa.

CULTURA
La muchacha se mira en el espejo para ver si el pantalón le queda bien.

Vocabulario 2

presentación

VIDEO To practice your new words, watch **Vocabulario en vivo.**

El camping

una carpa, una tienda de campaña

un saco (una bolsa) de dormir

Para conversar

¡Ya voy!

Alex, favor de venir acá. Favor de ayudarme con la carpa.

Los amigos van de camping.
Lo están pasando bien. Se divierten mucho.
Los jóvenes arman (montan) una carpa.

¿Qué llevan en su mochila?

En otras partes

- In addition to **una barra** you will also hear **una pastilla.** You will also hear **pasta dentífrica** as well as **crema dental.**
- Una **tienda de campaña** is more common in Spain, **una carpa** in Latin America.

una barra de jabón

un peine

un cepillo

un rollo de papel higiénico

el champú

un tubo de crema dental

un cepillo de dientes

370 *trescientos setenta*

CAPÍTULO 11

VIDEO To go hiking with new friends, watch **Diálogo en vivo.**

Los mochileros dan una caminata.
Dan una caminata por un parque nacional.

Andrea se acuesta en la carpa.
Duerme en un saco de dormir.

¡Así se dice!

Note that when someone calls and you want to respond *I'm coming* you say: **¡Ya voy!**

¡UNA RUTINA DIFERENTE!

trescientos setenta y uno **371**

QuickPass

Go to glencoe.com
For: **Vocabulary practice**
Web code: **ASD9304c11**

ESCUCHAR

1 Escucha las frases. Indica en una tabla como la de abajo si cada frase es correcta o no.

sí	no

CULTURA

Los amigos están de camping en Chile durante el mes de abril. En Chile es el otoño.

HABLAR • ESCRIBIR

2 Contesta sobre un grupo de amigos que van de camping.
1. ¿Van de camping los amigos?
2. ¿Se divierten en el camping?
3. ¿Qué montan (arman)?
4. ¿En qué duermen?
5. ¿Dónde ponen sus sacos de dormir?
6. ¿Quiere José ayuda para montar la carpa?
7. ¿A ti te gusta el camping?

EXPANSIÓN

Sin mirar las preguntas, da toda la información que recuerdas en tus propias palabras. Si no recuerdas algo, un(a) compañero(a) te puede ayudar.

LEER • HABLAR • ESCRIBIR

3 Completa con una palabra apropiada.
1. María va a cepillarse los dientes. Necesita _____ y _____.
2. Tomás va a tomar una ducha. Necesita _____.
3. Carlos quiere peinarse. Necesita _____.
4. Julia quiere lavarse el pelo. Necesita _____.
5. Claudia va a cepillarse el pelo. Necesita _____.

El joven toma una ducha en agua fría pero no le molesta.

LEER

4 Parea las palabras que significan lo mismo.
1. la carpa
2. armar
3. los que llevan una mochila
4. lo pasa bien
5. el paseo largo

a. los mochileros
b. se divierte
c. la tienda de campaña
d. montar
e. la caminata

Comunicación

5 Estás en una farmacia. Quieres comprar los siguientes objetos. Conversa con el/la empleado(a).

ESCRIBIR

6 Rompecabezas

Join two puzzle pieces to form a word. When you have finished, you should have nine words. Do not use any piece more than once.

jo nata ce pa

espe ro cami

pú pillo ja cham recho

car tes dien dilla bón

de

CULTURA
Los mochileros dan una caminata.

¡UNA RUTINA DIFERENTE!

QuickPass

Go to glencoe.com
For: **Grammar practice**
Web code: ASD9304c11

Verbos reflexivos

1. Read the following sentences as you look at the illustrations.

Federico lava el carro.
Federico lo lava.

Federico se lava.

Julia cepilla al perro.
Julia lo cepilla.

Julia se cepilla.

Pedro mira a su amigo.
Pedro lo mira.

Pedro se mira en el espejo.

Conexiones

El inglés

The reflexive construction exists in English too, but it is used in fewer situations than in Spanish. Here are a few examples of the reflexive in English.

I saw myself in the mirror.
The baby fed herself.
They enjoyed themselves.

In the sentences to the left, one person performs the action and another person or thing receives the action. In the sentences to the right, the same person performs and receives the action of the verb. For this reason the pronoun **se** must be used. **Se** is called a reflexive pronoun because it refers back to the subject—**Federico, Julia, Pedro.**

2. Study the forms of a reflexive verb. Pay particular attention to the pronoun that goes with each form of the verb. It is called a "reflexive pronoun."

lavarse			
yo	**me** lavo	nosotros(as)	**nos** lavamos
tú	**te** lavas	*vosotros(as)*	**os** *laváis*
Ud., él, ella	**se** lava	Uds., ellos, ellas	**se** lavan

levantarse			
yo	**me** levanto	nosotros(as)	**nos** levantamos
tú	**te** levantas	*vosotros(as)*	**os** *levantáis*
Ud., él, ella	**se** levanta	Uds., ellos, ellas	**se** levantan

3. In the negative form, **no** is placed before the reflexive pronoun.

> **¿No te lavas las manos?**
> **La familia Martínez no se levanta tarde.**

4. In Spanish, when you refer to parts of the body and articles of clothing in a reflexive sentence, you often use the definite article, not the possessive adjective.

> **Me lavo la cara.**
> **Ella se cepilla los dientes.**
> **Él se pone el suéter.**

5. Note that the reflexive pronoun is added to the infinitive.

> **El niño quiere acostarse.**
> **Voy a lavarme las manos.**
> **¿Quieres quitarte la chaqueta?**

CULTURA

Los aficionados van a divertirse mucho durante el concierto que va a dar Enrique Iglesias en la Ciudad de México.

Práctica

ESCUCHAR • HABLAR • ESCRIBIR

1 Contesta.

1. ¿Se levanta tarde o temprano Gregorio?
2. ¿Se lava por la mañana o por la noche?
3. ¿Se lava los dientes antes o después del desayuno?
4. ¿Se pone un suéter cuando hace frío?
5. ¿Se quita el suéter cuando tiene calor?

HABLAR • LEER

2 Completa las conversaciones con un pronombre.

1. ¿A qué hora _____ levantas?
   Soy madrugador(a). _____ levanto temprano, a las seis y media.

2. ¿_____ cepillas los dientes con frecuencia?
   Sí, _____ cepillo los dientes unas cuatro veces al día.

3. ¿_____ peinas con frecuencia?
   No, no _____ peino con frecuencia.

4. ¿A qué hora _____ despertaste esta mañana?
   _____ desperté a las siete.

5. Y, ¿a qué hora _____ acostaste anoche?
   Anoche _____ acosté a las diez y media.

HABLAR

3 Trabaja con un(a) compañero(a). Preparen una conversación según el modelo.

MODELO

—¿Te cepillas?
—Sí, me cepillo.

Conexiones

La salud

Aquí tienes unas sugerencias importantes para mantenerte en buena salud. Debes

- dormir entre siete y ocho horas cada noche
- tomar un buen desayuno
- lavarte las manos antes de comer
- cepillarte los dientes después de comer

 1. 2. 3. 4.

HABLAR • ESCRIBIR

4 Personaliza. Da respuestas personales.

1. ¿Cómo te llamas?
2. Y tu(s) hermano(s), ¿cómo se llama(n)?
3. ¿Cómo se llama tu profesor(a) de español?

CULTURA

Es una clase de español en Santa Fe, Nuevo México. La profesora se llama señora Brown. Parece que los alumnos se divierten mucho en clase, ¿no?

LEER • ESCRIBIR

5 Completa con un pronombre reflexivo y la forma correcta del verbo.

Hola. Yo __1__ llam__2__ Jorge y mi amigo __3__ llam__4__ Felipe. Felipe y yo no __5__ levant__6__ a la misma hora porque él es madrugador y yo no. Él __7__ levant__8__ temprano y yo __9__ levant__10__ tarde. Y tú, ¿__11__ levant__12__ tarde como yo o __13__ levant__14__ temprano como Felipe?

LEER • ESCRIBIR

6 Completa con un pronombre.

1. Quiero levantar__ temprano.
2. Niño, tienes que peinar__.
3. Vamos a lavar__ las manos.
4. ¿No quieres poner__ un suéter? Está haciendo frío.
5. Tienen que cepillar__ los dientes después de cada comida.

HABLAR

7 **Juego** Think of an object from this chapter. Your partner will ask **sí/no** questions which you will answer in complete sentences. If your partner guesses it in five questions or less, he or she wins. If you stump your partner, you win. Then reverse roles.

VIDEO Want help with reflexive verbs? Watch **Gramática en vivo.**

Verbos reflexivos de cambio radical

1. The reflexive verbs **acostarse** (o → ue), **dormirse** (o → ue), **sentarse** (e → ie), **despertarse** (e → ie), and **divertirse** (e → ie) are stem-changing verbs.

acostarse			
yo	me acuesto	nosotros(as)	nos acostamos
tú	te acuestas	vosotros(as)	os acostáis
Ud., él, ella	se acuesta	Uds., ellos, ellas	se acuestan

divertirse			
yo	me divierto	nosotros(as)	nos divertimos
tú	te diviertes	vosotros(as)	os divertís
Ud., él, ella	se divierte	Uds., ellos, ellas	se divierten

2. Many verbs in Spanish can be used with a reflexive pronoun. Often the reflexive pronoun gives a different meaning to the verb. Study the following examples.

Ana pone su blusa en su mochila.	*Ana puts her blouse in her backpack.*
Ana se pone la blusa.	*Ana puts on her blouse.*
Ana duerme ocho horas.	*Ana sleeps eight hours.*
Ana se duerme enseguida.	*Ana falls asleep immediately.*
Ana llama a Carlos.	*Ana calls Carlos.*
Ella se llama Ana.	*She calls herself Ana. (Her name is Ana.)*
Ana divierte a sus amigos.	*Ana amuses her friends.*
Ana se divierte.	*Ana amuses herself. (Ana has a good time.)*

CULTURA
La joven ciclista se divierte en el Parque de la Ciudadela en Barcelona.

Práctica

ESCUCHAR • HABLAR • ESCRIBIR

8 Personaliza. Da respuestas personales.

1. ¿Duermes en una cama o en un saco de dormir?
2. Cuando te acuestas, ¿te duermes enseguida?
3. Por la mañana, ¿te quedas en la cama cuando te despiertas?
4. A veces, ¿despiertas a tus hermanos?
5. ¿Ellos se enfadan cuando los despiertas?
6. ¿Te sientas a la mesa para tomar el desayuno?
7. ¿Te diviertes en la escuela?
8. ¿Diviertes a tus amigos?

CULTURA

El muchacho acaba de despertarse pero está cansado y no quiere levantarse. Quiere quedarse en la carpa.

LEER • ESCRIBIR

9 Completa sobre un día que María pasa en la playa.

1. María _____ su traje de baño en su mochila. Cuando llega a la playa ella _____ el traje de baño.
2. En la playa María ve a un amigo. Su amigo _____ Luis. Ella _____ a su amigo.
3. María y sus amigos lo pasan muy bien en la playa. Ellos _____ mucho y como María es muy cómica ella también _____ mucho a sus amigos.
4. Después de pasar el día en la playa, María está muy cansada. Cuando ella se acuesta, _____ enseguida y _____ más de ocho horas.

LEER • ESCRIBIR

10 Completa.

Cuando yo __1__ (acostarse), yo __2__ (dormirse) enseguida. Cada noche yo __3__ (dormir) ocho horas. Yo __4__ (acostarse) a las once y __5__ (levantarse) a las siete de la mañana. Cuando yo __6__ (despertarse), __7__ (levantarse) enseguida. Pero cuando mi hermana __8__ (despertarse), ella no __9__ (levantarse) enseguida. Y mi hermano, cuando él __10__ (acostarse), no __11__ (dormirse) enseguida. Él pasa horas escuchando música en la cama. Así él __12__ (dormir) solamente unas seis horas.

CULTURA

La playa de Nerja en el sur de España

Comunicación

11 Work with a partner and discuss your typical daily routines. Share your results with your classmates.

Más práctica

Workbook, p. 11.9
StudentWorks™ Plus

Mandatos con favor de

1. The expression **favor de** followed by the infinitive is a very useful way to give a command to tell someone what to do. It is very polite and you can use **favor de** with a friend, an adult, or any group of people.

> **Favor de venir aquí (acá).**
> **Favor de no hablar.**
> **Favor de volver pronto.**

2. Whenever a pronoun is used with the infinitive, the pronoun is attached to it.

> **Favor de ayudarme.**
> **Favor de traerme el menú.**
> **Favor de darme el libro.**
> **Favor de levantarte.** *(to a friend)*
> **Favor de levantarse.** *(to an adult or group of friends)*

Favor de
lavarse las manos

Práctica

LEER • HABLAR

12 Escoge.

> un amigo   un adulto o un grupo de personas

  1. Favor de sentarte.
  2. Favor de sentarse aquí.
  3. Favor de quitarte las botas.
  4. Favor de ponerte los zapatos.
  5. Favor de quedarse aquí.
  6. Favor de lavarte las manos.
  7. Favor de levantarse.

Comunicación

13 You and a friend are planning to do something, for example, take a trip. There are many things you need to do to get ready and you need help. Make a diagram similar to the one below and tell your partner what to do to help. Take turns.

buscar algo   llamar un taxi

comprar los boletos   hacer la maleta

hacer un viaje

FOLDABLES®
Study Organizer

MINIATURE MATCHBOOK

See page SH26 for help with making this foldable. With a partner discuss your daily routines using reflexive verbs. On the front of each matchbook draw something you do every day. On the inside your partner will write a sentence about the picture using the appropriate reflexive verb.

PRONUNCIACIÓN

La h, la y y la ll

H in Spanish is silent. It is never pronounced. Repeat the following.

hijo	helado	higiénico	hola
hace	hermano	huevos	hispano

Y in Spanish can be either a vowel or a consonant. As a vowel, it is pronounced exactly the same as the vowel **i**. Repeat the following.

el hijo y el hermano
el hotel y el hospital

Y is a consonant when it begins a word or a syllable. As a consonant, **y** is pronounced similarly to the **y** in the English word *yo-yo*. This sound has several variations throughout the Spanish-speaking world. Repeat the following.

ya	desayuno	ayuda	playa
yo	oye	leyó	

Ll is pronounced as a single consonant in Spanish. In many areas of the Spanish-speaking world, it is pronounced the same as the **y**. It too has several variations. Repeat the following.

llama	botella	taquilla	toalla	lleva
llega	pastilla	llueve	rollo	cepillo

Dictado

Pronounce the following sentences carefully. Then write them to prepare for a dictation.

> La hermana habla hoy con su hermano en el hotel.
> Está lloviendo cuando ella llega a la calle Hidalgo.
> El hombre lleva una botella de agua a la playa bella.
> Él no lo oyó; lo leyó.

Gramática

Refrán

Can you guess what the following proverb means?

Quien mucho duerme, poco aprende.

¡Bravo!

You have now learned all the vocabulary and grammar in this chapter. Continue to use and practice all that you know while learning more cultural information. ¡Vamos!

Conversación

De camping

Rafael A ti te gusta mucho el camping, ¿no?

Pablo A mí, sí.

Rafael La verdad es que no me interesa mucho. ¿Dónde duermes? ¿Te acuestas al aire libre?

Pablo No. Siempre voy con uno o dos amigos y montamos una carpa. Y dormimos en un saco de dormir.

Rafael ¿Qué hacen para comer?

Pablo Muy fácil. Preparamos hamburguesas y salchichas en una barbacoa.

Rafael Hay muchos insectos, ¿no?

Pablo Pues, hay. Pero, ¡qué va! No nos molestan.

Rafael ¿Cómo pasan el día entero? ¿No se aburren?

Pablo Al contrario, damos caminatas y nadamos en el lago. Nos acostamos temprano porque nos levantamos temprano también.

Rafael Me parece que tienen que levantarse cuando se levanta el sol.

Pablo Sí, pero no me molesta porque soy madrugador. Pero hay una cosa que no me gusta.

Rafael ¿Verdad? ¿Qué?

Pablo Lavarme en agua fría.

¿Comprendes?

A Completa según la información en la conversación.

1. A _____ le gusta el camping.
2. A _____ no le interesa mucho.
3. Cuando Pablo y su(s) amigo(s) van de camping, montan _____.
4. Duermen en _____.
5. Comen _____.
6. Las preparan en _____.
7. _____ no les molestan.
8. Durante el día _____.
9. Se acuestan temprano porque _____.
10. A Pablo no le gusta _____.

B **Resumiendo** Relata la información en la conversación en tus propias palabras.

C **Comparando** Compara y contrasta los gustos de Rafael y Pablo.

D **Dando opiniones** ¿Estás de acuerdo con las opiniones de Rafael o de Pablo sobre el camping?

GeoVistas

To learn more about Chile, take a tour on pages SH58–SH59.

CULTURA

Saltos del Petrohué cerca del lago Llanquihue en Chile

Antes de leer

Have you ever done any backpacking? When and where? If not, do you think you would like to? Think about it. Would you rather go camping or stay in a youth hostel? Explain why.

✔ **Reading Check**

¿Llevan maletas los jóvenes?

Durante la lectura

How would you like to travel and make new friends from around the world? Would it be fun?

✔ **Reading Check**

¿Por qué van a albergues juveniles?

✔ **Reading Check**

¿Cuáles son unas inconveniencias?

Después de leer

After reading, are your opinions the same about backpacking around the globe?

Los mochileros

Si decides hacer un viaje por España o Latinoamérica con un grupo de amigos, vas a encontrar a muchos jóvenes de muchas nacionalidades haciendo turismo también. Todos tienen el deseo de ver y conocer el mundo. Pero como no tienen mucho dinero, tienen que viajar de una manera económica. ¿Tú no tienes mucho dinero tampoco? Pues, no hay problema. Como los otros aventureros, puedes poner todo lo que necesitas en una mochila grande y salir a ver el mundo.

Vamos a hablar con un mochilero típico. Se llama Antonio. Es de Tejas.

—Me encanta viajar y ver el mundo y lo hago sin mucho dinero. Como en restaurantes económicos y a veces mis compañeros y yo vamos a un mercado donde compramos comida para un picnic. Por lo general pasamos la noche en un albergue juvenil. Son muy económicos pero sus facilidades son limitadas. No tienes baño privado. Te levantas por la mañana y a veces tienes que lavarte en agua fría porque no hay agua caliente. Pero a mí no me importan estas pequeñas inconveniencias. Lo importante es poder hacer nuevos amigos de todas partes del mundo y llegar a apreciar sus costumbres y manera de vivir. ¿Qué te parece? ¿Por qué no nos encontramos un día en México o Chile?

—¡Hola! Me llamo Antonio y soy de Texas. Me encanta viajar con mi mochila y ver el mundo. Soy un verdadero trotamundos.

¿Comprendes?

Más práctica
📕 Workbook, p. 11.10
💿 StudentWorks™ Plus

A **Recordando hechos** Contesta.

1. ¿De dónde vienen los mochileros que viajan por España o Latinoamérica?
2. ¿Cuál es una cosa que tienen en común?
3. ¿Dónde comen los mochileros?
4. ¿Dónde se quedan los mochileros?

B **Describiendo** Describe.

1. un albergue juvenil
2. a un mochilero
3. a Antonio

C **Analizando** Contesta.

¿Cuáles son las ventajas, o conveniencias, y desventajas, o inconveniencias, de quedarse en un albergue juvenil?

D **Explicando** Antonio piensa que los jóvenes se divierten mucho y al mismo tiempo aprenden a apreciar a gente de muchas culturas. Explica el significado de su opinión.

CULTURA

Un hostal o albergue en Punta Arenas en la Patagonia chilena

CULTURA

Los jóvenes están en un camping en Burgos, España.

385

El camping 🎧♻

Hoy en día muchos turistas, sobre todo los mochileros jóvenes, llevan equipo para hacer camping. En Latinoamérica hay campings en los parques nacionales y reservas naturales. Pasar unas noches en un camping puede ser una experiencia agradable. Tienes la oportunidad de conocer a otros turistas y también a familias locales porque a muchas familias les gusta hacer camping. Es una manera económica de viajar.

Los campers se levantan temprano—cuando se levanta el sol. Pasan el día dando caminatas por unas regiones de una belleza natural increíble.

CULTURA

Campers al pie del Aconcagua en los Andes de Argentina. El Aconcagua es mucho más alto que el monte McKinley en Alaska.

De noche regresan al camping. Se sientan alrededor de una fogata[1] y preparan comida en la fogata o en una barbacoa. Después de un día de mucha actividad física y una buena comida todos están cansados y van a su carpa. Cada uno desenrolla su saco de dormir y enseguida se duerme. Y, ¿mañana? Otro día de experiencias nuevas.

Con solamente mochila, carpa y saco de dormir es posible disfrutar de[2] unas vacaciones estupendas rodeado de un paisaje espectacular.

[1]fogata   *bonfire*   [2]disfrutar de   *to enjoy*

¿Comprendes?

Escoge.

1. ¿Quiénes hacen camping?
   a. solo los mochileros
   b. solo los turistas de otros países
   c. los mochileros y otros turistas
   d. nadie

2. Los campings en Latinoamérica se encuentran en ____.
   a. las ciudades
   b. los alrededores de una ciudad
   c. zonas rurales
   d. caminatas

3. ¿Cuándo se levantan los campers?
   a. temprano por la mañana
   b. cuando regresan al camping
   c. cuando toman el sol
   d. de noche

4. Las montañas y los lagos ofrecen ____.
   a. una experiencia cultural
   b. un paisaje espectacular
   c. un viaje económico
   d. una comida estupenda

CULTURA

Los jóvenes dan una caminata en un valle andino en Chile.

Vocabulario

1 Escoge la palabra apropiada.

1. Hay cinco (dedos, pies) en cada mano.
2. Escribo con la (mano, pierna) izquierda.
3. Ana se estira (las piernas, los codos) antes de correr.
4. Cuando tengo dolor de (dientes, cabeza) no puedo leer bien.

2 Completa.

5. Los amigos van de camping. Arman una _____.
6. Es mi amiga. ¿Quieres saber su nombre? Ella _____ _____ Susana.
7–8. El joven _____ _____ a las diez y media de la noche. Pero no _____ _____ enseguida porque pasa una hora leyendo en la cama.
9. Necesito _____. Voy a lavarme el pelo.
10. No puedo hacerlo. ¿Me puedes _____?
11. Los mochileros dan una _____ por el parque nacional.

Gramática

3 Contesta.

12. ¿Cómo te llamas?
13. ¿A qué hora te levantas?
14. ¿A qué hora te acuestas?

4 Completa.

15. Yo _____ a la mesa. (sentarse)
16. ¿Tú _____ a qué hora? (acostarse)
17. Ellos _____ Raúl y Magdalena. (llamarse)
18. Nosotros _____ enseguida. (dormirse)
19. Yo _____ las manos. (lavarse)
20. Ustedes _____ en la sala. (sentarse)
21. Ellos _____ mucho. (divertirse)
22. Ella _____ temprano cada día. (despertarse)

To review **Vocabulario 1,** turn to pages 366–367.

To review **Vocabulario 1** and **Vocabulario 2,** turn to pages 366–367 and 370–371.

To review **los verbos reflexivos,** turn to pages 374–375 and 378.

5 **Forma frases.**

23. tú / sentarse / para comer

24. usted / acostarse / a las diez de la noche

25. mis primos / llamarse / Carlos y Felipe

26. yo / cepillarse / los dientes

27. nosotros / divertirse / durante una fiesta

28. ustedes / ponerse / los guantes

6 **Completa con un pronombre si es necesario.**

29. Ella _____ mira en el espejo cuando se peina.

30. Ella _____ mira a la profesora.

31. Yo _____ lavo a mi perro.

32. Yo _____ lavo antes de ir a la escuela.

7 **Escribe un mandato con favor de. Sigue el modelo.**

MODELO   **No como.**
          Favor de comer.

33. No salgo.

34. No leo las notas.

35. No escribo la tarea.

36. No paso la sal.

To review **favor de,** turn to page 380.

To review this cultural information, turn to pages 384–385.

Cultura

8 **Contesta.**

37. ¿Cómo viajan muchos jóvenes en España y Latinoamérica?

38. ¿Dónde pasan la noche?

39. ¿Cómo son los albergues?

40. ¿Por qué a los jóvenes les gustan los albergues juveniles?

CULTURA
El camping es muy popular en Asturias, España.

1 **Mi familia**

✓ *Talk about family routines*

Work with a classmate. Discuss your family routines. What things do you and your family typically do and at what times? Do your families have similar routines or are they quite different?

2 **No es siempre igual.**

✓ *Compare your weekday and weekend routines*

Most people like a change of pace on the weekend. Compare the things you do or do not do during the week with the things you do or do not do during the weekend.

CULTURA

Están tomando una siesta en hamacas en un camping en las afueras de Santa Marta, Colombia.

3 **Una excursión de camping**

✓ *Talk about a camping trip*

Work with a classmate. A friend's family invited you both to join them on a camping trip. Discuss the things you will need to take. Also discuss some of the things you'll probably do during the camping trip.

4 **Un día ideal**

✓ *Talk about your ideal day*

Interview a classmate to find out about his or her ideal day. Take turns. See who can come up with the most original ideas. Share the information with the class.

5 **Favor de...**

✓ *Ask someone to do something*

Work with a classmate and tell each other to do things. Act out what you're told to do.

Prepárate para el examen
Practice for written proficiency

Tarea

For the next week keep **un diario** *(diary)* in Spanish. Write down everything you do in the course of each day.

Writing Strategy

Writing in a journal There are many types of personal writing. One example of personal writing is keeping a journal. One type of journal writing involves writing about what you do each day, along with your thoughts and impressions about these events or activities. It's similar to "thinking out loud."

❶ Prewrite

- Find a notebook or journal in which you will feel comfortable writing.
- Decide what time of day you will write in your journal, preferably before you go to bed.
- Remember that journal writing is informal, but in this case you still want to use correct vocabulary, grammar, and sentence structure. Use as many reflexive verbs as you can. Don't try to write anything you haven't learned yet.

- To help refresh your memory, ask yourself questions such as the following: What did I do when I woke up? Did I go to school? What did I do at school? What did I do after school? Did I eat dinner with my family? What homework did I do? Did I wash my hair? Many activities will be different for the weekend days.
- Read over your diary. Check for correct vocabulary, verb forms, and grammar.

❷ Write

Keeping a diary should be an enjoyable, thoughtful experience.

- Write the date at the top of the page. Write down your activities and thoughts for each day. Remember that your teacher will be reading it!

Evaluate

Don't forget that your teacher will evaluate you on your sequencing of events and activities, use of vocabulary, correctness of grammar and sentence structure, and the completeness of your message.

Repaso del Capítulo 11

Gramática

- ### Verbos reflexivos *(pages 374–375)*

  Review the forms of the reflexive verbs. These verbs have an extra pronoun that refers back to the subject because the subject is both the performer (doer) and receiver of the action of the verb.

lavarse			
yo	me lavo	nosotros(as)	nos lavamos
tú	te lavas	*vosotros(as)*	*os laváis*
Ud., él, ella	se lava	Uds., ellos, ellas	se lavan

- ### Verbos reflexivos de cambio radical *(page 378)*

  Some reflexive verbs have a stem change in the present. Review the following verbs.

acostarse			
yo	me acuesto	nosotros(as)	nos acostamos
tú	te acuestas	*vosotros(as)*	*os acostáis*
Ud., él, ella	se acuesta	Uds., ellos, ellas	se acuestan

divertirse			
yo	me divierto	nosotros(as)	nos divertimos
tú	te diviertes	*vosotros(as)*	*os divertís*
Ud., él, ella	se divierte	Uds., ellos, ellas	se divierten

- ### Mandatos con favor de *(page 380)*

  You can use the expression **favor de** followed by the infinitive to tell someone what to do. Review the following.

  Favor de empezar ahora.
  Favor de no poner la ropa aquí.

  Remember that when a pronoun is used with the infinitive, the pronoun is attached to it.

  Favor de ayudarme.

CULTURA

Los jóvenes se divierten al aire libre en el Parque Nacional de Cazorla en Andalucía, España.

There are a number of cognates in this list. See how many you and a partner can find. Who can find the most? Compare your list with those of your classmates.

Vocabulario

Stating daily activities

la rutina diaria	quedarse	peinarse	dormirse
despertarse	tomar una ducha	mirarse	ponerse (la ropa)
estirarse	lavarse	sentarse	quitarse (la ropa)
levantarse	cepillarse	acostarse	llamarse

Identifying articles for grooming and hygiene

el espejo	el peine	el tubo de crema	el rollo de papel
el champú	el cepillo de dientes	dental	higiénico
el cepillo		la barra de jabón	

Identifying more parts of the body

el cuerpo humano	la espalda	el dedo	la pierna
la cabeza	el brazo	la rodilla	el pie
los dientes	el codo		

Describing camping

el parque	el saco (la bolsa)	ir de camping	divertirse,
el camping	de dormir	montar, armar	pasarlo bien
la carpa, la tienda	el/la mochilero(a)	dar una caminata	
de campaña			

Other useful words and expressions

derecho(a)	el/la madrugador(a)	tener frío (calor)	acá
izquierdo(a)	el suéter	Favor de (+ *infinitive*)	¡Ya voy!

Repaso cumulativo

Repasa lo que ya has aprendido

These activities will help you review and remember
what you have learned so far in Spanish.

 Escucha las frases. Indica si la frase ocurre en el presente
o en el pasado.

en el presente	en el pasado

 Cambia al presente progresivo.

1. Él compra un juego de computadora.
2. Ellos hacen un álbum de fotografías electrónicas.
3. Compro un regalo para mi papá.
4. ¿Qué lees?
5. No comprendemos nada.
6. Ellos viven en Caracas.
7. ¡Vamos! Sale nuestro vuelo.
8. Hacen cola.

 Completa con una palabra apropiada.

1. Tengo que _____ una composición para mi clase
de inglés.
2. Mañana voy a _____ a la playa donde voy a _____
en el mar.
3. No tengo hambre porque acabo de _____.
4. Mis amigos acaban de _____ de Colombia donde
pasaron sus vacaciones.
5. Yo voy a _____ a la tienda porque tengo que _____
un regalo para el cumpleaños de Teresa.

 Forma frases en el presente.

1. nosotros / poder
2. nosotros / jugar
3. yo / querer
4. ella / pensar que sí
5. ellos / preferir

6. nosotros / querer
7. nosotros / volver
8. ustedes / volver
9. tú / tener que

Completa con ser o estar.

1. Quiero acostarme. _____ cansado(a).

2. José tiene que prepararse para un examen. _____ un poco nervioso.

3. Teresa no se siente bien. _____ enferma.

4. La muchacha se baña. El jabón que usa _____ muy bueno.

5. Los alumnos se duermen porque el profesor _____ muy aburrido y ellos _____ aburridos.

 Escribe el contrario.

1. El niño tiene algo en la boca.

2. Ellos siempre se acuestan muy temprano.

3. Yo siempre me duermo enseguida.

4. Alguien va a pie y alguien va en bicicleta.

5. Tenemos algo en la mochila.

 Mira los dibujos. Describe todo lo que ves.

Literary Reader

Contenido

_____

The literary selections in the pages
that follow will introduce you to Hispanic
literature while helping you to develop
reading skills and a better understanding
of Hispanic culture. These selections have
been carefully adapted to match your
developing language skills. As you draw
on your knowledge of Spanish grammar
and vocabulary and apply the reading
strategies you have learned, you will
discover that you are able to comprehend
and enjoy the selections. **¡A leer!**

◄ La biblioteca
de El Escorial, un
palacio y monasterio
cerca de Madrid,
construido en el siglo
dieciséis

El Cid

CULTURA

El héroe, el Cid, es famoso en Estados Unidos también. Aquí el Cid está montado a su caballo, Babieca, en una estatua en San Diego, California.

Vocabulario

Estudia las siguientes palabras y sus definiciones.

el rey monarca
el siglo un período de cien años
feliz contento(a), alegre
triste contrario de «feliz»
un pueblo una ciudad muy pequeña
enseguida inmediatamente, ahora mismo
por fin finalmente
luchar tener batallas

Práctica

Completa.

1. No vamos en una hora. Vamos _____, ahora mismo.
2. Estamos en el _____ veintiuno.
3. Es una persona _____. Siempre está contenta.
4. No. Él no es una persona alegre. Es una persona _____.
5. Él no tiene muchos amigos porque _____ con sus amigos.
6. Los reyes católicos son Fernando e Isabel. Fernando es el _____. Isabel es la reina.

INTRODUCCIÓN

El poema de mío Cid es el título del famoso poema épico español. Es de un autor anónimo. El poema canta de las acciones o hazañas del gran héroe, el Cid. Pero, ¿quién es el Cid?

El Cid

⌒1⌒

En el siglo XI nace el señor Rodrigo Díaz de Vivar en un pueblo pequeño cerca de Burgos en Castilla, España. Allí tiene una vida° feliz con su mujer, Jimena, y sus dos hijas.

Rodrigo Díaz de Vivar tiene el título de el Cid. El Cid es una palabra árabe. En aquel entonces° los árabes ocupan una gran parte de España.

Un día el Cid tiene un conflicto con el rey de Castilla, Alfonso. Por eso, tiene que abandonar la ciudad de Burgos. Está muy triste porque tiene que abandonar a su familia también. El Cid sale° de Burgos en su caballo, Babieca. Inmediatamente tiene que luchar contra los árabes. Lucha valientemente y mucha gente ayuda° al Cid en su lucha.

Después de mucho tiempo, llega° a Valencia. Es una ciudad que ocupan los árabes. El Cid tiene unas batallas horribles con los árabes y por fin el Cid y sus hombres conquistan la ciudad. Enseguida el Cid envía por su mujer (esposa) y sus dos hijas. El Cid reina en Valencia hasta su muerte° en mil noventa y nueve (1099).

una vida *life*

En aquel entonces *At that time*

sale *leaves*

ayuda *help*
llega *he arrives*

muerte *death*

CULTURA
Una vista de Burgos

CULTURA
Valencia, España

⌒2⌒

saben *learn*

ven *see*
tienen mucho miedo
they are scared

entierra *she buries*

Cuando los árabes saben° de la muerte del Cid, regresan a Valencia y atacan la ciudad. La mujer del Cid es muy astuta y tiene un plan. Ella embalsama a su marido y coloca su cadáver en su caballo Babieca. Cuando los árabes ven° al Cid en su caballo tienen mucho miedo° y escapan. Jimena toma la oportunidad de escapar también. Regresa a Burgos donde entierra° a su esposo en la famosa Catedral de Burgos. Hoy turistas de todas partes del mundo visitan las tumbas del Cid y de su valiente mujer, Jimena.

¿Comprendes?

A Buscando información Identifica.

    1. el otro nombre del Cid

    2. el nombre de la mujer del Cid

    3. el número de hijas que tienen el Cid y su mujer

    4. la ciudad de donde es el Cid

    5. el nombre del caballo del Cid

B Determinando Escoge.

    1. El Cid tiene que (abandonar, conquistar) la ciudad de Burgos.

    2. El Cid está (feliz, triste) cuando tiene que abandonar a su familia.

    3. Los (árabes, romanos) ocupan una gran parte de España durante la época del Cid.

    4. El Cid sale de Burgos (a pie, en su caballo).

    5. Durante su expedición de conquista el Cid llega a (Burgos, Valencia).

C Confirmando información ¿Sí o no?

    1. Los árabes regresan a Valencia después de la muerte del Cid.

    2. La mujer del Cid es una señora inteligente.

    3. Los árabes toman la ciudad de Valencia cuando saben de la muerte del Cid.

    4. La mujer del Cid regresa a Valencia donde entierra a su marido.

D Describiendo Describe.

    Describe el plan que tiene la mujer del Cid para engañar *(fool, deceive)* a los árabes.

E Analizando Contesta.

    ¿Qué acciones del Cid indican que es una persona buena?

MESON DEL CID

Vista tomada desde la fachada principal de la Catedral

Plaza Santa María, 8
Frente Fachada Principal Catedral
Tels. (947) 20 59 71 - 20 87 15
09003 BURGOS

CULTURA

Patio de los Leones de La Alhambra, una maravilla arquitectónica de los moros en Granada

Literatura 2

Una leyenda mexicana— Iztaccíhuatl y Popocatépetl

CULTURA

Los volcanes Iztaccíhuatl y Popocatépetl

Reading Tip

Remember that as you read you should look for cognates—words that look alike in both Spanish and English and have the same meaning. In this selection, you will come across the following cognates. Can you find others?

el volcán	el emperador	la torcha
el origen	la princesa	la montaña
la versión	la batalla	la erupción
el valle	suicidar	omnipotente
severo	posesiones	informar
horrible	flameante	victorioso

Vocabulario

Estudia las siguientes palabras y sus definiciones.

el cacique   el líder, el jefe
el guerrero   una persona que lucha en una batalla o guerra; un soldado
subir   ir hacia la parte superior
casarse   contraer matrimonio, tomar como esposo(a)
desconsolado(a)   muy triste
la leyenda   un cuento tradicional

Práctica

Expresa de otra manera.

1. ¿Es *el líder* de un grupo indígena?
2. Él está *triste* porque su madre está muy enferma.
3. Ellos tienen que *ir a la parte superior.*
4. Ellos van a *ser esposo y esposa.*
5. *Los soldados* luchan mucho. Toman parte en muchas batallas.

INTRODUCCIÓN

Cerca de la Ciudad de México hay dos volcanes gigantescos—el Iztaccíhuatl y el Popocatépetl. Hay una leyenda sobre el origen de los dos volcanes. Como muchas leyendas, la leyenda sobre Iztaccíhuatl y «Popo» tiene varias versiones. Aquí tenemos una versión popular.

Iztaccíhuatl y Popocatépetl

⇜ 1 ⇝

Antes de la llegada de Cristóbal Colón los aztecas viven en México. El emperador de los aztecas es un señor omnipotente y bastante severo. Hay otros grupos indígenas que viven en el valle de México que no están contentos con él. Están cansados de tener que dar sus posesiones y dinero a un emperador opresivo. Entre los grupos que no están contentos con él son los tlaxcaltecas.

El cacique de los tlaxcaltecas tiene una hija bonita, la princesa Iztaccíhuatl. La princesa está enamorada de° Popocatépetl, uno de los guerreros más valientes de su padre. Su padre envía a «Popo» a una batalla contra los aztecas. El padre promete° a Popocatépetl que puede tener la mano de su hija (tomar como esposa a su hija) si regresa victorioso. Popo está muy contento. Él va a ganar la batalla y la princesa va a ser su esposa.

El calendario azteca

enamorada de *in love with*

promete *promises*

Escenas de la vida en Tenochtitlán, la capital de los aztecas

CULTURA

Literatura 2

CULTURA

Plaza de las Tres Culturas,
Ciudad de México

❧2❧

pretendiente *suitor*
amado *loved one*
muerto *dead*

    Mientras Popocatépetl está ausente otro joven pretendiente° informa a Iztaccíhuatl que su amado° está muerto°; que pierde la vida en una batalla horrible. Él convence a Iztaccíhuatl a casarse con él.

    Después de poco Popocatépetl regresa victorioso de la batalla. Está muy feliz porque ahora piensa que va a casarse con Iztaccíhuatl. Cuando la princesa aprende del regreso de su amado está desconsolada. Ahora no puede casarse con él porque ya tiene esposo. No quiere vivir sin su «Popo». La desconsolada princesa se suicida.

❧3❧

brazos *arms*
hombros *shoulders*

enciende *lights*

sigue vigilando *keeps watch over*

    El padre de la princesa, el cacique, informa al soldado de la muerte de su hija. Popo toma a Iztaccíhuatl en sus brazos°. Levanta a su amada y con su cuerpo cargado en sus hombros° sube varias montañas. Cuando llega cerca del cielo coloca el cuerpo de Iztaccíhuatl en el pico de una de las montañas y enciende° una torcha. Empieza a nevar y dentro de poco la nieve cubre los dos cuerpos y forma dos volcanes majestuosos—el Iztaccíhuatl y el Popocatépetl. Aún hoy «Popo» sigue vigilando° a su querida (amada) Iztaccíhuatl y a veces vemos su torcha flameante con «Popo» cuando entra en erupción.

¿Comprendes?

A Recordando hechos Contesta.

1. ¿Quiénes viven en México antes de la llegada de Cristóbal Colón?
2. ¿Hay otros grupos indígenas también?
3. ¿Todos están contentos con los aztecas?
4. ¿Hay batallas entre los diferentes grupos?

B Describiendo Describe.

1. Describe al emperador de los aztecas.
2. Describe a Iztaccíhuatl.
3. Describe a Popocatépetl.
4. Describe la relación entre Iztaccíhuatl y Popocatépetl.

C Identificando Contesta.

¿Cuáles son las acciones o hazañas profesionales y personales de Popocatépetl?

D Explicando Explica.

1. por qué no puede Iztaccíhuatl ser la esposa de Popocatépetl
2. el origen y formación de los dos volcanes

CULTURA

Bailadores aztecas en el Zócalo, la Ciudad de México

La camisa de Margarita

de Ricardo Palma

Hay mucha influencia colonial en todas las ciudades peruanas como vemos aquí en la Plaza de Armas en Lima.

Nota

In this story you will come across the following words that describe money used in Peru in the eighteenth century. From the context of the reading you will be able to tell which were of little value and which were of great value. It is not necessary for you to learn these words: **un ochavo, un real, un maravedí, un duro, un morlaco.**

Vocabulario

Estudia las siguientes palabras y sus definiciones.

la guerra   una serie de luchas o batallas
el galán   un señor elegante
la flecha   lo que tira Cúpido en el corazón de una persona
el soltero   un joven que no está casado; que no tiene esposa
el suegro   el padre del marido o de la mujer
el sacerdote   un padre (religioso) católico
el pobretón   un muchacho pobre que no tiene dinero
el chisme   una historieta, un rumor
altivo(a)   arrogante
con mucha plata   que tiene mucho dinero, rico
gallardo   no tiene miedo; valiente

Práctica

A Contesta.

1. ¿Es un galán un tipo elegante o pobre?
2. ¿Tiene esposa un soltero?
3. ¿Tira flechas Cúpido? ¿En dónde entran sus flechas?
4. ¿Tiene un rico mucha o poca plata?
5. ¿Qué tipo de individuo es una persona altiva?

B Expresa de otra manera.

1. Él es un padre religioso.
2. Es el padre de mi mujer.
3. Es un tipo muy arrogante.
4. No es un joven que tiene mucho dinero.
5. No sé si es verdad. Es un rumor.
6. Es una serie de batallas horribles.

INTRODUCCIÓN

Ricardo Palma es uno de los hombres más famosos de letras peruanas de todos los tiempos. Él da origen a un nuevo género literario—la tradición. La tradición es una anécdota histórica.

Ricardo Palma publica sus *Tradiciones peruanas* en diez tomos de 1872 a 1910. Las tradiciones presentan la historia de Perú desde la época precolombina hasta la guerra con Chile (1879–1883). Las tradiciones más interesantes y más famosas son las tradiciones que describen la época colonial. *La camisa de Margarita* es un ejemplo de una tradición de la época colonial.

La camisa de Margarita

Cuando las señoras viejas de Lima quieren describir algo que cuesta mucho, ¿qué dicen°? Dicen:—¡Qué! Si esto es más caro que la camisa de Margarita Pareja.

Margarita Pareja es la hija mimada° de don Raimundo Pareja, un colector importante del Callao. La muchacha es una limeñita que es tan bella que puede cautivar° al mismo diablo°. Tiene unos ojos negros cargados° de dinamita que hacen explosión sobre el alma° de los galanes limeños.

Llega de España un arrogante joven llamado don Luis de Alcázar. Don Luis tiene en Lima un tío aragonés, don Honorato. Don Honorato es solterón y es muy rico. Si el tío es rico, no lo es el joven. No tiene ni un centavo.

2

En la procesión de Santa Rosa, don Luis ve a la linda Margarita. La muchacha le flecha el corazón. El joven le echa flores°. Ella no le contesta ni que sí ni que no. Pero con sonrisas y otras armas del arsenal femenino le da a entender al joven que es plato muy de su gusto.

Los enamorados° olvidan° que existe la aritmética. Don Luis no considera su presente condición económica un obstáculo. Va al padre de Margarita y le pide su mano°. Al padre de Margarita, don Raimundo, no le gusta nada la petición del joven arrogante. Le dice que Margarita es muy joven y no puede tomar marido.

Pero la edad de su hija no es la verdadera razón. Don Raimundo no quiere ser suegro de un pobretón. Les dice la verdad a sus amigos. Uno de ellos va con el chisme al tío aragonés. El tío—un tipo muy altivo, se pone° furioso.

—¡Cómo! ¡Desairar° a mi sobrino! No hay más gallardo en todo Lima. Ese don Raimundo va a ver . . .

dicen *do they say*

mimada *spoiled*

cautivar *captivate, charm*
diablo *devil*
cargados *charged*
alma *soul*

le echa flores *compliments her*

enamorados *lovers*
olvidan *forget*

le pide su mano *asks for her hand*

se pone *becomes*
Desairar *To snub*

☙3☙

peso *weight*

salvar *save*

morir *to die*

borrascoso *stormy*
matar *to kill*
culpa *blame*

jurar *to swear*
dejar *to leave*

Y la pobre Margarita se pone muy enferma. Pierde peso° y tiene ataques nerviosos. Sufre mucho. Su padre se alarma y consulta a varios médicos y curanderos. Todos declaran que la única medicina que va a salvar° a la joven no está en la farmacia. El padre tiene que permitir a la muchacha casarse con el hombre de su gusto.

Don Raimundo va a la casa de don Honorato. Le dice:
—Usted tiene que permitir a su sobrino casarse con mi hija. Porque si no, la muchacha va a morir°.

—No puede ser—contesta de la manera más desagradable el tío. —Mi sobrino es un pobretón. Lo que usted debe buscar para su hija es un hombre con mucha plata.

El diálogo entre los dos es muy borrascoso°.

—Pero, tío, no es cristiano matar° a quien no tiene la culpa°—dice don Luis.

—¿Tú quieres casarte con esa joven?

—Sí, de todo corazón, tío y señor.

—Pues bien, muchacho. Si tú quieres, consiento. Pero con una condición. Don Raimundo me tiene que jurar° que no va a regalar un ochavo a su hija. Y no le va a dejar° un real en la herencia—. Aquí empieza otra disputa.

☙4☙

dote *dowry*

tiene puesta *has on*

vestido de novia *wedding dress*
alfiler *pin*

cumple con *fulfills*

encajes *lace*

merecida *deserved*

—Pero, hombre, mi hija tiene veinte mil duros de dote°.

—Renunciamos a la dote. La niña va a venir a casa de su marido con nada más que la ropa que lleva o tiene puesta°.

—Entonces me permite regalar a mi hija los muebles y el vestido de novia°.

—Ni un alfiler°.

—Usted no es razonable, don Honorato. Mi hija necesita llevar una camisa para reemplazar la que lleva.

—Bien, usted le puede regalar la camisa de novia y se acaba, nada más.

Dice el padre de Margarita:—Juro no dar a mi hija más que la camisa de novia.

Y don Raimundo cumple con° su promesa. Ni en la vida ni en la muerte le da después a su hija un maravedí.

Los encajes° de Flandes que adornan la camisa de la novia cuestan dos mil setecientos duros. Además la camisa tiene muchos diamantes que tienen un valor de treinta mil morlacos.

Ahora sabemos por qué es muy merecida° la fama que tiene la camisa nupcial de Margarita Pareja.

¿Comprendes?

A **Recordando hechos** Contesta.

1. ¿Quiénes dicen:—¡Qué! Si esto es más caro que la camisa de Margarita Pareja?
2. ¿Quién es Margarita Pareja?
3. ¿Cómo es Margarita?
4. ¿Quién llega a Perú?
5. ¿De dónde viene?
6. ¿Quién es?
7. ¿Cómo es el tío?
8. ¿Cómo es el sobrino?

B **Buscando información** Completa.

1. Don Luis conoce a Margarita en _____.
2. Margarita le _____. Y don Luis le _____.
3. Don Luis no considera su condición económica _____.
4. Don Luis va al padre de Margarita y _____.
5. Al padre no le gusta nada _____.
6. No le gusta la petición porque _____.
7. Cuando el tío sabe lo que dice don Raimundo, él se pone _____.

C **Interpretando** In English, give your interpretation of the attitudes and actions of Margarita's father and Don Luis' uncle.

D **Analizando** Analyze the reasons that people say, **Si esto es más caro que la camisa de Margarita.**

E **Llegando a conclusiones** Tell what you think the consequences would have been if the uncle had not allowed Margarita to marry Don Luis.

F **Describiendo** Completa con las características de cada uno de los siguientes personajes.

CULTURA

Una calle colonial en el centro de Lima

Margarita Pareja	
don Luis de Alcázar	
don Raimundo	
don Honorato	

Student Resources

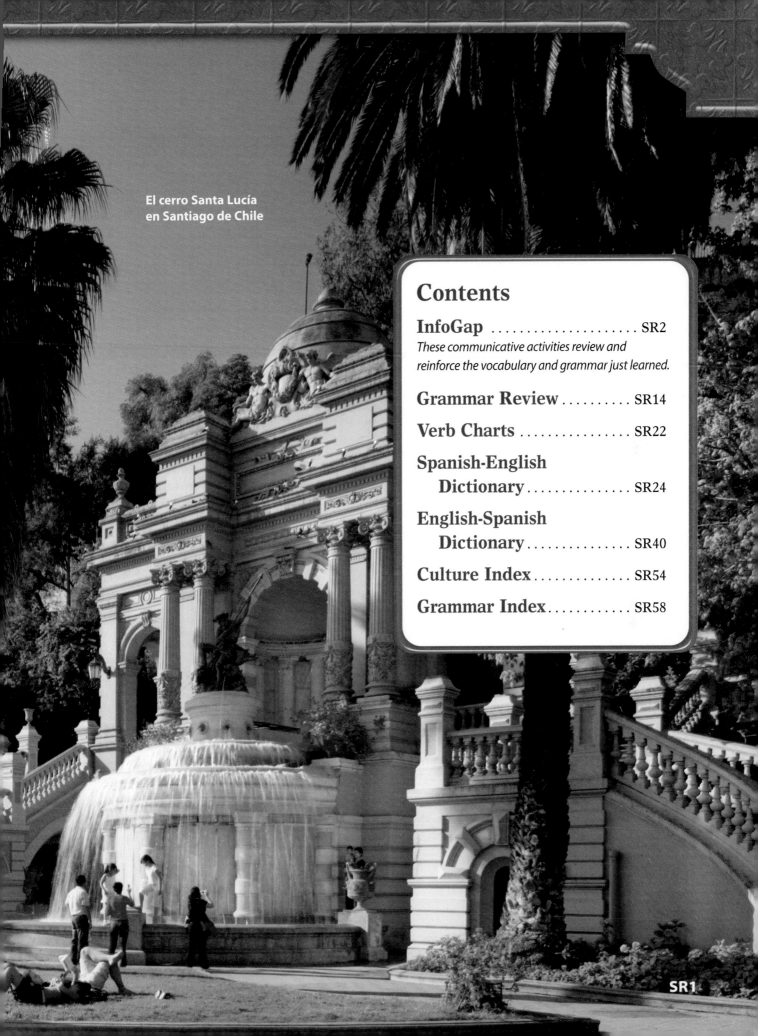

El cerro Santa Lucía
en Santiago de Chile

Contents

InfoGap

Activity LP

InfoGap

Alumno A Ask your partner the following questions. Correct answers are in parentheses.

1. ¿Qué día es hoy? *(Hoy es lunes.)*
2. ¿Cuál es la fecha de hoy? *(Hoy es el seis de julio.)*
3. ¿Qué hora es? *(Son las nueve y cuarenta y cinco.)*
4. ¿Qué tiempo hace? *(Hace [mucho] calor.)* or *(Hace mucho sol.)*

Alumno A Answer your partner's questions based on the pictures below.

1.

2.

3.

4.

Alumno B Answer your partner's questions based on the pictures below.

1.

2.

3.

4.

Alumno B Ask your partner the following questions. Correct answers are in parentheses.

1. ¿Qué día es hoy?
   (Hoy es jueves.)

2. ¿Cuál es la fecha de hoy?
   (Hoy es el diez de enero.)

3. ¿A qué hora es la clase de español? *(La clase de español es a la una y cincuenta.)*

4. ¿Qué estación es? *(Es el otoño.)*

Activity 1

Alumno A Ask your partner the following questions. Correct answers are in parentheses.

1. ¿Cómo es Marta, rubia o morena? *(Marta es morena.)*

2. ¿Cómo es Roberto, simpático o antipático? *(Roberto es simpático.)*

3. ¿Es Julio un amigo de Teresa? *(Sí, Julio es un amigo de Teresa.)*

4. ¿Cómo es Elena, cómica o seria? *(Elena es seria.)*

5. ¿Es Teresa una amiga de Julio? *(Sí, Teresa es una amiga de Julio.)*

Alumno A Answer your partner's questions based on the photos below.

Cristina

Sara

Diana/Alejandro

Alberto

Alumno B Answer your partner's questions based on the photos below.

Teresa/Julio   Elena

Alumno B Ask your partner the following questions. Correct answers are in parentheses.

1. ¿Es Alejandro un amigo de Diana? *(Sí, Alejandro es un amigo de Diana.)*

2. ¿Cómo es Sara, graciosa o seria? *(Sara es graciosa.)*

3. ¿Cómo es Cristina, rubia o morena? *(Cristina es rubia.)*

4. ¿Cómo es Alberto, simpático o antipático? *(Alberto es simpático.)*

5. ¿Es Diana una amiga de Alejandro? *(Sí, Diana es una amiga de Alejandro.)*

InfoGap

Activity 2

CAPÍTULO 2, Vocabulario 1, pages 58–59
(from Level 1A)

Alumno A Ask your partner the following questions. Correct answers are in parentheses.

1. ¿Quién es la hermana de Juan?
   (Elisa es la hermana de Juan.)

2. ¿Quién es la madre de Carlos?
   (Ana es la madre de Carlos.)

3. ¿Cuántas mascotas tiene Elisa?
   (Elisa tiene dos mascotas.)

4. ¿Tiene nietos Antonio?
   (Sí, Antonio tiene nietos.)

Alumno A Answer your partner's questions based on the photo below.

(from left to right) Lucas Alba, Lila Alba, Marcos Alba, Jorge Alba, Víctor Alba, Duque

Alumno B Ask your partner the following questions. Correct answers are in parentheses.

1. ¿Quién es el padre de Lucas?
   (Jorge es el padre de Lucas.)

2. ¿Tiene Víctor un perro?
   (Sí, Víctor tiene un perro.)

3. ¿Cuántos hijos tienen Lila y Jorge? *(Lila y Jorge tienen tres hijos.)*

4. ¿Quiénes son los hermanos de Marcos? *(Lucas y Víctor son los hermanos de Marcos.)*

Alumno B Answer your partner's questions based on the picture below.

Activity 3

Alumno A Ask your partner the following questions. Correct answers are in parentheses.

1. ¿Qué das al profesor? *(Doy un libro al profesor.)*

2. ¿Qué escuchas cuando estás en casa? *(Escucho la música cuando estoy en casa.)*

3. ¿Dónde están ustedes y con quiénes hablan? *(Estamos delante de la escuela y hablamos con nuestros amigos.)*

4. ¿Cuándo vas a la tienda? *(Voy a la tienda a las cuatro y veinte.)*

5. Profesores, ¿qué dan ustedes todos los viernes? *(Damos un examen todos los viernes.)* or *(Damos una prueba todos los viernes.)*

Alumno A Answer your partner's questions based on the photos below.

3.

5.

2.

4.

1.

Alumno B Answer your partner's questions based on the photos below.

1.

4.

2.

3.

5.

Alumno B Ask your partner the following questions. Correct answers are in parentheses.

1. ¿En qué clase estás a las diez? *(Estoy en la clase de ciencia a las diez.)*

2. ¿Con quiénes hablas cuando regresas a casa a pie? *(Hablo con mis amigas cuando regreso a casa a pie.)*

3. ¿A quién das el dinero? *(Doy el dinero a la empleada.)*

4. ¿Qué compras cuando vas a la tienda? *(Compro una carpeta cuando voy a la tienda.)*

5. ¿Dónde están ustedes y su gato? *(Estamos en la sala.)*

InfoGap

Activity 4

Alumno A Ask your partner the following questions. Correct answers are in parentheses.

Alumno A Answer your partner's questions based on the photos below.

1. ¿Qué toma Jaime? *(Jaime toma un batido de jugos tropicales.)*

2. ¿Qué lee Marisol? *(Marisol lee el menú.)*

3. ¿Qué va a comer Adriana? *(Adriana va a comer unos tostones.)*

4. ¿Quién habla con los amigos? *(El mesero habla con los amigos.)*

5. ¿Qué van a comer los amigos? *(Los amigos van a comer empanadas.)*

Alumno B Answer your partner's questions based on the photos below.

1.

2.

3.

4.

5.

Alumno B Ask your partner the following questions. Correct answers are in parentheses.

1. ¿Qué va a comer José Luis? *(José Luis va a comer unos pinchitos.)*

2. ¿Qué escribe el mesero? *(El mesero escribe la orden.)*

3. ¿Qué toma Silvia? *(Silvia toma agua mineral con gas.)*

4. ¿Qué desean Ana y Pablo? *(Ana y Pablo desean unas albóndigas.)*

5. ¿Adónde van los amigos? *(Los amigos van al café.)*

Activity 5

Alumno A Ask your partner the following questions. Correct answers are in parentheses.

1. ¿Te interesa el béisbol?
   (No, no me interesa el béisbol. Me interesan el fútbol y el baloncesto.)

2. ¿Te gustan los camarones?
   (No, no me gustan los camarones. Me gusta la carne.)

3. ¿Te gusta la clase de arte?
   (No, no me gusta la clase de arte. Me gustan las ciencias.)

4. ¿Te gusta comer pizza?
   (No, no me gusta comer pizza. Me gusta comer enchiladas.)

Alumno A Answer **no** to your partner's questions and tell what you like or what interests you instead based on the cues below.

1. tu gato

2. los deportes de equipo

3. camarones

4. los estudios sociales

Alumno B Answer **no** to your partner's questions and tell what you like or what interests you instead based on the cues below.

1. el fútbol y el baloncesto

2. la carne

3. las ciencias

4. enchiladas

Alumno B Ask your partner the following questions. Correct answers are in parentheses.

1. ¿Te gustan mis perros? *(No, no me gustan tus perros. Me gusta tu gato.)*

2. ¿Te interesa el tenis?
   (No, no me interesa el tenis. Me interesan los deportes de equipo.)

3. ¿Te gusta comer carne?
   (No, no me gusta comer carne. Me gusta comer camarones.)

4. ¿Te interesa la clase de biología?
   (No, no me interesa la clase de biología. Me interesan los estudios sociales.)

InfoGap

InfoGap

Alumno A Ask your partner the following questions. Correct answers are in parentheses.

1. ¿Cómo es Armando, flexible o terco? *(Armando es terco.)*

2. ¿Cómo está Patricia, contenta o triste? *(Patricia está contenta.)*

3. ¿Está Natalia bien o enferma? *(Natalia está enferma.)*

4. ¿Cómo es Pepe, ambicioso o perezoso? *(Pepe es ambicioso.)*

Alumno A Answer your partner's questions based on the photos below.

el jugador

Beatriz

Sofía

Jorge

Alumno B Answer your partner's questions based on the photos below.

Armando

Patricia

Natalia

Pepe

Alumno B Ask your partner the following questions. Correct answers are in parentheses.

1. ¿Cómo es Sofía, bien educada o mal educada? *(Sofía es bien educada.)*

2. ¿Cómo está Jorge, cansado o lleno de energía? *(Jorge está cansado.)*

3. ¿Está el jugador bien o enfermo? *(El jugador está bien.)*

4. ¿Está Beatriz de buen humor o de mal humor? *(Beatriz está de mal humor.)*

Activity 7

CAPÍTULO 7, Gramática, page 238

Alumno A Ask your partner who did the following activities. Correct answers are in parentheses.

1. ¿Quién miró el DVD? *(Marta miró el DVD.)*

2. ¿Quién ganó el partido? *(Nosotros ganamos el partido.)*

3. ¿Quién prestó atención en la clase? *(Todos los alumnos prestaron atención en la clase.)*

4. ¿Quién bajó la pista avanzada? *(Yo bajé la pista avanzada.)*

5. ¿Quién tomó el sol? *(Tú tomaste el sol.)*

Alumno A Use the chart below to answer your partner's questions.

¿Quién?	Actividad
Raúl y Reina	sacar
la señora López	enseñar
yo	llevar
mi primo y yo	alquilar
tú	nadar

Alumno B Use the chart below to answer your partner's questions.

¿Quién?	Actividad
Marta	mirar
nosotros	ganar
todos los alumnos	prestar
yo	bajar
tú	tomar

Alumno B Ask your partner who did the following activities. Correct answers are in parentheses.

1. ¿Quién sacó fotos ayer? *(Raúl y Reina sacaron fotos ayer.)*

2. ¿Quién enseñó la clase de español? *(La señora López enseñó la clase de español.)*

3. ¿Quién llevó uniforme a la escuela? *(Yo llevé uniforme a la escuela.)*

4. ¿Quién alquiló los esquís? *(Mi primo y yo alquilamos los esquís.)*

5. ¿Quién nadó en el mar? *(Tú nadaste en el mar.)*

INFOGAP

SR9

InfoGap

Activity 8

Alumno A Ask your partner the following questions. Correct answers are in parentheses.

1. ¿Qué visitó Juanita?
(*Juanita visitó el museo.*)

2. ¿Qué vieron los amigos?
(*Los amigos vieron una película.*) or (*Los amigos vieron un filme.*)

3. ¿Qué tienen los invitados para Ana? (*Los invitados tienen muchos regalos para Ana.*) or (*Los invitados tienen una torta para Ana.*)

4. ¿Quién recibe muchos aplausos?
(*La cantante recibe muchos aplausos.*)

Alumno A Answer your partner's questions based on the pictures below.

3.

2.

4.

1.

Alumno B Answer your partner's questions based on the pictures below.

1.

2.

3.

4.

Alumno B Ask your partner the following questions. Correct answers are in parentheses.

1. ¿Qué perdió Ernesto?
(*Ernesto perdió el autobús.*)

2. ¿Fueron al cine las amigas o alquilaron una película? (*Las amigas alquilaron una película.*)

3. ¿Tiene algo en la mano el cantante? (*No, el cantante no tiene nada en la mano.*)

4. ¿Qué comen los invitados?
(*Los invitados comen vegetales crudos.*)

Activity 9

Alumno A Ask your partner the following questions. Correct answers are in parentheses.

1. ¿Quién es más alto que Luis? *(Nadie es más alto que Luis.)*

2. ¿Cuál es la camisa más cara de todas? *(La camisa azul es la más cara de todas.)*

3. ¿Quién juega mejor que Juan? *(Alicia juega mejor que Juan.)*

4. ¿La chaqueta negra me queda mejor que o peor que la otra? *(La chaqueta negra te queda peor que la otra.)*

Alumno A Answer your partner's questions based on the cues below.

1. Ana

2. más caros

3. mejor que

4. menos grande

Alumno B Answer your partner's questions based on the cues below.

1. nadie

2. la camisa azul

3. Alicia

4. peor que

Alumno B Ask your partner the following questions. Correct answers are in parentheses.

1. ¿Quién es el/la más inteligente de la clase? *(Ana es la más inteligente de la clase.)*

2. ¿Son los precios más bajos o más caros en esta tienda? *(Los precios son más caros en esta tienda.)*

3. ¿Enrique esquió mejor que o peor que Armando? *(Enrique esquió mejor que Armando.)*

4. ¿Es la clase de español más grande o menos grande que la clase de química? *(La clase de español es menos grande que la clase de química.)*

InfoGap

Alumno A Ask your partner the following questions. Correct answers are in parentheses.

1. ¿Es una tarjeta de embarque o un carnet de identidad? *(Es una tarjeta de embarque.)*

2. ¿Qué hace Julia? *(Julia factura su equipaje.)*

3. ¿Quiénes esperan a los pasajeros? *(Los taxistas esperan a los pasajeros.)*

4. ¿Dónde están la madre y su hija? *(La madre y su hija están en el aeropuerto.)*

Alumno A Answer your partner's questions based on the photos below.

3.

3.

4.

2.

Alumno B Answer your partner's questions based on the photos below.

1.

2.

3.

4.

Alumno B Ask your partner the following questions. Correct answers are in parentheses.

1. ¿Dónde pone el padre el equipaje? *(El padre pone el equipaje en la maletera [el baúl].)*

2. ¿Dónde está la pasajera? *(La pasajera está en el mostrador de la línea aérea.)*

3. ¿El avión acaba de despegar o de aterrizar? *(El avión acaba de aterrizar.)*

4. ¿Cuál es el número del asiento del pasajero? *(El número del asiento del pasajero es 8A.)*

Alumno A Ask your partner the following questions. Correct answers are in parentheses.

1. ¿Qué hace Catalina? *(Catalina se cepilla los dientes.)* or *(Catalina se lava los dientes.)*

2. ¿Se acuesta Omar o se estira? *(Omar se acuesta.)*

3. ¿Qué hace Ernesto? *(Ernesto se pone un suéter.)*

4. ¿Se sienta la joven a la mesa o se cepilla el pelo? *(La joven se sienta a la mesa.)*

Alumno A Answer your partner's questions based on the photos below.

los muchachos

Federico

Elisa

Rolando

Alumno B Answer your partner's questions based on the photos below.

la joven

Ernesto

Omar

Catalina

Alumno B Ask your partner the following questions. Correct answers are in parentheses.

1. ¿Qué hace Elisa? *(Elisa se despierta.)* or *(Elisa se estira.)*

2. ¿Qué hace Rolando? *(Rolando se lava la cara.)*

3. ¿Qué hacen los muchachos? *(Los muchachos se peinan.)* or *(Los muchachos se miran en el espejo.)*

4. ¿Se mira en el espejo Federico o se lava el pelo? *(Federico se lava el pelo.)*

Grammar Review

Nouns and articles

Nouns and definite articles

A noun is the name of a person, place, or thing. Unlike English, all nouns in Spanish have a gender—either masculine or feminine. Almost all nouns that end in **-o** are masculine and almost all nouns that end in **-a** are feminine. Note that the definite article **el** is used with masculine nouns. The definite article **la** is used with feminine nouns.

MASCULINE	FEMININE
el muchacho	la muchacha
el libro	la escuela

Nouns that end in **-e** can be either masculine or feminine. It is necessary for you to learn the gender.

MASCULINE	FEMININE
el padre	la madre
el billete	la carne

Many nouns that end in **-e** and refer to a person can be either masculine or feminine.

el paciente   la paciente

It is also necessary to learn the gender of nouns that end in a consonant.

el comedor	la flor
el jamón	la capital

Note, however, that nouns that end in **-ción, -dad, -tad** are always feminine.

la habitación   la universidad   la dificultad

Irregular nouns

There are not many irregular nouns in Spanish. So far, you have learned **la mano, el problema,** and **la foto** (*from* **la fotografía**).

Plural of nouns

To form the plural of nouns you add **-s** to nouns that end in a vowel. You add **-es** to nouns that end in a consonant. Note, too, that the definite articles **el** and **la** become **los** and **las** in the plural.

MASCULINE PLURAL	FEMININE PLURAL
los libros	las novelas
los coches	las carnes
los comedores	las flores

Nouns that end in **-ción** drop the accent in the plural.

la estación   las estaciones

Indefinite articles

The indefinite articles are *a, an,* and *some* in English. They are **un, una, unos, unas** in Spanish. Note that the indefinite article, like the definite article, must agree with the noun it modifies in both gender (masculine or feminine) and number (singular or plural).

SINGULAR		PLURAL	
un alumno	**una** alumna	**unos** alumnos	**unas** alumnas
un café	**una** clase	**unos** cafés	**unas** clases
un árbol	**una** flor	**unos** árboles	**unas** flores

Contractions

The prepositions **a** *(to, at)* and **de** *(of, from)* contract (combine) with the definite article **el** to form one word, **al** or **del**. There is no contraction with **la, los,** or **las**.

> **Voy al mercado; no vuelvo del mercado.**
>
> **Es el dinero del empleado, no del cliente.**

A personal

Remember that whenever a person is the direct object of the verb, it must be preceded by **a**. This **a personal** also contracts with **el**.

> **Conozco a Juan.**
>
> **Pero no conozco al hermano de Juan.**

Nouns and adjectives

Agreement of nouns and adjectives

An adjective is a word that describes a noun. An adjective must agree in gender (masculine or feminine) and number (singular or plural) with the noun it describes or modifies.

Adjectives that end in **-o** have four forms, the same as nouns that end in **-o**.

	SINGULAR	PLURAL
MASCULINE	**el muchacho simpático**	**los muchachos simpáticos**
FEMININE	**la muchacha simpática**	**las muchachas simpáticas**

Adjectives that end in **-e** have only two forms—singular and plural.

	SINGULAR	PLURAL
MASCULINE	**un alumno inteligente**	**los alumnos inteligentes**
FEMININE	**una alumna inteligente**	**las alumnas inteligentes**

Adjectives that end in a consonant have only two forms—singular and plural. Note that the plural ends in **-es**.

	SINGULAR	PLURAL
MASCULINE	**un curso fácil**	**dos cursos fáciles**
FEMININE	**una tarea fácil**	**dos tareas fáciles**

Possessive adjectives

A possessive adjective tells who owns or possesses something—*my* book and *your* pencil. Like other adjectives in Spanish, possessive adjectives agree with the noun they modify. Note that only **nuestro** and **vuestro** have four forms.

MASCULINE SINGULAR	FEMININE SINGULAR	MASCULINE PLURAL	FEMININE PLURAL
mi tío	**mi tía**	**mis tíos**	**mis tías**
tu tío	**tu tía**	**tus tíos**	**tus tías**
su tío	**su tía**	**sus tíos**	**sus tías**
nuestro tío	**nuestra tía**	**nuestros tíos**	**nuestras tías**
vuestro tío	*vuestra tía*	*vuestros tíos*	*vuestras tías*

Note that **su** can refer to many different people, as indicated below.

su familia

la familia de Juan	la familia de él
la familia de María	la familia de ella
la familia de Juan y María	la familia de ellos
la familia de usted	
la familia de ustedes	

Demonstratives

Until recently the demonstrative pronoun had to carry a written accent to differentiate it from a demonstrative adjective. That is no longer the case and the pronouns are the same as the adjectives.

In Spanish there are three demonstrative adjectives: **este** *(this)*, **ese** *(that)*, and **aquel** *(that, farther away)*. Each of the demonstratives has four forms and must agree in gender and number with the noun it modifies.

MASCULINE SINGULAR	FEMININE SINGULAR	MASCULINE PLURAL	FEMININE PLURAL
este libro	**esta chaqueta**	**estos libros**	**estas chaquetas**
ese libro	**esa chaqueta**	**esos libros**	**esas chaquetas**
aquel libro	**aquella chaqueta**	**aquellos libros**	**aquellas chaquetas**

Comparative and superlative

Regular forms

You use the comparative *(more, -er)* and the superlative *(most, -est)* to compare people or things.

To form the comparative in Spanish you use **más** (or **menos**) before the adjective. The comparative is followed by **que: más (menos)… que.**

> Él es **más (menos) inteligente que** los otros.
> Ella es **más ambiciosa que** los otros.

To form the superlative you use the definite article with **más**. Note that **de** follows the superlative: **el (la) más… de.**

> Él es **el más ambicioso de** todos.
> Ella es **la alumna más inteligente de** todos.

Irregular forms

The adjectives **bueno** and **malo** and the adverbs **bien** and **mal** have irregular comparative and superlative forms.

	COMPARATIVE	SUPERLATIVE
bueno	mejor	el/la mejor
malo	peor	el/la peor
bien	mejor	el/la mejor
mal	peor	el/la peor

> Él es mejor jugador que su hermano.
> Pero su hermana Teresa es la mejor jugadora de los tres.
> La verdad es que ella juega mejor que nadie.
> Ella juega mejor que yo.

Note that the comparative is followed by the subject pronoun or a negative word.

> más alto que yo (tú, él, nosotros)
> más alto que nadie

(El) mayor and **(el) menor** are also comparative and superlative forms. They most often refer to age and sometimes size.

> Mi hermano menor tiene trece años.
> Y mi hermana mayor tiene diecisiete.
> La Ciudad de México tiene el mayor número de habitantes.

Pronouns

A pronoun is a word that replaces a noun. Review the forms of the pronouns that you have learned so far.

SUBJECT PRONOUNS	DIRECT OBJECT PRONOUNS	INDIRECT OBJECT PRONOUNS	REFLEXIVE PRONOUNS
yo	me	me	me
tú	te	te	te
Ud., él, ella	lo, la	le	se
nosotros(as)	nos	nos	nos
vosotros(as)	*os*	*os*	*os*
Uds., ellos, ellas	los, las	les	se

Remember that an object pronoun comes right before the verb.

Ella me ve.
Ella nos habla.

The direct object pronoun is the direct receiver of the action of the verb. The indirect object is the indirect receiver of the action of the verb.

The direct object pronouns **lo, la, los, las** can refer to a person or a thing.

Ellos tiraron la pelota.   **Ellos la tiraron.**

Ellos vieron a sus amigos.   **Ellos los vieron.**

The indirect object pronouns **le, les** refer to people. They are often accompanied by a phrase for clarification.

Ella le habló } a él. / a ella. / a usted.   **Yo les hablé** } a ellos. / a ellas. / a ustedes.

Affirmative and negative expressions

To make a sentence negative, you merely put **no** before the verb or before the object pronoun that precedes the verb.

El gato no está en el jardín.
No lo veo.

Review the following affirmative and negative expressions.

AFFIRMATIVE	NEGATIVE
algo	**nada**
alguien	**nadie**
siempre	**nunca**

Nadie está aquí.

Note that in Spanish, unlike in English, more than one negative word can be used in the same sentence.

No ves a nadie.

Ellos nunca hablan a nadie de nada.

The negative of **también** is **tampoco.**

A Juan le gusta. A mí también.

A Juan no le gusta. Ni a mí tampoco.

Verbs such as interesar, aburrir, gustar

In Spanish, the verbs **interesar** and **aburrir** take an indirect object.

La historia me interesa.
Me interesa la historia.
} *History interests me.*

Los deportes no les aburren.
No les aburren los deportes.
} *Sports don't bore them.*

Gustar functions the same as **interesar** and **aburrir.** It conveys the meaning *to like,* but it literally means *to please.*

Me
Te
Le } **gusta el helado.**
Nos
Les

*Ice cream pleases
  me, you, him. . . .*

Me
Te
Le } **gustan los vegetales.**
Nos
Les

*Vegetables please
  me, you, him. . . .*

Expressions with the infinitive

The infinitive is the form of the verb that ends in **-ar, -er,** or **-ir.** The infinitive often follows another verb.

> **Ellos quieren salir.**
> **Yo debo estudiar más.**
> **Me gusta leer.**

Three very common expressions that are followed by the infinitive are:

> **Tener que** (*to have to*)
>> **Tengo que trabajar y estudiar más.**
> **Ir a** (*to be going to*)
>> **Y voy a trabajar y estudiar más.**
> **Acabar de** (*to have just*)
>> **Acabo de recibir una nota mala.**

You can use the expression **favor de** followed by an infinitive to ask someone in a polite way to do something.

> **Favor de escribir tu nombre.**
> **Favor de ayudarme.**

Note that the object pronoun is added to the end of the infinitive.

Ser and estar

Spanish has two verbs that mean *to be.* They are **ser** and **estar** and each one has distinct uses.

Ser

You use **ser** to express a characteristic, where someone or something is from, or what something is made of.

> **Él es guapo. Es inteligente también.**
> **Ellos son de Nuevo México.**
> **Su casa es de adobe.**

Estar

You use **estar** to express a condition or location.

> **Él está muy cansado y está triste también.**
> **Madrid está en España.**
> **Sus amigos están en Madrid.**

Grammar Review

Saber and conocer

Both **saber** and **conocer** mean *to know.*

Saber means to know a fact or to have information about something. With an infinitive it expresses to know how to do something.

> **Yo sé su número de teléfono.**
> **Sabemos que ella va a viajar.**
> **Todos saben usar el Internet.**

Conocer means *to know* in the sense of to be familiar with. It is used with people or complex, abstract concepts.

> **Yo conozco a su amigo Tadeo.**
> **Ellos conocen bien la historia de España.**

Reflexive verbs

When the subject is both the doer and receiver of the action of the verb, you have to use a reflexive pronoun with the verb. Study the following examples of the reflexive construction.

REFLEXIVE	NONREFLEXIVE
Ella se levanta.	**Ella levanta al niño.**
Él se divierte.	**Él divierte a sus amigos.**
Me cepillo.	**Cepillo a mi perro.**

When the reflexive is followed by an article of clothing or a part of the body, you use a definite article in Spanish. (In English the possessive adjective is used.)

> **Me lavo la cara y las manos.**
> **Ella tiene frío y se pone el suéter.**

Verbs

See the following charts for the verb forms you have learned.

Verb Charts

Regular verbs			
INFINITIVO	hablar *to speak*	comer *to eat*	vivir *to live*
PRESENTE	hablo hablas habla hablamos *habláis* hablan	como comes come comemos *coméis* comen	vivo vives vive vivimos *vivís* viven
PRETÉRITO	hablé hablaste habló hablamos *hablasteis* hablaron	comí comiste comió comimos *comisteis* comieron	viví viviste vivió vivimos *vivisteis* vivieron
PARTICIPIO PRESENTE	hablando	comiendo	viviendo

Stem-changing verbs (-ar and -er verbs)				
INFINITIVO	empezar (e→ie)[1] *to begin*	acostar(se) (o→ue)[2] *to go to bed*	perder (e→ie)[3] *to lose*	volver (o→ue)[4] *to return*
PRESENTE	empiezo empiezas empieza empezamos *empezáis* empiezan	acuesto acuestas acuesta acostamos *acostáis* acuestan	pierdo pierdes pierde perdemos *perdéis* pierden	vuelvo vuelves vuelve volvemos *volvéis* vuelven

Stem-changing verbs (-ir verbs)		
INFINITIVO	preferir (e→ie) *to prefer*	dormir (o→ue)[5] *to sleep*
PRESENTE	prefiero prefieres prefiere preferimos *preferís* prefieren	duermo duermes duerme dormimos *dormís* duermen

[1]***Comenzar, sentar, pensar*** are similar. [2]***Costar*** and ***jugar (u→ue)*** are similar. [3]***Querer*** and ***entender*** are similar. [4]***Poder*** is similar. [5]***Morir*** is similar.

Irregular verbs

The following are the verbs you have already learned that are either irregular or have a spelling change.

	conocer *to know, to be familiar with*					
PRESENTE	conozco	conoces	conoce	conocemos	*conocéis*	conocen

	dar *to give*					
PRESENTE	doy	das	da	damos	*dais*	dan
PRETÉRITO	di	diste	dio	dimos	*disteis*	dieron

	estar *to be*					
PRESENTE	estoy	estás	está	estamos	*estáis*	están

	hacer *to do, to make*					
PRESENTE	hago	haces	hace	hacemos	*hacéis*	hacen

	ir *to go*					
PRESENTE	voy	vas	va	vamos	*vais*	van
PRETÉRITO	fui	fuiste	fue	fuimos	*fuisteis*	fueron

	leer *to read*					
PRETÉRITO	leí	leíste	leyó	leímos	*leísteis*	leyeron

	oír *to hear*					
PRESENTE	oigo	oyes	oye	oímos	*oís*	oyen
PRETÉRITO	oí	oíste	oyó	oímos	*oísteis*	oyeron

	poner *to put*					
PRESENTE	pongo	pones	pone	ponemos	*ponéis*	ponen

	saber *to know (how)*					
PRESENTE	sé	sabes	sabe	sabemos	*sabéis*	saben

	salir *to leave, to go out*					
PRESENTE	salgo	sales	sale	salimos	*salís*	salen

	ser *to be*					
PRESENTE	soy	eres	es	somos	*sois*	son
PRETÉRITO	fui	fuiste	fue	fuimos	*fuisteis*	fueron

	tener *to have*					
PRESENTE	tengo	tienes	tiene	tenemos	*tenéis*	tienen

	traer *to bring*					
PRESENTE	traigo	traes	trae	traemos	*traéis*	traen

	venir *to come*					
PRESENTE	vengo	vienes	viene	venimos	*venís*	vienen

	ver *to see*					
PRESENTE	veo	ves	ve	vemos	*veis*	ven
PRETÉRITO	vi	viste	vio	vimos	*visteis*	vieron

Spanish-English Dictionary

The Spanish-English Dictionary contains all productive and some receptive vocabulary from the text. The numbers following each productive entry indicate the chapter and vocabulary section in which the word is introduced. For example, **3.2** means that the word was taught in **Capítulo 3, Vocabulario 2. LP** refers to the **Lecciones preliminares.** If there is no number following an entry, this means that the word or expression is there for receptive purposes only.

A

a at
  a eso de las tres (cuatro, diez, etc.) at around three (four, ten, etc.) o'clock
  a la una (a las dos, a las tres) at one o'clock (two o'clock, three o'clock), **LP**
  ¡A propósito! By the way!, **8.2**
  ¿a qué hora? at what time?, **LP**
  a veces at times, sometimes, **6.1**
  abajo: (ir) para abajo (to go) down
  abordar to board, **10.2**
  abordo aboard, **10.2**
  abreviado(a) abbreviated, shortened
el **abrigo** coat
  abril April, **LP**
  abrir to open, **4.2**
  abrochado(a) fastened, **10.2**
la **abuela** grandmother, **2.1**
el **abuelo** grandfather, **2.1**
los **abuelos** grandparents, **2.1**
  abundoso(a) abundant
  aburrido(a) boring, **1.2**
  aburrir to bore
  acá here, **11.2**
  acabar de to have just (done something), **4.2**
la **academia** school
el **aceite** oil
la **aceituna** olive, **4.2**
el **acento** accent
  acompañado(a) de accompanied by
  acordarse (ue) to remember
  ¿Te acuerdas? Do you remember?
  acostarse (ue) to go to bed, **11.1**
la **actividad** activity

  actual present-day, current
  actuar to act, to take action
  acuerdo: estar de acuerdo con to agree with
  adelante ahead
  ir hacia adelante to move forward, ahead
  además furthermore, what's more; besides
  además de in addition to
  ¡Adiós! Good-bye., **LP**
  adivinar to guess
  ¿adónde? (to) where?, **3.2**
el **aeropuerto** airport, **10.1**
el/la **aficionado(a)** fan, **5.1**
  afine: la palabra afine cognate
las **afueras** suburbs, **2.2**
el/la **agente** agent, **10.1**
  agosto August, **LP**
  agradable pleasant, friendly, agreeable, **6.1**
  agresivo(a) aggressive
el **agua** (f.) water, **4.1**
  el agua mineral (con gas) (sparkling) mineral water, **4.2**
  ahora now
el **aire** air
  al aire libre open-air, outdoor, **7.2**
  aislado(a) isolated
la **alberca** swimming pool, **7.1**
el **albergue juvenil** youth hostel
la **albóndiga** meatball, **4.2**
el **álbum** album
  alcanzar to reach
la **alcoba** bedroom, **2.2**
la **aldea** small village
  alegre happy, **6.1**
la **alegría** happiness, joy
  alemán(ana) German
los **alemanes** Germans
  algo something, **8.2**; anything, **9.2**
  ¿Algo más? Anything else?, **9.2**
  alguien someone, somebody, **8.2**

  algunos(as) some
  allá over there, **9.1**
  allí there
el **alma** (f.) soul
el **almuerzo** lunch, **4.1**
  tomar el almuerzo to have lunch, **4.1**
  alpino: el esquí alpino downhill skiing
  alquilar to rent, **7.1**
  alrededor de around, **2.2**
los **alrededores** surroundings
  altivo(a) arrogant
  alto(a) tall, **1.1**; high, **3.1**
la **altura** altitude
el/la **alumno(a)** student, **1.2**
  amarillo(a) yellow, **5.1**
la **ambición** ambition
  ambicioso(a) hard-working, **1.2**
el **ambiente** atmosphere, environment
la **América del Sur** South America
  americano(a) American
el/la **amigo(a)** friend, **1.1**
  el amigo falso false cognate, **2.1**
el **amor** love
  amurallado(a) walled
  anaranjado(a) orange (color), **5.1**
  ancho(a) wide
  andino(a) Andean, of the Andes
la **angustia** distress, anguish
  animado(a) lively
el **animal** animal
  anoche last night, **7.1**
  anónimo(a) anonymous
el **anorak** anorak, ski jacket, **7.2**
los **anteojos de sol** sunglasses, **7.1**
  antes de before, **3.2**
los **antibióticos** antibiotics
  antiguo(a) ancient, old
  antipático(a) unpleasant, not nice, **1.1**
los **antojitos** snacks, nibbles, **4.2**

anunciar to announce

el anuncio announcement

el año year, **LP**

   el año pasado last year, **7.1**

   ¿Cuántos años tiene? How old is he (she)?, **2.1**

   cumplir... años to be (turn) . . . years old

la apariencia appearance, looks

   ¿Qué apariencia tiene? What does he (she) look like?

el apartamento apartment, **2.2**

el apartamiento apartment, **2.2**

   apetecer to feel like, to crave

   aplaudir to applaud, to clap, **5.1**

el aplauso applause, **5.1**

   recibir aplausos to be applauded, **5.1**

   apreciado(a) appreciated, liked

   aprender to learn, **4.2**

   aproximadamente approximately

   aquel(la) that, **9.1**

   aquí here, **9.1**

   aragonés(esa) from Aragon *(Spain)*

el árbol tree, **2.2**

la arena sand, **7.1**

   argentino(a) Argentine

   árido(a) dry, arid

la aritmética arithmetic

   armar to put up (a tent), **11.2**

la arqueología archaeology

el arroz rice, **4.1**

el arte art, **1.2**

la artesanía crafts, **9.2**

el/la artista artist

la ascendencia heritage, background

   así thus, so

el asiento seat, **10.1**

   el número del asiento seat number, **10.1**

el/la asistente(a) de vuelo flight attendant, **10.2**

   asistir (a) to attend, **8.1**

   astuto(a) astute, smart

la atención attention

   ¡Atención! Careful!

   prestar atención to pay attention, **3.1**

el aterrizaje landing, **10.2**

   aterrizar to land, **10.2**

el/la atleta athlete

   atrapar to catch, **5.2**

el atributo attribute, positive feature

el atún tuna, **9.2**

   aun even

   aún still

   ausente absent

   auténtico(a) authentic, real

el autobús bus, **8.1**

   perder el autobús to miss the bus, **8.1**

   automático(a) automatic, **10.2**

   el distribuidor automático boarding pass kiosk, automatic dispenser, **10.2**

la autopista highway

el/la autor(a) author

   avanzado(a) difficult, **7.2;** advanced

la avenida avenue

la aventura adventure

el avión airplane, **10.1**

la avioneta small airplane

   ayer yesterday, **7.1**

   ayer por la tarde yesterday afternoon, **7.1**

la ayuda help, assistance

   ayudar to help, **10.1**

   azul blue, **2.1**

el azulejo glazed tile, floor tile

B

---

el bacón bacon, **4.1**

el/la bailador(a) dancer

   bailar to dance

   bajar to go down, **7.2**

   bajo(a) short, **1.1;** low, **3.1**

el balcón balcony

el balneario seaside resort, beach resort, **7.1**

el balón ball, **5.1**

el baloncesto basketball, **5.2**

la banda band, **8.1**

la bandera flag

el bañador swimsuit, **7.1**

   bañarse to take a bath, to bathe oneself

el baño bath

   el cuarto de baño bathroom, **2.2**

   barato(a) inexpensive, cheap, **9.1**

   Todo te sale más barato. It's all a lot cheaper (less expensive)., **9.1**

la barbacoa barbecue

   ¡Bárbaro! Great!, Awesome!, **5.2**

el barquito small boat, **7.1**

la barra bar *(of soap)*, **11.2**

el barrio neighborhood, area

la base base, **5.2**

el básquetbol basketball, **5.2**

   la cancha de básquetbol basketball court, **5.2**

   bastante rather, quite, **1.2**

el bastón ski pole, **7.2**

la batalla battle

el bate bat, **5.2**

el/la bateador(a) batter, **5.2**

   batear to hit, to bat, **5.2**

   batear un jonrón to hit a home run

el batido shake, smoothie, **4.2**

el baúl trunk *(of a car)*, **10.1**

   beber to drink, **4.1**

la bebida beverage, drink, **4.1**

el béisbol baseball, **5.2**

   el/la beisbolista baseball player, **5.2**

   el campo de béisbol baseball field, **5.2**

la belleza beauty

   bello(a) beautiful

la bicicleta bicycle, **2.2**

   bien well, fine, **LP**

   bien educado(a) polite, well-mannered, **6.1**

   estar bien to be well, fine, **6.2**

   Muy bien. Very well., **LP**

   bienvenido(a) welcome

el bife beef

el biftec steak

el billete ticket, **10.1**

   el billete electrónico e-ticket, **10.1**

la biología biology

el/la biólogo(a) biologist

el bizcocho cake

   blanco(a) white, **5.1**

   blando(a) soft

   bloquear to block, **5.1**

el blue jean jeans, **9.1**

la blusa blouse, **3.1**

la boca mouth, **6.2**

el bocadillo sandwich, **4.1**

los bocaditos snacks

la bodega grocery store

la boletería ticket window, **7.2**

el boleto ticket, **7.2**

   el boleto electrónico e-ticket, **10.1**

el bolígrafo pen, **3.1**

el bolívar bolivar *(currency of Venezuela)*

la bolsa de dormir sleeping bag, **11.2**

la bombilla *(drinking)* container

Spanish-English Dictionary

bonito(a) pretty, **1.1**

el **bosque** woods

la **bota** boot, **7.2**

el **bote** can, **9.2**

la **botella** bottle, **9.2**

bravo(a) rough, stormy

el **brazo** arm, **11.1**

bronce bronze, **8.2**

bucear to go snorkeling, **7.1;** to scuba dive

el **buceo** snorkeling, **7.1;** scuba diving

bueno(a) good, **1.1**

   Buenas noches. Good evening., **LP**

   Buenas tardes. Good afternoon., **LP**

   Buenos días. Good morning., **LP**

   Hace buen tiempo. The weather is nice., **LP**

   sacar notas buenas to get good grades, **3.1**

el **burrito** burrito

el **bus** bus

   el bus escolar school bus, **3.2**

   perder el bus to miss the bus, **8.1**

   tomar el bus to take the bus

buscar to look for, to seek, **3.2**

C

el **caballero** gentleman

   el caballero andante knight errant

el **caballo** horse

la **cabeza** head, **6.2**

   tener dolor de cabeza to have a headache, **6.2**

la **cabina de mando** cockpit *(airplane)*

el **cacahuate** peanut, **8.1**

el **cacahuete** peanut

el **cacique** leader, chief

cada each, every, **2.2**

caer to fall

el **café** café, **4.2;** coffee, **4.1**

la **cafetería** cafeteria, **4.1**

la **caída** drop

la **caja** cash register, **3.2**

los **calcetines** socks, **5.1**

la **calculadora** calculator, **3.1**

caliente hot, **4.1**

   el chocolate caliente hot chocolate, **4.1**

la **calle** street

calmo(a) calm, **6.1**

el **calor** heat

   Hace calor. It's hot., **LP**

   tener calor to be hot, **11.1**

calzar to wear, to take (shoe size), **9.1**

   ¿Qué número calzas? What size shoe do you wear (take)?, **9.1**

la **cama** bed, **2.2**

   guardar cama to stay in bed *(illness)*, **6.2**

   quedarse en la cama to stay in bed, **11.1**

la **cámara digital** digital camera, **7.1**

el/la **camarero(a)** waiter (waitress), server

los **camarones** shrimp, **4.2**

cambiar to change

la **caminata: dar una caminata** to take a hike, **11.2**

el **camino** road

   tomar el camino to set out for

la **camisa** shirt, **3.1**

   la camisa de manga corta (larga) short-sleeved (long-sleeved) shirt, **9.1**

la **camiseta** T-shirt, **5.1**

el/la **campeón(ona)** champion

el/la **campesino(a)** farmer, peasant

el **camping** camping, **11.2;** campsite

   ir de camping to go camping, **11.2**

el **campo** field, **5.1;** country, countryside

   el campo de béisbol baseball field, **5.2**

   el campo de fútbol soccer field, **5.1**

la **canasta** basket, **5.2**

la **cancha** court, **5.2**

   la cancha de básquetbol (tenis) basketball (tennis) court, **5.2**

   la cancha de voleibol volleyball court, **7.1**

la **canción** song

el **cangrejo de río** crayfish

cansado(a) tired, **6.1**

el/la **cantante** singer, **8.1**

cantar to sing, **8.1**

la **cantidad** quantity, amount

la **cantina** cafeteria

la **capital** capital

la **cara** face, **6.1**

la **característica** feature, trait

cargado(a) thrown (over one's shoulders)

caribe Caribbean

   el mar Caribe Caribbean Sea

cariñoso(a) adorable, affectionate, **2.1**

la **carne** meat, **4.1**

el **carnet de identidad** ID card, **10.2**

caro(a) expensive, **9.1**

la **carpa** tent, **11.2**

   armar (montar) una carpa to put up a tent, **11.2**

la **carpeta** folder, **3.2**

la **carrera** career

el **carrito** shopping cart, **9.2**

el **carro** car, **2.2**

la **carta** letter

la **casa** house, **2.2**

   en casa at home

   regresar a casa to go home, **3.2**

   la casa de apartamentos apartment building, **2.2**

casarse to get married

el **casco** helmet, **7.2**

   el casco antiguo old (part of) town

casi almost, practically, **8.2**

el **caso** case

castaño(a) brown, chestnut *(eyes, hair)*, **2.1**

catarro: tener catarro to have a cold, **6.2**

el/la **cátcher** catcher, **5.2**

catorce fourteen, **LP**

cautivar to captivate, to charm

el **CD** CD

la **cebolla** onion, **9.2**

celebrar to celebrate

el **celular** cell phone

la **cena** dinner, **4.1**

cenar to have dinner, **4.1**

el **cenote** natural water well

el **centro comercial** shopping center, mall, **9.1**

cepillarse to brush, **11.1**

el **cepillo** brush, **11.2**

   el cepillo de dientes toothbrush, **11.2**

las **cerámicas** ceramics, **9.2**

cerca (de) near, **3.2**

el **cereal** cereal, **4.1**

cero zero, **LP**

el cesto basket, **5.2**

el champú shampoo, **11.2**

¡**Chao!** Good-bye!, Bye!, **LP**

la chaqueta jacket, **9.1**

la chaqueta de esquí ski jacket, anorak, **7.2**

chileno(a) Chilean

el chiringuito refreshment stand

el chisme rumor, gossip

el chocolate chocolate, **4.1**

el chocolate caliente hot chocolate, **4.1**

el churro *(type of)* doughnut

ciego(a) blind

el/la ciego(a) blind man (woman)

el cielo sky

cien(to) one hundred, **LP**

la ciencia science, **1.2**

cierto(a) true, certain

cinco five, **LP**

cincuenta fifty, **LP**

el cine movie theater, movies, **8.2**

ir al cine to go to the movies, **8.2**

el cinturón de seguridad seat belt, **10.2**

la ciudad city, **2.2**

la civilización civilization

claro(a) clear

claro que of course

la clase class, **1.2**

el/la cliente(a) customer, **4.2**

el clima climate

el coche car

la cocina kitchen, **2.2**; cooking, cuisine

el codo elbow, **11.1**

la cola cola (soda), **4.1**; line *(of people)*, **10.2**

hacer cola to wait in line, **10.2**

el colegio secondary school

la colocación placement

colocar to place, to put

colombiano(a) Colombian, **1.2**

colonial colonial

el color color, **5.1**

de color marrón brown, **5.1**

el comedor dining room, **2.2**

comenzar (ie) to begin

comer to eat, **4.1**

dar de comer a to feed

cómico(a) funny, comical, **1.1**

la comida meal, **4.1**; food

como like, as

¿**cómo?** how?, **1.1**

¿**Cómo es él?** What's he like? What does he look like?, **1.1**

¡**Cómo no!** Sure! Of course!

el/la compañero(a) companion

comparar to compare

el compartimiento superior overhead bin, **10.2**

compartir to share

completar to complete, to fill in

el comportamiento behavior, conduct, **6.1**

la composición composition

la compra purchase, **9.2**

el/la comprador(a) shopper, customer

comprar to buy, **3.2**

compras: ir de compras to shop, to go shopping, **9.1**

comprender to understand, **4.2**

la computadora computer, **3.2**

con with

con frecuencia often

el concierto concert, **8.1**

el condominio condominium

la conducta conduct, behavior, **6.1**

tener buena conducta to be well-behaved, **6.1**

conectado(a) on-line, connected

la conexión connection

conforme: estar conforme to agree, to be in agreement

confortar to soothe

congelado(a) frozen, **9.2**

el conjunto band, musical group, **8.1**

conocer to know, to be familiar with, **9.1**; to meet

conocido(a) known

consecuencia: por consecuencia as a result, consequently

el/la consejero(a) counselor

considerar to consider

consiguiente: por consiguiente consequently

la consonante consonant

la consulta doctor's office, **6.2**

consultar to consult

el consultorio doctor's office, **6.2**

contagioso(a) contagious

contar (ue) to tell, to count

contemporáneo(a) contemporary

contento(a) happy, **6.1**

contestar to answer, **3.1**

el continente continent

contra against

contrario(a) opposite; opposing

al contrario on the contrary

el equipo contrario opposing team, **7.1**

contrastar to contrast

el control de seguridad security (checkpoint), **10.2**

pasar por el control de seguridad to go through security, **10.2**

la conversación conversation

conversar to converse

copa: la Copa Mundial World Cup

el corazón heart

la corbata tie, **9.1**

el correo electrónico e-mail, **3.2**

correr to run, **5.2**

la cortesía courtesy, **LP**

corto(a) short, **5.1**

el pantalón corto shorts, **5.1**

la cosa thing, **3.1**

la costa coast

costar (ue) to cost, **9.1**

¿**Cuánto cuesta?** How much does it cost?, **3.2**

costarricense Costa Rican

la costumbre custom

crear to create

creer to believe, to think

Creo que sí (que no). I (don't) think so.

la crema dental toothpaste, **11.2**

la crema solar suntan lotion, **7.1**

el/la criado(a) housekeeper

criticar to criticize

crudo(a) raw, **8.1**

los vegetales crudos raw vegetables, crudités, **8.1**

el cuaderno notebook, **3.1**

el cuadro painting, **8.2**

¿**cuál?** which? what?

¿**Cuál es la fecha de hoy?** What is today's date?, **LP**

cualquier(a) any

cualquier otro(a) any other

cuando when, **3.1**

¿**cuándo?** when?, **3.2**

¿**cuánto?** how much?

¿**A cuánto está(n)... ?** How much is (are) . . . ?, **9.2**

¿**Cuánto es?** How much is it (does it cost)?, **LP**

¿**cuántos(as)?** how much? how many?, **2.1**

Spanish-English Dictionary

¿Cuántos años tiene? How old is he (she)?, **2.1**

cuarenta forty, **LP**

el **cuarto** room, **2.2;** quarter
  el cuarto de baño bathroom, **2.2**
  el cuarto de dormir bedroom, **2.2**
  y cuarto a quarter past (the hour), **LP**

cuatro four, **LP**

cuatrocientos(as) four hundred

cubano(a) Cuban

cubanoamericano(a) Cuban American

cubierto(a) covered; indoor

la **cuenca** basin *(river)*

la **cuenta** check *(restaurant)*, **4.2;** account
  por su cuenta on its own
  tomar en cuenta to take into account

el **cuerdo** string

el **cuerpo** body, **11.1**

la **culpa** blame, guilt

la **cultura** culture

el **cumpleaños** birthday, **8.1**

cumplir... años to be (turn) ... years old

cumplir un sueño to fulfill a wish, to make a wish come true

el **curso** class, course, **1.2**

dar to give, **3.1**
  dar de comer a to feed
  dar un examen (una prueba) to give a test, **3.1**
  dar una caminata to take a hike, **11.2**
  dar una fiesta to throw a party, **8.1**

los **datos** data, facts

de of, from
  ¿de dónde? from where?, **1.1**
  De nada. You're welcome., **LP**
  ¿de qué nacionalidad? what nationality?, **1.1**
  No hay de qué. You're welcome., **LP**

debajo de below, underneath, **10.2**

deber to have to, must, **4.2**

decidir to decide

la **decisión** decision
  tomar una decisión to make a decision

dedicado(a) devoted

el **dedo** finger, **11.1**
  el dedo del pie toe

el **defecto** defect

definido(a) definite

dejar to leave (something)

delante de in front of, **2.2**

demás: lo(s) demás the rest

demasiado too *(adv.)*, too much

la **demora** delay, **10.2**

dental: la crema dental toothpaste, **11.2**

dentífrica: la pasta dentífrica toothpaste

dentro de within
  dentro de poco shortly thereafter, **10.2**

el **departamento** apartment, **2.2**
  el departamento de orientación guidance office

el/la **dependiente(a)** salesperson, employee

el **deporte** sport, **5.1**
  el deporte de equipo team sport
  el deporte individual individual sport

deportivo(a) *(related to)* sports

deprimido(a) sad, depressed, **6.1**

derecho(a) right, **11.1**

desafortunadamente unfortunately

desagradable unpleasant, not nice

el **desastre** disaster

desastroso(a) disastrous, catastrophic

el **desayuno** breakfast, **4.1**
  tomar el desayuno to have breakfast, **4.1**

desconsolado(a) very sad

describir to describe

la **descripción** description

desde since; from

desear to want, to wish, **4.2**
  ¿Qué desean tomar? What would you like (to eat)?, **4.2**

desembarcar to deplane, disembark

el **deseo** wish, desire

desesperado(a) desperate

el **desfile** parade

el **desierto** desert

despegar to take off *(plane)*, **10.2**

el **despegue** takeoff *(plane)*, **10.2**

despertarse (ie) to wake up, **11.1**

después (de) after, **3.1**

destino: con destino a (going) to; for, **10.2**

detrás de in back of, behind, **2.2**

devolver (ue) to return *(something)*, **5.2**

el **día** day
  Buenos días. Good morning., **LP**
  ¿Qué día es hoy? What day is it today?, **LP**

el **diablo** devil

el **diagnóstico** diagnosis

diaria: la rutina diaria daily routine, **11.1**

el **dibujo** drawing, illustration

diciembre December, **LP**

el **dictado** dictation

diecinueve nineteen, **LP**

dieciocho eighteen, **LP**

dieciséis sixteen, **LP**

diecisiete seventeen, **LP**

los **dientes** teeth, **11.1**
  cepillarse (lavarse) los dientes to brush one's teeth, **11.1**

diez ten, **LP**
  de diez en diez by tens

la **diferencia** difference

diferente different, **9.2**

difícil difficult, **1.2**

la **dificultad** difficulty
  sin dificultad easily

dinámico(a) dynamic, **6.1**

el **dinero** money, **3.2**

la **dirección** address; direction

disfrutar (de) to enjoy

disponible available

el **distribuidor automático** boarding pass kiosk, automatic dispenser, **10.1**

el **distrito** district, area, section

divertido(a) fun, amusing

divertir (ie) to amuse, **11.2**

divertirse (ie) to have a good time, to have fun, **11.2**

divino(a) divine, heavenly

dobles doubles *(tennis)*, **5.2**

doce twelve, LP

el **dólar** dollar

doler (ue) to ache, hurt, 6.2
   Me duele(n)... My . . .
   ache(s)., 6.2

el **dolor** pain, ache, 6.2
   tener dolor de cabeza to
   have a headache, 6.2
   tener dolor de estómago
   to have a stomachache, 6.2
   tener dolor de garganta to
   have a sore throat, 6.2

domesticado(a) domesticated

el **domingo** Sunday, LP

dominicano(a) Dominican
   la República Dominicana
   Dominican Republic

¿dónde? where?, 1.1
   ¿de dónde? from where?, 1.1

dormir (ue) to sleep
   la bolsa de dormir sleeping
   bag, 11.2
   el cuarto de dormir
   bedroom, 2.2
   el saco de dormir sleeping
   bag, 11.2

dormirse (ue) to fall asleep,
   11.1

el **dormitorio** bedroom

dos two

doscientos(as) two hundred

driblar to dribble, 5.2

la **ducha** shower, 11.1
   tomar una ducha to take a
   shower, 11.1

la **duda** doubt

el **dulce** sweet

durante during, 3.2

durar to last

duro(a) hard, difficult, 1.2

el **DVD** DVD, 3.2

económico(a) inexpensive

ecuatoriano(a) Ecuadoran, 1.1

la **edad** age

el **edificio** building, 2.2

la **educación** education
   la educación física physical
   education, 1.2

educado(a) mannered
   estar bien (mal)
   educado(a) to be polite
   (rude), 6.1

egoísta selfish, egotistical

el **ejemplo** example
   por ejemplo for example

el **the**

él he

electrónico(a) electronic, 10.1
   el boleto (billete)
   electrónico e-ticket, 10.1
   el correo electrónico e-mail,
   3.2

ella she

ellos(as) they

el **e-mail** e-mail

el **embarcar** to board, 10.2

el **embarque** boarding, 10.1
   la hora de embarque
   boarding time, 10.1

emocionante moving;
   exciting

la **empanada** meat pie, 4.2

empezar (ie) to begin, 5.1

el/la **empleado(a)** salesperson,
   employee, 3.2

empujar to push

en in
   en casa at home

enamorado(a) de in love with

encantar to love, to adore

encerrar (ie) to enclose

encestar to make a basket
   (basketball), 5.2

encima: por encima de above,
   over, 5.2

encontrar (ue) to find,
   encounter

encontrarse (ue) to be found

la **encuesta** survey

energético(a) energetic, 6.1

la **energía** energy, 6.1

enero January, LP

enfadado(a) angry, mad, 6.1

enfadar to make angry, to
   annoy, 6.1

la **enfermedad** illness

el/la **enfermero(a)** nurse, 6.2

enfermo(a) ill, sick, 6.2

el/la **enfermo(a)** sick person

enlazar to connect

enojado(a) angry, mad,
   annoyed, 6.1

enojar to make angry, to
   annoy, 6.1

enorme enormous

la **ensalada** salad, 4.1

enseguida right away, 4.2

enseñar to teach, 3.1; to show

entender (ie) to understand, 8.2

entero(a) entire, whole

enterrar (ie) to bury

la **entrada** ticket, 8.1

entrar to enter, to go into, 5.1

entre between, among

el/la **entrenador(a)** coach,
   manager

entusiasmado(a)
   enthusiastic

el **entusiasmo** enthusiasm, 6.1

enviar to send, 3.2

la **época** times, period

el **equipaje** luggage, baggage, 10.1
   el equipaje de mano hand
   luggage, carry-on bags, 10.2

el **equipo** team, 5.1; equipment
   el deporte de equipo team
   sport

el **escaparate** store window, 9.1

la **escena** scene

escoger to choose

escolar *(related to)* school
   el bus escolar school bus, 3.2
   los materiales escolares
   school supplies, 3.1

escribir to write, 4.2

escrito(a) written

escuchar to listen (to), 3.2

la **escuela** school, 1.2
   la escuela primaria
   elementary school
   la escuela secundaria
   secondary school, high
   school, 1.2

el/la **escultor(a)** sculptor, 8.2

ese(a) that, that one

eso: a eso de at about *(time)*
   por eso for this reason,
   that is why

la **espalda** back, 11.1

España Spain

español(a) Spanish *(adj.)*

el/la **español(a)** Spaniard

el **español** Spanish *(language)*, 1.2

la **especia** spice

especialmente especially

el **espectáculo** show, spectacle

el/la **espectador(a)** spectator

el **espejo** mirror, 11.1

esperar to wait (for), 10.2

la **esplendidez** splendor

espontáneo(a) spontaneous

la **esposa** wife, 2.1

el **esposo** husband, 2.1

el **esquí** ski; skiing, 7.2
   el esquí acuático (náutico)
   waterskiing, 7.1
   el esquí alpino downhill
   skiing
   el esquí nórdico cross-
   country skiing

el/la **esquiador(a)** skier, 7.2

esquiar to ski, 7.2
   esquiar en el agua
   to water-ski, 7.1

Spanish-English Dictionary

establecer to establish

la **estación** season, **LP**

  ¿Qué estación es? What season is it?, **LP**

la **estación de esquí** ski resort, **7.2**

el **estadio** stadium

Estados Unidos United States

estar to be, **3.1**

la **estatua** statue, **8.2**

este(a) this, this one, **9.1**

el **este** east

estereofónico(a) stereo

estirarse to stretch, **11.1**

el **estómago** stomach, **6.2**

  el dolor de estómago stomachache, **6.2**

estrecho(a) narrow

el **estrés** stress, **6.2**

el/la **estudiante** student

estudiar to study, **3.1**

el **estudio** study

  los estudios sociales social studies, **1.2**

estupendo(a) terrific, stupendous

la **etnia** ethnicity, ethnic group

el **euro** euro *(currency of most of the countries of the European Union)*

el **evento** event

el **examen** test, exam, **3.1**

  el examen físico physical, **6.2**

examinar to examine, **6.2**

excelente excellent

la **excepción** exception

la **excursión** excursion, outing

el/la **excursionista** hiker

existir exist

el **éxito** success, **6.1**

  tener éxito to succeed, be successful, **6.1**

exótico(a) exotic

el/la **experto(a)** expert, **7.2**

explicar to explain

el/la **explorador(a)** explorer

la **exposición de arte** art show, exhibition, **8.2**

la **expresión** expression

extranjero(a) foreign

extraordinario(a) extraordinary

F

fabuloso(a) fabulous

fácil easy, **1.2**

la **facturar el equipaje** to check luggage, **10.1**

la **falda** skirt, **3.1**

falso(a) false

faltar to be lacking, not to have, **6.1**

  Le falta paciencia. He (She) has no patience., **6.1**

la **familia** family, **2.1**

familiar *(related to the)* family

los **familiares** family members

famoso(a) famous

la **fantasía** fantasy

fantástico(a) fantastic

el/la **farmacéutico(a)** pharmacist

la **farmacia** pharmacy, drugstore, **6.2**

el **favor** favor

  Favor de (+ infinitive). Please (do something)., **11.2**

  por favor please, **LP**

favorito(a) favorite

febrero February, **LP**

la **fecha** date, **LP**

  ¿Cuál es la fecha de hoy? What is today's date?, **LP**

feliz happy

feo(a) unattractive, ugly, **1.1**

la **fiebre** fever, **6.2**

  tener fiebre to have a fever, **6.2**

la **fiesta** party, **8.1**; holiday

  dar una fiesta to throw a party, **8.1**

la **fila** line *(of people)*

  estar en fila to wait in line

el **film** film, movie

el **filme** film, movie, **8.2**

el **fin** end

  el fin de semana weekend, **7.1**

  por fin finally

final: al final de at the end of

fingir to pretend

físico(a) physical

  la apariencia física physical appearance, looks

  la educación física physical education, **1.2**

flaco(a) thin

el **flan** flan, custard, **4.1**

la **flauta** flute

la **flecha** arrow

flexible open-minded, flexible, **6.1**

la **flor** flower, **2.2**

la **fogata** bonfire, campfire

la **forma** form, piece, **10.2**

  la forma de identidad piece of ID, **10.2**

formar to form, to put together

la **foto** photo, **7.1**

el **francés** French *(language)*, **1.2**

el **franciscano** Franciscan

el **frasco** jar, **9.2**

la **frase** sentence

frecuencia: con frecuencia often, frequently

fresco(a) cool, **LP**; fresh

  Hace fresco. It's cool *(weather).*, **LP**

los **frijoles** beans, **4.1**

frío(a) cold, **4.2**

  Hace frío. It's cold *(weather).*, **LP**

  tener frío to be cold, **11.1**

el **frío** cold

frito(a) fried

  las patatas (papas) fritas french fries, **4.1**

la **frontera** border

la **fruta** fruit, **9.2**

  el puesto de frutas fruit stand, **9.2**

la **frutería** fruit stand, **9.2**

la **fuente** fountain

fuera de outside

fuerte strong; substantial

el **fútbol** soccer, **5.1**

  el campo de fútbol soccer field, **5.1**

  el fútbol americano football

el/la **futbolista** soccer (football) player

G

las **gafas para el sol** sunglasses, **7.1**

el **galán** elegant man, heartthrob

gallardo(a) brave, dashing

las **galletas** crackers, **8.1**

la **gamba** shrimp, prawn

ganar to win, **5.1**; to earn

el **garaje** garage, **2.2**

la **garganta** throat, **6.2**

  el dolor de garganta sore throat, **6.2**

el **gas: el agua mineral con gas** carbonated (sparkling) mineral water, **4.1** la **gaseosa** soda, carbonated drink, **4.1**

gastar to spend, to waste

el/la **gato(a)** cat, **2.1**

el/la **gemelo(a)** twin, **2.1**

general general
    en general in general
    por lo general generally speaking, as a rule

la **gente** people, **9.1**

la **geografía** geography

el **gimnasio** gym(nasium)

la **gitanilla** little gypsy

el **globo** balloon

el **gobierno** government

el **gol** goal, **5.1**
    meter un gol to score a goal, **5.1**

golpear to hit *(a ball)*, **5.2**

gordo(a) fat

el **gorro** ski hat, **7.2**

gozar de to enjoy

Gracias. Thank you., **LP**
    dar gracias a to thank

gracioso(a) funny, **1.1**

gran, grande big, large, **1.2**

grave serious

gris gray, **5.1**

gritar to yell

el **grupo** group, **8.1**

la **guagua** bus

el **guante** glove, **5.2**

guapo(a) attractive, good-looking, **1.1**

guardar to guard, **5.1**
    guardar cama to stay in bed *(illness)*, **6.2**

la **guardería** shelter

guatemalteco(a) Guatemalan, **1.1**

la **guerra** war

el **guerrero** warrior

el/la **guía** guide

la **guía** guidebook

el **guisante** pea, **9.2**

la **guitarra** guitar

gustar to like, to be pleasing to, **5.1**

el **gusto** pleasure; like; taste
    Mucho gusto. Nice (It's a pleasure) to meet you.

la **habitación** bedroom

el/la **habitante** inhabitant

hablar to speak, to talk, **3.1**
    hablar por teléfono to talk on the phone
    hablar en el móvil to talk on the cell phone

¿Hablas en serio? Are you serious?

hacer to do, to make, **10.2**
    Hace buen tiempo. The weather is nice., **LP**
    Hace (mucho) calor. It's (very) hot *(weather)*., **LP**
    Hace fresco. It's cool *(weather)*., **LP**
    Hace frío. It's cold *(weather)*., **LP**
    Hace mal tiempo. The weather is bad., **LP**
    Hace sol. It's sunny., **LP**
    Hace viento. It's windy., **LP**
    hacer cola to wait in line, **10.2**
    hacer la maleta to pack, **10.1**
    hacer un viaje to take a trip, **10.1**

el **hambre** *(f.)* hunger
    tener hambre to be hungry, **4.1**

la **hamburguesa** hamburger, **4.1**

la **harina** flour

hasta until; up to; as far as
    ¡Hasta luego! See you later!, **LP**
    ¡Hasta mañana! See you tomorrow!, **LP**
    ¡Hasta pronto! See you soon!, **LP**

hay there is, there are, **2.2**
    hay que it's necessary to (do something), one must, **10.2**
    Hay sol. It's sunny., **LP**
    No hay de qué. You're welcome., **LP**
    ¿Qué hay? What's new (up)?

la **hazaña** achievement

el **hecho** fact

el **helado** ice cream, **4.1**

la **hermana** sister, **2.1**

la **hermanastra** stepsister, **2.1**

el **hermanastro** stepbrother, **2.1**

el **hermano** brother, **2.1**

hermoso(a) beautiful

el **héroe** hero

la **heroína** heroine

el **hielo** ice, **7.2**
    el patinaje sobre el hielo ice-skating, **7.2**

las **hierbas** herbs

higiénico: el rollo de papel higiénico roll of toilet paper, **11.2**

la **hija** daughter, **2.1**

el **hijo** son, child, **2.1**
    el hijo único only child, **2.1**

los **hijos** children, **2.1**

hispano(a) Hispanic

hispanohablante Spanish-speaking

el/la **hispanohablante** Spanish speaker

la **historia** history, **1.2**

la **hoja de papel** sheet of paper, **3.1**

¡Hola! Hello!, **LP**

el **hombre** man

el **hombro** shoulder

honesto(a) honest

la **hora** hour; time, **10.1**
    ¿a qué hora? at what time?, **LP**
    la hora de embarque boarding time, **10.1**
    la hora de salida departure time, **10.2**
    ¿Qué hora es? What time is it?, **LP**

hoy today, **LP**
    ¿Cuál es la fecha de hoy? What's today's date?, **LP**
    hoy en día nowadays
    ¿Qué día es hoy? What day is it today?, **LP**

el **huevo** egg, **4.1**

humanitario(a) humanitarian

humano(a) human, **11.1**

humilde humble

el **humor** mood; humor
    estar de buen (mal) humor to be in a good (bad) mood, **6.1**
    tener un buen sentido de humor to have a good sense of humor, **6.1**

el **huso horario** time zone

la **idea** idea

la **identidad** identification, **10.2**
    el carnet de identidad ID card, **10.2**

identificar to identify

la **iglesia** church

igual que as well as

impaciente impatient, **6.1**

importa: No importa. It doesn't matter.

la **importancia** importance

importante important

imposible impossible

incluir to include
    ¿Está incluido el servicio? Is the tip included?, **4.2**

increíble incredible

Spanish-English Dictionary

indicar to indicate

indígena native, indigenous, **9.2**

el/la **indígena** indigenous person

individual: el deporte individual individual sport

individuales singles (tennis), **5.2**

industrializado(a) industrialized

la **infinidad** infinity

la **influencia** influence

la **información** information, **3.2**

el **inglés** English (language), **1.2**

inhóspito(a) inhospitable

inmenso(a) immense

inteligente intelligent, **1.2**

el **interés** interest

interesante interesting, **1.2**

interesar to interest, **5.1**

internacional international, **10.1**

el **Internet** the Internet, **3.2**

navegar el Internet to surf the Net, **3.2**

intervenir (ie) to intervene

la **introducción** introduction

el **invierno** winter, **LP**

el/la **invitado(a)** guest

invitar to invite

ir to go, **3.2**

ir a to be going to (do something), **4.1**

ir a casa to go home, **3.2**

ir a pie to go on foot, **3.2**

ir al cine to go to the movies, **8.2**

ir de camping to go camping, **11.2**

ir de compras to go shopping, **9.1**

la **isla** island

el **istmo** isthmus

italiano(a) Italian

izquierdo(a) left, **11.1**

el **jabón** soap

la barra (pastilla) de jabón bar of soap, **11.2**

el **jamón** ham, **4.1**

el sándwich de jamón y queso ham and cheese sandwich, **4.1**

el **jardín** garden, **2.2**

el/la **jardinero(a)** outfielder, **5.2**

---

el **jonrón** home run

batear un jonrón to hit a home run

joven young, **1.1**

el/la **joven** young person, **1.1**

las **judías verdes** green beans, **9.2**

el **juego** game, **5.1**

el **jueves** Thursday, **LP**

el/la **jugador(a)** player, **5.1**

jugar (ue) to play (sport), **5.1**

el **jugo** juice, **4.1**

el jugo de naranja orange juice, **4.1**

julio July, **LP**

junio June, **LP**

juntos(as) together

el **kilo** kilo(gram) (2.2 lbs.), **9.2**

la **la** the

el **laboratorio** lab(oratory)

laborioso(a) hardworking

el **lado** side

al lado de beside, next to, **2.2**

el **lago** lake

la **lámpara** lamp, **2.2**

el/la **lanzador(a)** pitcher, **5.2**

lanzar to kick, to throw, **5.1**

el **lapicero** ballpoint pen

el **lápiz** pencil, **3.1**

largo(a) long, **5.1**

a lo largo de along

la **lata** can, **9.2**

latino(a) Latino

Latinoamérica Latin America

latinoamericano(a) Latin American

lavar to wash, **11.2**

lavarse to wash oneself, **11.1**

lavarse el pelo (la cara, las manos) to wash one's hair (face, hands), **11.1**

lavarse los dientes to clean (brush) one's teeth, **11.1**

le to him, to her; to you (formal) (pron.)

la **lección** lesson

la **leche** milk, **4.1**

la **lechuga** lettuce, **4.1**

---

la **lectura** reading

leer to read, **4.2**

la **legumbre** vegetable, **4.1**

lejos (de) far (from), **3.2**

la **lengua** language

les to them; to you (formal) (pron.)

las **letras** literature

levantar to raise, **3.1**

levantar la mano to raise one's hand, **3.1**

levantarse to get up, **11.1**

la **leyenda** legend

la **libra** pound (weight)

libre free, unoccupied, **4.2**

el tiempo libre spare time, **8.1**

el **libro** book, **3.1**

el **líder** leader

la **liga** league

las Grandes Ligas Major Leagues

el **limón** lemon

la **limonada** lemonade

lindo(a) beautiful

la **línea aérea** airline, **10.1**

la **liquidación** sale, **9.1**

la **literatura** literature

la **llama** llama

llamar to call, **11.2**

llamarse to call oneself, to be called, named, **11.1**

Me llamo... My name is ..., **11.1**

llegar to arrive, **4.1**

llenar to fill

lleno(a) de full of, **6.1**

llevar to carry; to wear, **3.1**; to take; to bear

llover (ue) to rain

Llueve. It's raining., **LP**

lluvioso(a) rainy

lo him; you (formal) (pron.)

lo que what

la **loción bronceadora** suntan lotion, sunblock, **7.1**

lógico(a) logical

el **loro** parrot

el **lote** lot

la **lucha** fight

luego later, **LP**; then, **3.2**

¡Hasta luego! See you later!, **LP**

el **lugar** place

el **lunes** Monday, **LP**

M

la **madera** wood

la **madrastra** stepmother, **2.1**

la **madre** mother, **2.1**

el/la **madrugador(a)** early riser, **11.1**

magnífico(a) magnificent, splendid

el **maíz** corn, **9.2**

mal bad

  Hace mal tiempo. The weather is bad., **LP**

  mal educado(a) ill-mannered, rude, **6.1**

el **malecón** boardwalk (seafront)

la **maleta** suitcase, **10.1**

  hacer la maleta to pack, **10.1**

la **maletera** trunk (of a car), **10.1**

malicioso(a) malicious

malo(a) bad, **1.2**

  sacar notas malas to get bad grades, **3.1**

mamá mom, mommy

mandar to send

el **mandato** command

la **manera** manner, way

  de ninguna manera in no way, by no means

  manga: de manga corta (larga) short- (long-) sleeved, **9.1**

el **maní** peanut, **8.1**

la **mano** hand, **3.1**

  el equipaje de mano carry-on luggage, **10.2**

manso(a) gentle

la **mantequilla** butter, **4.1**

la **manzana** apple, **9.2**

mañana tomorrow, **LP**

  ¡Hasta mañana! See you tomorrow!, **LP**

la **mañana** morning

  por la mañana in the morning

la **máquina** machine

el **mar** sea, ocean, **7.1**

  el mar Caribe Caribbean Sea

marcar to score, **5.1**

  marcar un tanto to score a point, **5.1**

la **marcha** march

  en marcha working

el **marido** husband, **2.1**

los **mariscos** seafood

marrón: de color marrón brown, **5.1**

el **martes** Tuesday, **LP**

marzo March, **LP**

más more, **9.1**

  ¡Qué... más... ! What a . . . !

la **máscara de oxígeno** oxygen mask, **10.2**

la **mascota** pet, **2.1**

las **matemáticas** mathematics, math, **1.2**

los **materiales escolares** school supplies, **3.1**

mayo May, **LP**

la **mayonesa** mayonnaise, **9.2**

mayor older, **2.1**

el/la **mayor** the oldest, **2.1**

la **mayoría** majority

mayoritario(a) (related to the) majority

me me (pron.)

mediano(a) medium, medium-size

el **medicamento** medicine, **6.2**

la **medicina** medicine, **6.2**

el/la **médico(a)** doctor, **6.2**

la **medida** measurement

medio(a) half

  y media half past (the hour), **LP**

el **medio de transporte** means of transport

el **mediodía** noon

mejor better

el/la **mejor** best

menor younger, **2.1**

el/la **menor** the youngest, **2.1**

menos less, **9.1**

el **menú** menu, **4.2**

el **mercado** market, **9.2**

la **merienda** snack, **4.2**

la **mermelada** jam, marmalade

el **mes** month, **LP**

la **mesa** table, **2.2**

el/la **mesero(a)** waiter, server, **4.2**

la **mesita** table, **2.2**

meter to put, to place

  meter un gol to score a goal, **5.1**

el **metrópoli** metropolis, big city

mexicano(a) Mexican, **1.2**

la **mezcla** mixture

mi(s) my

mí me

el **miedo** fear

  tener miedo to be afraid, **7.2**

el **miembro** member, **2.1**

mientras while

el **miércoles** Wednesday, **LP**

mil a thousand

el **millón** million

mimado(a) spoiled (person)

la **mina** mine

  ¡Mira! Look!, **3.1**

mirar to look at, **3.2**

mirarse to look at oneself, **11.1**

mismo(a) same, **1.2**; own

misterioso(a) mysterious

mixto(a) co-ed

la **mochila** backpack, knapsack, **3.1**

el/la **mochilero(a)** backpacker, hiker, **11.2**

  viajar de mochilero to go backpacking, hiking

los **modales** manners, **6.1**

  tener buenos (malos) modales to have good (bad) manners, to be well-(ill-) behaved, **6.1**

moderno(a) modern

molestar to bother, to annoy, **6.1**

el **mono** monkey

la **montaña** mountain, **7.2**

montañoso(a) mountainous

montar to put up (tent), **11.2**

el **montón** bunch, heap

el **monumento** monument

morder (ue) to bite

moreno(a) dark-haired, brunette, **1.1**

morir (ue) to die

el **mostrador** counter, **10.1**

mostrar (ue) to show, **10.2**

el **motivo** theme

el **móvil** cell phone, **3.2**

el **MP3** MP3 player, **3.2**

la **muchacha** girl, **1.1**

el **muchacho** boy, **1.1**

mucho a lot, many, much; **2.2**; very, **LP**

  Hace mucho calor (frío). It's very hot (cold)., **LP**

  Mucho gusto. Nice to meet you., **1.2**

los **muebles** furniture, **2.2**

la **muerte** death

muerto(a) dead

la **mujer** wife, **2.1**

la **mula** mule

mundial: la Copa Mundial World Cup

el **mundo** world

el **mural** mural

el/la **muralista** muralist

el **muro** wall

el **museo** museum, **8.2**

la **música** music, **1.2**

el/la **músico(a)** musician, **8.1**

muy very, **LP**

  muy bien very well, **LP**

Spanish-English Dictionary

N

nacer to be born
nacional national
la **nacionalidad** nationality, **1.1**
 ¿de qué nacionalidad?
  what nationality?, **1.1**
nada nothing, not anything,
 8.2
 De nada. You're welcome.,
  LP
 Nada más. Nothing else., **9.2**
 Por nada. You're welcome.,
  LP; for no reason
nadar to swim, **7.1**
nadie nobody, not anybody, **8.2**
la **naranja** orange (fruit), **4.1**
natal pertaining to where
 someone was born
la **naturaleza** nature
navegar la red (el Internet)
 to surf the Web (the
 Internet), **3.2**
necesitar to need, **3.2**
negativo(a) negative
negro(a) black, **2.1**
nervioso(a) nervous, **6.1**
nevado(a) snowy,
 snow-covered
nevar (ie) to snow, **7.2**
 Nieva. It's snowing., **LP**
ni neither, nor
 Ni idea. No idea.
nicaragüense Nicaraguan
la **nieta** granddaughter, **2.1**
el **nieto** grandson, **2.1**
la **nieve** snow, **7.2**
ninguno(a) none
 de ninguna manera in no
  way, by no means
el/la **niño(a)** boy, girl, child, **6.2**
el **nivel** level
no no
 No hay de qué. You're
  welcome., **LP**
la **noche** night, evening
 Buenas noches. Good
  evening., **LP**
 esta noche tonight, **4.1**
 por la noche in the evening
nombrar to name
el **nombre** name, **2.1**
normal normal, **6.2**
el **norte** north

norteamericano(a) American,
 North American, **1.1**
nos us (pron.)
nosotros(as) we
la **nota** grade, mark, **3.1**
 sacar notas buenas (malas)
  to get good (bad) grades,
  3.1
las **noticias** news
novecientos(as) nine
 hundred
la **novela** novel
noventa ninety, **LP**
noviembre November, **LP**
la **nube** cloud, **7.1**
nublado(a) cloudy, **7.1**
nuestro(a)(os)(as) our
nueve nine, **LP**
nuevo(a) new, **1.1**
el **número** shoe size, **9.1**;
 number, **10.1**
 el número del asiento seat
  number, **10.1**
 el número del vuelo flight
  number, **10.1**
 ¿Qué número calzas? What
  size shoe do you wear
  (take)?, **9.1**
nunca never, not ever, **8.2**

O

o or
objetivo objective
obligatorio(a) required,
 obligatory
la **obra** work; work of art
observar to observe, notice
el **obstáculo** obstacle
obstinado(a) obstinate,
 stubborn, **6.1**
occidental western
ochenta eighty, **LP**
ocho eight, **LP**
ochocientos(as) eight
 hundred
octubre October, **LP**
ocupado(a) occupied, **4.2**
el **oeste** west
ofrecer to offer
oír to hear, **8.1**
¡Ojo! Watch out! Be careful!
el **ojo** eye, **2.1**
 **tener ojos azules (castaños,
  verdes)** to have blue
  (brown, green) eyes, **2.1**
la **ola** wave, **7.1**

olvidar to forget
once eleven, **LP**
la **opinión** opinion
el/la **opresor(a)** oppressor
opuesto(a) opposite
la **oración** sentence
la **orden** order (restaurant), **4.2**
el **ordenador** computer, **3.2**
la **orfebrería** craftmanship in
 precious metals
organizar to organize, set up
el **órgano** organ
oriental eastern
el **origen** origin, background
las **orillas** banks, shores
 a orillas de on the shores of
el **oro** gold
la **orquesta** orchestra, band
la **orquídea** orchid
el **otoño** autumn, fall, **LP**
otro(a) other, another
otros(as) others
¡Oye! Listen!, **1.2**

P

la **paciencia** patience, **6.1**
paciente patient (adj.), **6.1**
el/la **paciente** patient, **6.2**
el **padrastro** stepfather, **2.1**
el **padre** father, **2.1**
los **padres** parents, **2.1**
pagar to pay, **3.2**
el **país** country
el **paisaje** landscape
la **paja** straw, thatch
el **pájaro** bird
la **palabra** word
 la palabra afine cognate
 la palabra relacionada
  related word
el **palacio** palace
la **paloma** pigeon
el **pan** bread
 el pan tostado toast, **4.1**
el **panecillo** roll, **4.1**
la **pantalla** screen
el **pantalón** pants, **3.1**
 el pantalón corto shorts,
  5.1
 el pantalón largo long
  pants, **9.1**
la **papa** potato, **4.1**
 las papas fritas french
  fries, **4.1**

el **papel** paper, **3.1**; role

    el rollo de papel higiénico roll of toilet paper, **11.2**

    la hoja de papel sheet of paper, **3.1**

el **paquete** package, **9.2**

el **par** pair, **9.1**

para for; in order to

el **paraíso** paradise

parear to match

parecer to seem (like)

    a mi (tu, su, etc.) parecer in my (your, his, etc.) opinion

    ¿Qué te parece? What do you think?

el/la **pariente** relative, **2.1**

el **parque** park, **11.2**

el **párrafo** paragraph

la **parte** part

participar to participate, take part in

el **partido** game, **5.1**

el **pasabordo** boarding pass

pasado(a) last, **7.1**

    el año pasado last year, **7.1**

    la semana pasada last week, **7.1**

el/la **pasajero(a)** passenger, **10.1**

el **pasaporte** passport, **10.2**

pasar to pass, to go, **5.2**; to spend *(time)*, **7.1**

    pasarlo bien to have a good time, **11.2**

    ¿Qué pasa? What's going on? What's happening?

el **paseo** avenue, walk

    dar un paseo to take a walk

el **pasillo** aisle, **10.2**

la **pasta dentífrica** toothpaste

el **pastel** cake, **8.1**

la **pastilla** bar (of soap)

los **patacones** slices of fried plantain

la **patata** potato, **4.1**

    las patatas fritas french fries, **4.1**

el **patín** ice skate, **7.2**

el/la **patinador(a)** ice-skater, **7.2**

el **patinaje sobre hielo** ice-skating, **7.2**

patinar to skate, **7.2**

    patinar sobre el hielo to ice-skate, **7.2**

pausado(a) slow, deliberate

peinarse to comb one's hair, **11.1**

el **peine** comb, **11.2**

la **película** movie, film, **8.2**

peligroso(a) dangerous

pelirrojo(a) redheaded, **1.1**

el **pelo** hair, **2.1**

    tener el pelo rubio (castaño, negro) to have blond (brown, black) hair, **2.1**

la **pelota** ball *(baseball, tennis)*, **5.2**

    la pelota vasca jai alai

la **pena** pain, sorrow

    ¡Qué pena! What a shame!, **5.1**

pensar (ie) to think, **5.1**

    pensar en to think about

    ¿Qué piensas? What do you think?, **5.1**

el **peón** peasant, farm laborer

peor worse, **9.2**

el/la **peor** worst, **9.2**

pequeño(a) small, little, **1.2**

perder (ie) to lose, **5.1**; to miss, **8.1**

perdón pardon me, excuse me

perezoso(a) lazy, **1.2**

el **periódico** newspaper

permiso: Con permiso. Excuse me., **10.1**

pero but

el/la **perro(a)** dog, **2.1**

la **persona** person

el **personaje** character *(in a novel, play, etc.)*

la **personalidad** personality, **6.1**

peruano(a) Peruvian

pesar: a pesar de in spite of

el **pescado** fish, **4.1**

el **peso** peso *(currency of many Latin American countries)*; weight

picar to nibble on, **8.1**

picaresco(a) picaresque

el/la **pícher** pitcher *(baseball)*, **5.2**

el **pico** mountain top, **7.2**

el **pie** foot, **5.1**

    a pie on foot, **3.2**

la **pierna** leg, **11.1**

la **pieza** bedroom; piece

la **pila** swimming pool

el **pimiento** (green) pepper, **9.2**

los **pinchitos** kebabs, **4.2**

pintar to paint

el/la **pintor(a)** painter, artist, **8.2**

pintoresco(a) picturesque

la **piña** pineapple, **9.2**

la **piscina** swimming pool, **7.1**

el **piso** floor, **2.2**; apartment

la **pista** ski slope, **7.2**; runway, **10.2**

    la pista de patinaje ice-skating rink, **7.2**

la **pizza** pizza, **4.1**

placentero(a) pleasant

la **plancha de vela** windsurfing; windsurfboard, **7.1**

    practicar la plancha de vela to windsurf, to go windsurfing, **7.1**

la **plata** silver

el **plátano** banana, **9.2**

el **platillo** home plate, **5.2**

el **plato** dish *(of food)*; plate

la **playa** beach, **7.1**

la **plaza** square

la **pluma** (fountain) pen

la **población** population

pobre poor

poco(a) a little; few, **2.2**

    un poco más a little more

poder (ue) to be able, **5.1**

el **pollo** chicken, **4.1**

poner to put, to place, to set, **10.2**

ponerse to put on *(clothes)*, **11.1**; to become

popular popular

por for, by

    por ejemplo for example

    por encima de over, **5.2**

    por eso that's why, for this reason

    por favor please, **LP**

    por fin finally

    por la mañana in the morning

    por la tarde in the afternoon

    Por nada. You're welcome., **LP**; for no reason

    ¿por qué? why?, **3.2**

porque because, **3.2**

el/la **porrista** cheerleader

el/la **porteño(a)** person from Buenos Aires

la **portería** goal, **5.1**

el/la **portero(a)** goalie, **5.1**

poseer to possess

posible possible

positivo(a) positive

el **postre** dessert, **4.1**

practicar to practice *(a sport)*

    practicar la plancha de vela (la tabla hawaiana, etc.) to go windsurfing (surfing, etc.), **7.1**

el **precio** price, **9.1**

preferir (ie) to prefer

la **pregunta** question, **3.1**

preguntar to ask, to ask a question

el **premio** prize, award

preparar to prepare, get ready

la **prepa(ratoria)** high school

Spanish-English Dictionary

Spanish-English Dictionary

presentar to introduce

prestar: prestar atención to pay attention, **3.1**

el **pretendiente** suitor

primario(a) primary, elementary

  la escuela primaria elementary school

la **primavera** spring, **LP**

primero(a) first, **LP**

  el primero de enero (febrero, etc.) January (February, etc.) 1, **LP**

el/la **primo(a)** cousin, **2.1**

principal main

el/la **principiante** beginner, **7.2**

privado(a) private, **2.2**

el **problema** problem

  No hay problema. No problem.

procedente de coming, arriving from, **10.2**

producir to produce

el **producto** product, **9.2**

la **profesión** profession, occupation

profesional professional

el/la **profesor(a)** teacher, **1.2**

prometer to promise

pronto soon

  ¡Hasta pronto! See you soon!, **LP**

la **propina** tip (restaurant)

propio(a) own, **5.1**

propósito: ¡A propósito! By the way, **8.2**

la **prueba** test, exam, **3.1**

el **pueblo** town

la **puerta de salida** gate (airport), **10.2**

el **puerto** port

puertorriqueño(a) Puerto Rican, **1.1**

pues well

el **puesto** market stall, **9.2**

el **pulso** pulse, **6.2**

el **punto** point

el **pupitre** desk, **3.1**

Q

que that

¿qué? what? how?

  ¿A qué hora? At what time?, **LP**

¿de qué nacionalidad? what nationality?, **1.1**

No hay de qué. You're welcome., **LP**

¿Qué desea Ud.? May I help you? (in a store)

¿Qué día es hoy? What day is it today?, **LP**

¿Qué hay? What's new (up)?

¿Qué hora es? What time is it?, **LP**

¡Qué... más... ! What a . . . !

¿Qué pasa? What's going on? What's happening?, **3.1**

¡Qué pena! What a shame!, **5.1**

¿Qué tal? How are things? How are you?, **LP**

¿Qué tal le gustó? How did you like it? (formal)

¿Qué tiempo hace? What's the weather like?, **LP**

quedar bien to suit, to fit, to look good on, **9.1**

quedar(se) to remain, to stay, **11.1**

querer (ie) to want, to wish, **5.1**

querido(a) dear, beloved

el **queso** cheese, **4.1**

  el sándwich de jamón y queso ham and cheese sandwich, **4.1**

el **quetzal** quetzal (currency of Guatemala)

¿quién? who?, **1.1**

¿quiénes? who?, **1.2**

quince fifteen, **LP**

la **quinceañera** fifteen-year-old girl

quinientos(as) five hundred, **9.2**

quitarse to take off (clothes), **11.1**

quizá(s) maybe, perhaps, **7.2**

R

la **raqueta** tennis racket, **5.2**

raro(a) rare

el **ratón** mouse

la **raza** breed

la **razón** reason

rebajar to lower (prices), **9.1**

la **recámara** bedroom, **2.2**

el/la **receptor(a)** catcher, **5.2**

la **receta** prescription, **6.2**

recetar to prescribe, **6.2**

recibir to receive, **4.1;** to catch

  recibir aplausos to be applauded, **8.1**

reclamar to claim

reconocer to recognize

recordar (ue) to remember

recuperar to claim, to get back

la **red** the Web, **3.2;** net, **5.2**

  navegar la red to surf the Web, **3.2**

  pasar por encima de la red to go over the net, **5.2**

el **refresco** soft drink, **4.2**

refrito(a) refried

el **regalo** gift, present, **8.1**

regatear to bargain, **9.2**

la **región** region

la **regla** rule

regresar to go back, to return, **3.2**

  regresar a casa to go home, **3.2**

reinar to rule, to reign

renombrado(a) famous

rentar to rent, **7.1**

repasar to review

el **repaso** review

la **república** republic

  la República Dominicana Dominican Republic

resfriado(a) stuffed up (cold), **6.2**

respetado(a) respected

respetar to respect

responsable responsible

la **respuesta** answer

el **restaurante** restaurant

resultar to turn out to be

el **retraso** delay, **10.2**

el **retrato** portrait

la **reunión** meeting, get-together

la **revista** magazine

revueltos: huevos revueltos scrambled eggs

el **rey** king

rico(a) rich; delicious

  ¡Qué rico! How delicious!

el **río** river

el **ritmo** rhythm

robar to steal

la **roca** rock, stone

rodeado(a) surrounded

la **rodilla** knee, **11.1**
rojo(a) red, **5.1**
el **rol** role
el **rollo de papel higiénico** roll of toilet paper, **11.2**
el **rompecabezas** puzzle
romper to break
la **ropa** clothing, **9.1**
rosado(a) pink, **5.1**
rubio(a) blond, **1.1**
las **ruinas** ruins
la **rutina diaria** daily routine, **11.1**

S

el **sábado** Saturday, **LP**
saber to know, **9.1**
sacar to get; to take
sacar fotos to take pictures, **7.1**
sacar notas buenas (malas) to get good (bad) grades, **3.1**
el **saco de dormir** sleeping bag, **11.2**
la **sal** salt
la **sala** living room, **2.2**
la sala de clase classroom, **3.1**
la **salchicha** sausage
el **saldo** sale, **9.1**
la **salida** departure, **10.1**
la hora de salida time of departure, **10.1**
la puerta de salida gate (airport), **10.2**
salir to leave; to go out, **8.1**
Todo te sale más barato. It's all a lot cheaper (less expensive)., **9.1**
el **salón** room (museum), **8.2**
la **salud** health, **6.1**
saludar to greet
el **saludo** greeting, **LP**
salvar to save
la **sandalia** sandal, **9.2**
el **sándwich** sandwich, **4.1**
el sándwich de jamón y queso ham and cheese sandwich, **4.1**
el **sarape** blanket
el **sato** a type of dog from Puerto Rico
secundario(a) secondary, **1.2**
la escuela secundaria high school, **1.2**
la **sed** thirst, **4.1**
tener sed to be thirsty, **4.1**
seguir to follow
según according to

segundo(a) second
seguramente surely, certainly
la **seguridad: el control de seguridad** security (airport), **10.2**
seguro(a) sure; safe
seguro que certainly
seis six, **LP**
seiscientos(as) six hundred, **9.2**
la **selva** jungle, forest
la **semana** week, **LP**
la semana pasada last week, **7.1**
sencillo(a) single, simple
sentarse (ie) to sit down, **11.1**
el **sentido de humor** sense of humor, **6.1**
la **señal** sign, **10.2**
la señal de no fumar no-smoking sign
el **señor** sir, Mr., gentleman, **LP**
la **señora** Ms., Mrs., madam, **LP**
los **señores** Mr. and Mrs.
la **señorita** Miss, Ms., **LP**
septiembre September, **LP**
ser to be, **1.1**
¿Cuánto es? How much does it cost (is it)?, **LP**
serio(a) serious, **1.1**
¿Hablas en serio? Are you serious?
el **servicio** tip, **4.2**; restroom, **10.2**
¿Está incluido el servicio? Is the tip included?, **4.2**
servir to serve
sesenta sixty, **LP**
setecientos(as) seven hundred
setenta seventy, **LP**
severo(a) harsh, strict
si if
sí yes, **LP**
siempre always, **8.2**
siento: Lo siento mucho. I'm very sorry., **5.1**
la **siesta** nap
siete seven, **LP**
el **siglo** century
significar to mean
la **silla** chair, **2.2**
similar similar
simpático(a) nice, **1.1**
sin without
sincero(a) sincere
el **síntoma** symptom
el/la **snowboarder** snowboarder, **7.2**
sobre on, on top of; about

sobre todo above all, especially
sobrevolar (ue) to fly over
la **sobrina** niece, **2.1**
el **sobrino** nephew, **2.1**
social social
los estudios sociales social studies, **1.2**
el **sofá** sofa, **2.2**
el **sol** sun, **7.1**
Hace (Hay) sol. It's sunny., **LP**
tomar el sol to sunbathe, **7.1**
solamente only
solar: la crema solar suntan lotion, **7.1**
solas: a solas alone
el **soldado** soldier
soler (ue) to be used to, to do something usually
solo(a) single; alone
solo only
el/la **soltero(a)** single, unmarried person
el **sombrero** hat
el **sonido** sound
la **sonrisa** smile, **6.1**
la **sopa** soup
la **sorpresa** surprise, **4.1**
su(s) his, her, their, your (formal)
subir to go up, **7.2**
los **suburbios** suburbs, **2.2**
Sudamérica South America
sudamericano(a) South American
el/la **suegro(a)** father-in-law (mother-in-law)
el **suelo** ground, floor
el **sueño** dream
la **suerte** luck
¡Buena suerte! Good luck!
¡Qué suerte tengo! How lucky I am!, **9.1**
el **suéter** sweater, **11.1**
sufrir to suffer
superior upper, top
el compartimiento superior overhead bin (airplane), **10.2**
el **supermercado** supermarket, **9.2**
el **sur** south
la América del Sur South America
el **surfing** surfing, **7.1**
el **surtido** assortment
sus his, her, their, your (formal)

Spanish-English Dictionary

T

la **tabla hawaiana** surfboard, **7.1**

    practicar la tabla hawaiana to surf, to go surfing, **7.1**

el **taco** taco

la **tajada** slice, **9.2**

tal such *(a thing)*

    ¿Qué tal? How are things? How are you?, **LP**

    ¿Qué tal tu clase de español? How's your Spanish class?

tal vez maybe, perhaps, **7.2**

la **talla** size, **9.1**

    ¿Qué talla usas? What size do you take?, **9.1**

el **tamaño** size

también also, too, **1.2**

el **tambor** drum

tampoco either, neither

tan so

el **tanto** score, point, **5.1**

    marcar un tanto to score a point, **5.1**

las **tapas** snacks, nibbles, **4.2**

la **taquilla** box office, ticket window, **8.2**

tarde late, **10.2**

la **tarde** afternoon

    ayer por la tarde yesterday afternoon, **7.1**

    Buenas tardes. Good afternoon., **LP**

la **tarea** homework

la **tarjeta** card; pass

    la tarjeta de abordar boarding pass

    la tarjeta de embarque boarding pass, **10.1**

la **tarta** cake, **8.1**

el **taxi** taxi, **10.1**

el/la **taxista** taxi driver, **10.1**

la **taza** cup, **4.1**

te you *(fam. pron.)*

el **té** tea

el **teclado** keyboard

tejano(a) Texan

los **tejidos** fabrics, **9.2**

la **tele** TV

el **teléfono** telephone

    el teléfono celular cell phone

    hablar por teléfono to speak on the phone

la **telenovela** serial, soap opera

el **telesilla** chairlift, ski lift, **7.2**

el **telesquí** ski lift, **7.2**

la **televisión** television

el **tema** theme

la **temperatura** temperature, **7.2**

temprano(a) early, **11.1**

el **tenderete** market stall, **9.2**

tener (ie) to have, **2.1**

    tener... años to be . . . years old, **2.1**

    tener calor (frío) to be hot (cold), **11.1**

    tener catarro to have a cold, **6.2**

    tener dolor de... to have a(n) . . . -ache, **6.2**

    tener el pelo rubio (castaño, negro) to have blond (brown, black) hair, **2.1**

    tener éxito to be successful, **6.1**

    tener fiebre to have a fever, **6.2**

    tener hambre to be hungry, **4.1**

    tener miedo to be afraid, **7.2**

    tener ojos azules (castaños, verdes) to have blue (brown, green) eyes, **2.1**

    tener que to have to (do something), **4.1**

    tener sed to be thirsty, **4.1**

el **tenis** tennis, **5.2**

    la cancha de tenis tennis court, **5.2**

    jugar (al) tenis to play tennis, **5.2**

los **tenis** sneakers, **9.1**

el/la **tenista** tennis player

la **tensión: la tensión arterial** blood pressure, **6.2**

tercer(o)(a) third

terco(a) stubborn, **6.1**

terminar to end, finish

la **terraza** terrace, balcony

el **terremoto** earthquake

el **tesoro** treasure

ti you *(pron.)*

la **tía** aunt, **2.1**

el **ticket** ticket, **7.2**

el **tiempo** weather, **LP**; half *(soccer)*, **5.1**

    a tiempo on time, **10.2**

    a tiempo completo (parcial) full- (part-) time

    Hace buen tiempo. The weather is nice., **LP**

    Hace mal tiempo. The weather is bad., **LP**

    ¿Qué tiempo hace? What's the weather like?, **LP**

la **tienda** store, **3.2**

la **tienda de campaña** tent, **11.2**

el **tiquet(e)** ticket

los **timbales** small drums, kettledrums

tímido(a) shy

el **tío** uncle, **2.1**

típico(a) typical

el **tipo** guy, type, **6.1**

tirar to throw, **5.2**

el **título** title

la **toalla** towel, **7.1**

tocar to touch, **5.1**; to play *(a musical instrument)*, **8.1**

    ¡Te toca a ti! It's your turn!

el **tocino** bacon, **4.1**

todo everything

    sobre todo above all, especially

todo(a) all, **6.2**

todos(as) everyone, **8.1**; everything; all

    en todas partes everywhere

tomar to take, **3.1**; to have (a meal), **4.1**

    tomar el almuerzo (el desayuno) to have lunch (breakfast), **4.1**

    tomar el bus to take the bus

    tomar el sol to sunbathe, **7.1**

    tomar el pulso to take someone's pulse, **6.2**

    tomar fotos to take pictures, **7.1**

    tomar la tensión arterial to take someone's blood pressure, **6.2**

    tomar un examen to take a test, **3.1**

el **tomate** tomato, **4.1**

tonto(a) foolish, crazy

la **torta** cake, **4.1**; sandwich

la **tortilla** tortilla

la **tos** cough, **6.2**

    tener tos to have a cough, **6.2**

toser to cough, **6.2**

la **tostada** tostada

las **tostadas** toast, **4.1**

tostado(a) toasted
   el pan tostado toast, **4.1**
los tostones slices of fried
      plantain, **4.2**
   trabajar to work, **3.2**
el trabajo work
   tradicional traditional
   traer to carry, to bring, to
      take, **10.1**
el traje suit
el traje de baño swimsuit, **7.1**
   tranquilo(a) calm, **6.1**
el tratamiento treatment
   tratar to treat
   trece thirteen, **LP**
   treinta thirty, **LP**
   trienta y cinco thirty-five, **LP**
   treinta y cuatro thirty-four, **LP**
   treinta y dos thirty-two, **LP**
   treinta y nueve thirty-nine, **LP**
   treinta y ocho thirty-eight, **LP**
   treinta y seis thirty-six, **LP**
   treinta y siete thirty-seven,
      LP
   treinte y tres thirty-three, **LP**
   treinta y uno thirty-one, **LP**
   tres three, **LP**
   trescientos(as) three hundred
   triste sad, **6.1**
la trompeta trumpet
las tropas troops
   tropical tropical
el trotamundos globe-trotter
el T-shirt T-shirt
   tu(s) your *(fam.)*
   tú you *(fam.)*
el tubo tube, **11.2**
el turismo tourism

   Ud., usted you *(sing.)* *(formal)*
   Uds., ustedes you *(pl.)* *(formal)*
   último(a) last; final
   un(a) a, an, **1.1**
   único(a) only, **2.1**
      el/la hijo(a) único(a) only
         child, **2.1**
el uniforme uniform, **3.1**
la universidad university
   uno(a) one, **LP**
   unos(as) some
   urbano(a) urban
   usar to use, **3.2;** to wear *(size)*,
      9.1

   ¿Qué talla usas? What size
      do you wear (take)?, **9.1**
el/la usuario(a) user
la uva grape, **9.2**

las vacaciones vacation, **7.1**
      estar de vacaciones to be
         on vacation
   vacante vacant
la vainilla vanilla
   vale: No vale. It's not worth
      it., **7.1**
el valle valley
   varios(as) several
el varón man, boy
   vasco(a) Basque
      la pelota vasca jai alai
el vaso glass, **4.1**
   veces: a veces at times,
      sometimes, **6.1**
el/la vecino(a) neighbor
el vegetal vegetable, **4.1**
      los vegetales crudos raw
         vegetables, crudités, **8.1**
   vegetariano(a) vegetarian, **4.1**
   veinte twenty, **LP**
   veinticinco twenty-five, **LP**
   veinticuatro twenty-four, **LP**
   veintidós twenty-two, **LP**
   veintinueve twenty-nine, **LP**
   veintiocho twenty-eight, **LP**
   veintiséis twenty-six, **LP**
   veintisiete twenty-seven, **LP**
   veintitrés twenty-three, **LP**
   veintiuno twenty-one, **LP**
la vela candle, **8.1**
el/la vendedor(a) merchant, **9.2**
   vender to sell, **6.2**
   venezolano(a) Venezuelan
   venir (ie) to come
la venta small hotel
la ventanilla ticket window, **7.2;**
      window *(plane)*, **10.2**
   ver to see, **4.2**
el verano summer, **LP**
la verdad truth
      Es verdad. That's true
         (right)., **9.1**
      ¿verdad? right?
   verdadero(a) real, true
   verde green, **2.1**
la verdulería vegetable
      store, **9.2**
la verdura vegetable, **4.1**
el vestido dress, **9.1**
      el vestido de novia
         wedding dress

la vez time
      a veces at times,
         sometimes, **6.1**
      cada vez each time, every
         time
      de vez en cuando from time
         to time, occasionally, **10.2**
      una vez más once again,
         one more time
   viajar to travel
el viaje trip, voyage **10.1**
      hacer un viaje to take a
         trip, **10.1**
la vida life
el video video
   viejo(a) old, **2.2**
el viento wind, **LP**
      Hace viento. It's windy., **LP**
el viernes Friday, **LP**
el vino wine
el violín violin
   visitar to visit, **8.2**
la vista view
la viuda widow
   vivir to live, **4.1**
   vivo(a) lively
la vocal vowel
   volar (ue) to fly
el volcán volcano
el voleibol volleyball, **7.1**
      la cancha de voleibol
         volleyball court, **7.1**
   volver (ue) to return, **5.1**
      volver a casa to go back
         (return) home, **8.1**
   vosotros(as) you
el vuelo flight, **10.1**

   y and
   ya already
      ¡Ya voy! I'm coming!, **11.2**
   yo I

la zanahoria carrot, **9.2**
las zapatillas (sports) shoes,
      sneakers, **5.1**
los zapatos shoes, **9.1**
la zona area, zone
el zumo juice

English-Spanish Dictionary

This English-Spanish Dictionary contains all productive and some receptive vocabulary from the text. The numbers following each productive entry indicate the chapter and vocabulary section in which the word is introduced. For example, 3.2 means that the word was taught in Capítulo 3, Vocabulario 2. LP refers to the Lecciones preliminares. If there is no number following an entry, this means that the word or expression is included for receptive purposes only.

a un(a)
able: to be able poder (ue), **5.1**
aboard abordo (de), **10.2**
about *(time)* a eso de
above por encima de, **5.2**
  above all sobre todo
absent ausente
according to según
ache el dolor, **6.2**
  My . . . ache(s). Me duele(n)... , **6.2**
  to have a(n) . . . ache tener dolor de... , **6.2**
activity la actividad
address la dirección
adorable cariñoso(a), **2.1;** adorable
advanced avanzado(a), **7.2**
affectionate cariñoso(a), **2.1**
afraid: to be afraid tener miedo, **7.2**
after después (de), **3.1;** *(time)* y
  It's ten after one. Es la una y diez., **LP**
afternoon la tarde
  Good afternoon. Buenas tardes., **LP**
  this afternoon esta tarde, **7.1**
  yesterday afternoon ayer por la tarde, **7.1**
against contra
agent el/la agente, **10.1**
to **agree (with)** estar de acuerdo (con)
air el aire
  open-air (outdoor) café (market) el café (mercado) al aire libre
airline la línea aérea, **10.1**
airplane el avión, **10.1**
airport el aeropuerto, **10.1**
aisle el pasillo, **10.2**

album el álbum
all todo(a), **6.2;** todos(as), **8.1**
  above all sobre todo
almost casi, **8.2**
already ya
also también, **1.2**
always siempre, **8.2**
A.M. de la mañana
American americano(a)
among entre
to **amuse** divertir (ie), **10.2**
amusing divertido(a)
ancient antiguo(a)
and y, **LP**
Andean andino(a)
angry enojado(a), enfadado(a), **6.1**
animal el animal
to **annoy** molestar, enfadar, enojar, **6.1**
another otro(a)
answer la respuesta
to **answer** contestar, **3.1**
any cualquier(a)
any other cualquier otro(a)
anybody alguien, **8.2**
anything algo, **8.2**
  Anything else? ¿Algo más?, **9.2**
apartment el apartamento, el apartamiento, el departamento, **2.2;** el piso
  apartment building el edificio, la casa de apartamentos, **2.2**
to **applaud** aplaudir, **5.1**
  to be applauded recibir aplausos, **8.1**
apple la manzana, **9.2**
appreciated apreciado(a)
April abril, **LP**
area la zona
Argentine argentino(a)
arithmetic la aritmética
arm el brazo, **11.1**
around *(time)* a eso de
around *(space)* alrededor de, **2.2**

to **arrive** llegar, **4.1**
  arriving from procedente de, **10.2**
arrogant altivo(a)
arrow la flecha
art el arte, **1.2**
  art show (exhibition) la exposición de arte, **8.2**
artist el/la artista; el/la pintor(a), **8.2**
as como
to **ask (a question)** preguntar
at a, en
  at around *(time)* a eso de
  at home en casa, **2.2**
  at night por la noche; de noche
  at one o'clock (two o'clock, three o'clock . . .) a la una (a las dos, a las tres...), **LP**
  at times a veces, **6.1**
  at what time? ¿a qué hora?, **LP**
to **attend** asistir (a), **8.1**
  attention: to pay attention prestar atención, **3.1**
attractive guapo(a), **1.1**
August agosto, **LP**
aunt la tía, **2.1**
author el/la autor(a)
autumn el otoño, **LP**
avenue la avenida
Awesome! ¡Bárbaro!, **5.2**

back: in back of detrás de, **2.2**
background la ascendencia
backpack la mochila, **3.1**
backpacker el/la mochilero(a), **11.2**
bacon el tocino, el bacón, **4.1**
bad malo(a), **1.2;** mal, **LP**
  The weather is bad. Hace mal tiempo., **LP**

to be in a bad mood estar de mal humor, **6.1**

to get bad grades sacar notas malas, **3.1**

baggage el equipaje, **10.1**

carry-on baggage el equipaje de mano, **10.1**

balcony el balcón

ball (soccer, basketball) el balón, **5.1**; **(volleyball)**, el balón, **7.1**; **(baseball, tennis)** la pelota, **5.2**

to kick (throw) the ball lanzar el balón, **5.1**

to hit the ball batear, golpear, **5.2**

ballpoint pen el bolígrafo, **3.1**; el lapicero, la pluma

banana el plátano, **9.2**

band la banda, el conjunto, **8.1**

bar (soap) la barra de jabón, **11.2**; la pastilla de jabón

to **bargain** regatear, **9.2**

base *(baseball)* la base, **5.2**

baseball el béisbol, **5.2**

baseball field el campo de béisbol, **5.2**

baseball player el/la jugador(a) de béisbol, el/la beisbolista, **5.2**

basket *(basketball)* el cesto, la canasta, **5.2**

to make a basket encestar, meter el balón en la cesta, **5.2**

basketball el básquetbol, el baloncesto, **5.2**

basketball court la cancha de básquetbol, **5.2**

bat el bate, **5.2**

to **bat** batear, **5.2**

bathing suit el bañador, el traje de baño, **7.1**

bathroom el cuarto de baño, **2.2**; el servicio, **10.2**

batter el/la bateador(a), **5.2**

to **be** ser, **1.1**; estar, **3.1**

to be able (to) poder (ue), **5.1**

to be afraid tener miedo, **7.2**

to be applauded recibir aplausos, **5.1**

to be born nacer

to be called (named) llamarse, **11.1**

to be cold (hot) tener frío (calor), **11.1**

to be fine (well) estar bien, **6.2**

to be going to (do something) ir a, **4.1**

to be hungry tener hambre, **4.1**

to be pleasing (to someone) gustar, **5.1**

to be sick estar enfermo(a), **6.2**

to be successful tener éxito, **6.1**

to be thirsty tener sed, **4.1**

to be . . . years old tener... años, **2.1**

beach la playa, **7.1**

beach resort el balneario, **7.1**

beach towel la toalla, **7.1**

beans los frijoles, **4.1**

green beans las judías verdes, **9.2**

beautiful bello(a), hermoso(a)

because porque, **3.2**

bed la cama, **2.2**

to go to bed acostarse (ue), **11.1**

to stay in bed guardar cama, **6.2**; quedarse en la cama, **11.1**

bedroom el cuarto de dormir, la recámara, **2.2**; el dormitorio, la habitación, la alcoba, la pieza

beef el bife

before antes de, **3.2**

to **begin** empezar (ie), **5.1**; comenzar (ie)

beginner el/la principiante, **7.2**

behaved: to be well-behaved tener buena conducta, **6.1**

behavior la conducta, el comportamiento, **6.1**

behind detrás de, **2.2**

to **believe** creer

below debajo de, **10.2**

beside al lado de, **2.2**

between entre

beverage la bebida, el refresco, **4.1**

bicycle la bicicleta, **2.2**

big gran, grande, **1.2**

biologist el/la biólogo(a)

biology la biología

bird el pájaro

birthday el cumpleaños, **8.1**

black negro(a), **2.1**

blind ciego(a)

to **block** bloquear, **5.1**

blond rubio(a), **1.1**

to have blond hair tener el pelo rubio, **2.1**

blood pressure la tensión arterial, **6.2**

blouse la blusa, **3.1**

blue azul, **2.1**

blue jeans el blue jean, **9.1**

board: on board abordo (de), **10.2**

to **board** embarcar, abordar, **10.2**

boarding el embarque, **10.1**

boarding pass la tarjeta de embarque, **10.1**; la tarjeta de abordar, el pasabordo

boarding time la hora de embarque, **10.1**

boat el barquito, **7.1**

body (human) el cuerpo (humano), **11.1**

book el libro, **3.1**

boot la bota, **7.2**

to **bore** aburrir

boring aburrido(a), **1.2**

born: to be born nacer

to **bother** molestar, enfadar, enojar, **6.1**

bottle la botella, **9.2**

box office la taquilla, **8.2**

boy el muchacho, **1.1**; el niño, **6.2**

brave gallardo(a), valiente, no tener miedo

bread el pan

to **break** romper

breakfast el desayuno, **4.1**

to have breakfast tomar el desayuno, **4.1**; desayunarse

breed la raza

to **bring** traer, **10.1**

bronze *(adj.)* de bronce, **8.2**

brother el hermano, **2.1**

brown castaño(a), **2.1**; de color marrón, **5.1**

to have brown eyes tener ojos castaños, **2.1**

to have brown hair tener el pelo castaño, **2.1**

brunette moreno(a), **1.1**

brush el cepillo, **11.2**

toothbrush el cepillo de dientes, **11.2**

to **brush** cepillar, **11.1**

to brush one's hair cepillarse, **11.1**

to brush one's teeth cepillarse (lavarse) los dientes, **11.1**

building el edificio, **2.2**

burrito el burrito

to **bury** enterrar (ie)

bus el autobús, el bus

school bus el bus escolar, **3.2**

to miss the bus perder el autobús, **8.1**

English-Spanish Dictionary

but pero

butter la mantequilla, **4.1**

to **buy** comprar, **3.2**

by por; en

   by plane (car, bus, etc.) en avión (carro, autobús, etc.)

   by tens de diez en diez

   By the way! ¡A propósito!, **8.2**

Bye! ¡Chao!, **LP**

café el café, **4.2**

cafeteria la cafetería, **4.1**

cake la torta, **4.1;** el pastel, la tarta, **8.1;** el bizcocho

calculator la calculadora, **3.1**

to **call** llamar, **11.2**

calm calmo(a), tranquilo(a), **6.1**

camera la cámara, **7.1**

   digital camera la cámara digital, **7.1**

campfire la fogata

camping el camping, **11.2**

   to go camping ir de camping, **11.2**

can el bote, la lata, **9.2**

candle la vela, **8.1**

capital la capital

car el carro, **2.2;** el coche

carbonated drink la gaseosa, **4.1**

Caribbean Sea el mar Caribe

carrot la zanahoria, **9.2**

to **carry** llevar, **3.1;** traer, **10.1**

carry-on bags el equipaje de mano, **10.2**

cart el carrito, **9.2**

cash register la caja, **3.2**

cashier el/la cajero(a)

cat el/la gato(a), **2.1**

to **catch** atrapar, **5.2**

catcher el/la cátcher, el/la receptor(a), **5.2**

to **celebrate** celebrar

celebration la celebración

cell phone el móvil, **3.2;** el teléfono celular

center el centro

century el siglo

ceramics las cerámicas, **9.2**

cereal el cereal, **4.1**

chair la silla, **2.2**

chairlift el telesilla, el telesquí, **7.2**

character el personaje

cheap barato(a), **9.1**

   It's all a lot cheaper. Todo te sale más barato., **9.1**

to **check (restaurant)** la cuenta, **4.2**

to **check luggage** facturar el equipaje, **10.1**

cheerleader el/la porrista

cheese el queso, **4.1**

   ham and cheese sandwich el sándwich de jamón y queso, **4.1**

chemistry la química

chicken el pollo, **4.1**

child el/la niño(a), **6.2**

children los hijos, **2.1**

Chilean chileno(a)

chocolate el chocolate

   hot chocolate el chocolate caliente, **4.1**

to **choose** escoger

city la ciudad, **2.2**

civilization la civilización

to **clap** aplaudir, **5.1**

class la clase; el curso, **1.2**

classroom la sala de clase, **3.1**

clothing la ropa, **9.1**

   clothing store la tienda de ropa, **9.1**

cloud la nube, **7.1**

cloudy nublado(a), **7.1**

coach el/la entrenador(a)

co-ed mixto(a)

coffee el café, **4.1**

cognate la palabra afine

   false cognate el amigo falso, **2.1**

cola la cola, **4.1**

cold el frío; frío(a), **4.2;** *(illness)* el catarro, **6.2**

   It's cold (weather). Hace frío., **LP**

   to be cold tener frío, **11.1**

   to have a cold tener catarro, **6.2**

Colombian colombiano(a), **1.2**

color el color, **5.1**

comb el peine, **11.2**

to **comb one's hair** peinarse, **11.1**

to **come** venir (ie)

   coming from procedente de, **10.2**

   I'm coming! ¡Ya voy!, **11.2**

comical cómico(a), gracioso(a), **1.1**

companion el/la compañero(a)

to **complete** completar

composition la composición

computer la computadora, el ordenador, **3.2**

concert el concierto, **8.1**

condo(minium) el condominio

conduct la conducta, **6.1**

connected conectado(a)

connection la conexión

consonant la consonante

continent el continente

conversation la conversación

cool fresco(a), **LP**

   It's cool (weather). Hace fresco., **LP**

corn el maíz, **9.2**

to **cost** costar (ue), **3.2**

   How much does it cost? ¿Cuánto cuesta?, **3.2**

Costa Rican costarricense

cough la tos, **6.2**

   to have a cough tener tos, **6.2**

to **cough** toser, **6.2**

counter (airline) el mostrador, **10.1**

country el país; el campo

   Spanish-speaking countries los países hispanohablantes

course el curso, **1.2**

court la cancha, **5.2**

   basketball (tennis) court la cancha de básquetbol (tenis), **5.2**

   volleyball court la cancha de voleibol, **7.1**

courtesy la cortesía, **LP**

cousin el/la primo(a), **2.1**

crackers las galletas, **8.1**

crafts la artesanía, **9.2**

cross-country skiing el esquí nórdico

Cuban cubano(a)

Cuban American cubanoamericano(a)

culture la cultura

cup la taza, **4.1**

custard el flan, **4.1**

customer el/la cliente(a), **4.2**

D

to **dance** bailar
dangerous peligroso(a)
dark-haired moreno(a), **1.1**
data los datos
date la fecha, **LP**
  What's today's date? ¿Cuál es la fecha de hoy?, **LP**
daughter la hija, **2.1**
day el día, **LP**
  What day is it (today)? ¿Qué día es hoy?, **LP**
dead muerto(a)
dear querido(a)
death la muerte
December diciembre, **LP**
to **decide** decidir
delay el retraso, la demora, **10.2**
delicious delicioso(a); rico(a)
departure la salida, **10.1**
  departure gate la puerta de salida, **10.2**
  departure time la hora de salida, **10.1**
to **deplane** desembarcar
to **describe** describir
description la descripción
desert el desierto
desk el pupitre, **3.1**
dessert el postre, **4.1**; la sobremesa
dictation el dictado
to **die** morir (ue)
difference la diferencia
different diferente, **9.2**
difficult difícil, duro(a), **1.2**; avanzado(a), **7.2**
difficulty la dificultad
digital camera la cámara digital, **7.1**
dining room el comedor, **2.2**
dinner la cena, **4.1**
  to have dinner cenar, **4.1**
direction la dirección
disagreeable desagradable
to **disembark** desembarcar
dish el plato
dispenser: automatic boarding pass dispenser el distribuidor automático, **10.1**
to **dive** bucear, **7.1**
  divine divino(a)
to **do** hacer, **10.2**

doctor el/la médico(a), **6.2**
  doctor's office el consultorio, la consulta, **6.2**
dog el/la perro(a), **2.1**
Dominican dominicano(a)
  Dominican Republic la República Dominicana
doubles (tennis) dobles, **5.2**
doughnut (type of) el churro
down: to go down bajar, **7.2**
downhill skiing el esquí alpino
dozen la docena
drawing el dibujo
dress el vestido, **9.1**
to **dribble** driblar (con el balón), **5.2**
drink (beverage) la bebida, **4.1**; el refresco, **4.2**
to **drink** beber, **4.1**
drugstore la farmacia, **6.2**
during durante, **3.2**
DVD el DVD, **3.1**
dynamic dinámico(a), **6.1**

E

each cada, **2.2**
early temprano, **10.2**
early riser el/la madrugador(a), **11.1**
to **earn** ganar
earthquake el terremoto
easily sin dificultad, **7.2**
easy fácil, **1.2**
to **eat** comer, **4.1**
  to eat breakfast (lunch) tomar el desayuno (el almuerzo), **4.1**
  to eat dinner cenar, **4.1**
Ecuadoran ecuatoriano(a), **1.1**
education la educación
  physical education la educación física, **1.2**
egg el huevo, **4.1**
eight ocho, **LP**
eight hundred ochocientos(as)
eighteen dieciocho, **LP**
eighty ochenta, **LP**
either tampoco (*after negation*)
elbow el codo, **11.1**
electronic electrónico(a)
elementary: elementary school la escuela primaria
eleven once, **LP**
else: Anything else? ¿Algo más?, **9.2**
  Nothing else. Nada más., **9.2**

e-mail el correo electrónico, **3.2**; el e-mail
to **e-mail** enviar un correo electrónico, **3.2**
employee el/la empleado(a), **3.2**; el/la dependiente(a)
enchilada la enchilada
end el fin
energetic energético(a), **6.1**
energy la energía, **6.1**
English el inglés, **1.2**
to **enjoy** disfrutar de, gozar de
enough bastante
to **enter** entrar, **5.1**
enthusiasm el entusiasmo, **6.1**
enthusiastic lleno(a) de entusiasmo, **6.1**; entusiasmado(a)
especially especialmente, sobre todo
e-ticket el boleto (billete) electrónico, **10.1**
euro el euro
even aun
evening la noche
  Good evening. Buenas noches., **LP**
  in the evening por la noche
  yesterday evening anoche, **7.1**
everyone todos(as), **8.1**
everything todo(a), **6.2**; todos(as)
everywhere en todas partes
exam el examen, la prueba, **3.1**
  physical exam el examen físico, **6.2**
  to take an exam tomar un examen, **3.1**
to **examine** examinar, **6.2**
example: for example por ejemplo
excellent excelente
exception la excepción
Excuse me. Con permiso., **10.1**
exhibition la exposición (de arte), **8.2**
exotic exótico(a)
expensive caro(a), **9.1**
expert el/la experto(a), **7.2**
to **explain** explicar
extraordinary extraordinario(a)
eye el ojo, **2.1**
  to have blue (green, brown) eyes tener ojos azules (verdes, castaños), **2.1**

English-Spanish Dictionary

F

fabrics los tejidos, **9.2**
fabulous fabuloso(a)
face la cara, **6.1**
fact el hecho
fall *(season)* el otoño, **LP**
to **fall** caer
to **fall asleep** dormirse (ue), **11.1**
false falso(a)
family la familia, **2.1**
famous famoso(a)
fan el/la aficionado(a), **5.1**
fantastic fantástico(a)
far lejos (de), **3.2**
fast rápido(a)
fastened abrochado(a), **10.2**
fat gordo(a)
father el padre, **2.1**
favor el favor
favorite favorito(a)
feature la característica
February febrero, **LP**
fever la fiebre, **6.2**
  to have a fever tener fiebre, **6.2**
few poco(a), pocos(as), **2.2**
  a few unos(as)
field el campo, **5.1**
  baseball field el campo de béisbol, **5.2**
  soccer field el campo de fútbol, **5.1**
fifteen quince, **LP**
  fifteen-year-old girl la quinceañera
fifty cincuenta, **LP**
fight la lucha
film el filme, la película, **8.2**; el film
fine bien, **LP**
  to be fine estar bien, **6.2**
finger el dedo, **11.1**
to **finish** terminar
first primero(a), **LP**
fish el pescado, **4.1**
five cinco, **LP**
five hundred quinientos(as), **9.2**
flag la bandera
flan el flan, **4.1**

flight el vuelo, **10.1**
  flight attendant el/la asistente(a) de vuelo, **10.2**
  flight number el número del vuelo, **10.1**
floor el piso, **2.2**
flower la flor, **2.2**
to **fly** volar (ue)
folder la carpeta, **3.2**
to **follow** seguir
food la comida, **4.1**; el comestible
foolish tonto(a)
foot el pie, **5.1**
  on foot a pie, **3.2**
football el fútbol americano
for por, para; con destino a, **10.2**
  for example por ejemplo
foreign extranjero(a)
to **forget** olvidar
forty cuarenta, **LP**
four cuatro, **LP**
four hundred cuatrocientos(as), **9.2**
fourteen catorce, **LP**
free libre, **4.2**
French *(language)* el francés, **1.2**
french fries las papas (patatas) fritas, **4.1**
frequently con frecuencia, frecuentemente
Friday el viernes, **LP**
fried frito(a)
friend el/la amigo(a), **1.1**; el/la compañero(a)
friendly agradable, **6.1**
from de, **LP**
  from where? ¿de dónde?, **1.1**
front: in front of delante de, **2.2**
frozen congelado(a), **9.2**
fruit la fruta, **9.2**
fruit stand la frutería, **9.2**
full of lleno(a) de, **6.1**
fun: to have fun divertirse (ie), **11.2**
funny cómico(a); gracioso(a), **1.1**; divertido(a)
furniture los muebles, **2.2**

G

game el juego, el partido, **5.1**
garage el garaje, **2.2**

garden el jardín, **2.2**
gate (airport) la puerta de salida, **10.2**
general general
  generally, in general en general, por lo general
generous generoso(a)
gentle manso(a)
gentleman el señor, **LP**
geography la geografía
geometry la geometría
to **get** sacar, **3.1**
  to get good (bad) grades sacar notas buenas (malas), **3.1**
  to get dressed ponerse la ropa, **11.1**
  to get up levantarse, **11.1**
gift el regalo, **8.1**
girl la muchacha, **1.1**; la niña, **6.2**
to **give** dar, **3.1**
  to give an exam dar un examen (una prueba), **3.1**
  to give (throw) a party dar una fiesta, **8.1**
glass *(drinking)* el vaso, **4.1**
glove el guante, **5.2**
to **go** ir, **3.2**; pasar, **5.2**
  to be going (to do something) ir a, **4.2**
  to go back regresar, **3.2**; volver (ue), **5.1**
  to go camping ir de camping, **11.2**
  to go down bajar, **7.2**
  to go for a hike dar una caminata, **11.2**
  to go home regresar a casa, **3.2**; volver (ue) a casa, **8.1**
  to go ice-skating patinar sobre el hielo, **7.2**
  to go out salir, **8.1**
  to go over the net pasar por encima de la red, **5.2**
  to go snorkeling bucear, **7.1**
  to go shopping ir de compras, **9.1**
  to go skiing esquiar, **7.2**
  to go surfing practicar la tabla hawaiana, **7.1**
  to go through pasar por, **10.2**
  to go to bed acostarse (ue), **11.1**
  to go to the movies ir al cine, **8.2**

to go up subir, **7.2**

to go waterskiing esquiar en el agua, **7.1**

to go windsurfing practicar la plancha de vela, **7.1**

goal el gol, **5.1**

goal *(box)* la portería, **5.1**

to score a goal meter un gol, **5.1**

goalie el/la portero(a), **5.1**

going to con destino a, **10.2**

good bueno(a), **1.1**

Good afternoon. Buenas tardes., **LP**

Good evening. Buenas noches., **LP**

Good morning. Buenos días., **LP**

to get good grades sacar notas buenas, **3.1**

Good-bye! ¡Adiós!, ¡Chao!, **LP**

good-looking guapo(a), bonito(a), **1.1**

grade la nota, **3.1**

to get good (bad) grades sacar notas buenas (malas), **3.1**

grandchildren los nietos, **2.1**

granddaughter la nieta, **2.1**

grandfather el abuelo, **2.1**

grandmother la abuela, **2.1**

grandparents los abuelos, **2.1**

grandson el nieto, **2.1**

grape la uva, **9.2**

gray gris, **5.1**

great gran, grande

Great! ¡Bárbaro!, **5.2**

green verde, **2.1**

green beans las judías verdes, **9.2**

green pepper el pimiento, **9.2**

greeting el saludo, **LP**

group *(musical)* el grupo, el conjunto, **8.1**

to **guard** guardar, **5.1**

Guatemalan guatemalteco(a), **1.1**

guest el/la invitado(a)

guitar la guitarra

gym(nasium) el gimnasio

hair el pelo, **2.1**

to brush one's hair cepillarse, **11.1**

to comb one's hair peinarse, **11.1**

to have blond (brown, black) hair tener el pelo rubio (castaño, negro), **2.1**

half *(soccer)* el tiempo, **5.1**

second half *(soccer)* el segundo tiempo, **5.1**

half past *(hour)* y media, **LP**

ham el jamón, **4.1**

ham and cheese sandwich el sándwich de jamón y queso, **4.1**

hamburger la hamburguesa, **4.1**

hand la mano, **3.1**

to raise one's hand levantar la mano, **3.1**

hand baggage el equipaje de mano, **10.1**

handsome guapo(a), **1.1**

happy alegre, contento(a), **6.1**; feliz

hard *(adj.)* difícil, duro(a), **1.2**

hardworking ambicioso(a), **1.2**; trabajador(a)

to **have** tener (ie), **2.1**

to have a cold tener catarro, **6.2**

to have a fever tener fiebre, **6.2**

to have a good time pasarlo bien, divertirse (ie), **11.2**

to have a headache tener dolor de cabeza, **6.2**

to have a party dar una fiesta, **8.1**

to have a snack tomar una merienda, **4.2**

to have a sore throat tener dolor de garganta, **6.2**

to have a stomachache tener dolor de estómago, **6.2**

to have blond (brown, black) hair tener el pelo rubio (castaño, negro), **2.1**

to have blue (brown, green) eyes tener ojos azules (castaños, verdes), **2.1**

to have breakfast tomar el desayuno, **4.1**; desayunarse

to have dinner cenar, **4.1**

to have fun pasarlo bien, divertirse (ie), **11.2**

to have lunch tomar el almuerzo, **4.1**

to have to (do something) tener que, **4.1**

he él, **1.1**

head la cabeza, **6.2**

headache: to have a headache tener dolor de cabeza, **6.2**

health la salud, **6.1**

to **hear** oír, **8.1**

heart el corazón

heat el calor

Hello! ¡Hola!, **LP**

helmet el casco, **7.2**

to **help** ayudar, **10.1**

her su(s); la *(pron.)*

here aquí, acá

hero el héroe

heroine la heroína

Hi! ¡Hola!, **LP**

high alto(a), **3.1**

high school la escuela secundaria, **1.2**; el colegio

hike: to take (go for) a hike dar una caminata, **11.2**

hiker el/la mochilero(a), **11.2**

him lo; le

his su(s)

Hispanic hispano(a)

history la historia, **1.2**

to **hit** *(baseball)* batear, *(tennis)* golpear, **5.2**

to hit a home run batear un jonrón

holiday la fiesta

home la casa, **2.2**; a casa, **3.2**

at home en casa

to go home regresar a casa, **3.2**; volver (ue) a casa, **8.1**

home plate el platillo, **5.2**

home run el jonrón

to hit a home run batear un jonrón

homework la tarea

honest honesto(a)

hot: to be hot tener calor, **11.1**

It's (very) hot *(weather).* Hace (mucho) calor., **LP**

hot caliente, **4.1**

hour la hora

house la casa, **2.2**

apartment house el edificio, la casa de apartamentos, **2.2**

how? ¿cómo?, **1.1**; ¿qué?, **LP**

How are things going? ¿Qué tal?, **LP**

How are you? ¿Cómo estás?

how many? ¿cuántos(as)?, **2.1**

How much does it cost? ¿Cuánto cuesta?, **3.2**

How much is (are) . . . ? ¿A cuánto está(n)... ?, **9.2**

How much is it? ¿Cuánto es?, **LP**

How old is he (she)? ¿Cuántos años tiene?, **2.1**

English-Spanish Dictionary

humor: to have a good sense of humor tener un buen sentido de humor, **6.1**
hundred cien(to), **LP**
hunger el hambre (*f.*)
hungry: to be hungry tener hambre, **4.1**
to **hurt** doler (ue), **6.2**
    Me duele la cabeza (el estómago, etc.). My head (stomach, etc.) hurts.
husband el esposo, el marido, **2.1**

I yo
ice el hielo, **7.2**
ice cream el helado, **4.1**
ice skate el patín, **7.2**
to **ice-skate** patinar sobre el hielo, **7.2**
ice-skater el/la patinador(a), **7.2**
ice-skating el patinaje sobre el hielo, **7.2**
    ice-skating rink la pista de patinaje, **7.2**
ID card el carnet de identidad, **10.2**
idea la idea
identification la identidad, **10.2**
to **identify** identificar
if si
ill-mannered mal educado(a), **6.1**
illness la enfermedad
immediately enseguida, **4.2**
impatient impaciente, **6.1**
important importante
impossible imposible
in en
    in back of detrás de, **2.2**
    in front of delante de, **2.2**
to **include** incluir
    Is the tip included? ¿Está incluido el servicio?, **4.2**
incredible increíble
indicate indicar
indigenous indígena, **9.2**
individual: individual sport el deporte individual
indoor cubierto(a)
inexpensive barato(a), **9.1**
influence la influencia
information la información, **3.2**

inhabitant el/la habitante
intelligent inteligente, **1.2**
Internet el Internet, **3.2**
    to surf the Net navegar el Internet, **3.2**
interest el interés
to **interest** interesar, **5.1**
interesting interesante, **1.2**
international internacional, **10.1**
to **invite** invitar
island la isla
it lo, la
Italian italiano(a)

jacket la chaqueta, **9.1**
    ski jacket la chaqueta de esquí, el anorak, **7.2**
January enero, **LP**
jar el frasco, **9.2**
jeans el blue jean, **9.1**
juice el jugo, el zumo, **4.1**
    orange juice el jugo de naranja, **4.1**
July julio, **LP**
June junio, **LP**
just: to have just (done something) acabar de, **4.2**

kebabs los pinchitos, **4.2**
to **kick** lanzar, **5.1**
kilo(gram) el kilo, **9.2**
king el rey
kitchen la cocina, **2.2**
knapsack la mochila, **3.1**
knee la rodilla, **11.1**
to **know** saber; conocer, **9.1**
    to know how (to do something) saber, **9.1**

L

to **lack** faltar, **6.1**
    He/She lacks . . . Le falta... , **6.1**
lake el lago
lamp la lámpara, **2.2**
to **land** aterrizar, **10.2**
landing el aterrizaje, **10.2**
language la lengua

large gran, grande, **1.2**
last pasado(a), **7.1**; último(a)
    last night anoche, **7.1**
    last week la semana pasada, **7.1**
    last year el año pasado, **7.1**
late tarde, con un retraso (una demora), **10.2**
later luego, **LP**
    See you later! ¡Hasta luego!, **LP**
Latin America Latinoamérica
Latin American latinoamericano(a)
Latino latino(a)
lazy perezoso(a), **1.2**
league la liga
to **learn** aprender, **4.2**
to **leave** salir, **8.1**; dejar
left izquierdo(a), **11.1**
leg la pierna, **11.1**
legend la leyenda
lemonade la limonada
less menos, **9.1**
lesson la lección
to **let** dejar; permitir
lettuce la lechuga, **4.1**
life la vida
like como
to **like** gustar, **5.1**
    What would you like (to eat)? ¿Qué desean tomar?, **4.2**
line (of people) la cola, **10.2**; la fila
    to wait in line hacer cola, **10.2**; estar en fila
to **listen to** escuchar, **3.2**
    Listen! ¡Oye!
literature la literatura
little pequeño(a), **1.2**
    a little poco(a), **2.2**
to **live** vivir, **4.1**
living room la sala, **2.2**
long largo(a), **5.1**
to **look at** mirar, **3.2**
    Look! ¡Mira!, **3.1**
to **look at oneself** mirarse, **11.1**
to **look for** buscar, **3.2**
to **lose** perder (ie), **5.1**
lot: a lot mucho(a), **LP**; muchos(as), **2.1**
lotion: suntan lotion la crema solar, la loción bronceadora, **7.1**

love el amor
   in love enamorado(a)
   loved one el/la amado(a)
low bajo(a), **3.1**
to **lower (prices)** rebajar, **9.1**
luggage el equipaje, **10.1**
   hand luggage el equipaje
   de mano, **10.1**
lunch el almuerzo, **4.1**
   to have lunch tomar
   el almuerzo, **4.1**

mad enojado(a), enfadado(a),
   6.1
madam (la) señora, **LP**
magazine la revista
main principal
majority la mayoría;
   mayoritario(a) *(adj.)*
to **make** hacer, **10.2**
   to make a basket encestar,
   meter el balón en la cesta,
   5.2
mall el centro comercial, **9.1**
man el hombre
manager el/la entrenador(a)
manners los modales, **6.1**
   to have good (bad)
     manners tener buenos
     (malos) modales, **6.1**
many muchos(as), **2.2**
   how many? ¿cuántos(as)?,
   2.1
March marzo, **LP**
mark la nota, **3.1**
   bad (low) mark la nota
   mala (baja), **3.1**
   good (high) mark la nota
   buena (alta), **3.1**
   to get good (bad) marks
   sacar notas buenas
   (malas), **3.1**
market el mercado, **9.2**
   native market el mercado
   indígena, **9.2**
market stall el puesto,
   el tenderete, **9.2**
to **marry: to get married**
   casarse
to **match** parear
mathematics las matemáticas,
   1.2
May mayo, **LP**
maybe quizá, quizás, tal vez,
   7.2
mayonnaise la mayonesa,
   9.2
me mí; me

meal la comida, **4.1**
to **mean** significar
meat la carne, **4.1**
meatball la albóndiga, **4.2**
meat pie la empanada, **4.2**
medicine el medicamento, la
   medicina, **6.2**
medium-sized mediano(a)
member el miembro, **2.1**
menu el menú, **4.2**
merchant el/la vendedor(a),
   9.2
Mexican mexicano(a), **1.2**
Mexican American
   mexicanoamericano(a)
milk la leche, **4.1**
million el millón
   a million dollars un millón
   de dólares
mineral water el agua mineral,
   4.2
mirror el espejo, **11.1**
Miss (la) señorita, **LP**
to **miss (the bus)** perder (ie)
   (el autobús), **8.1**
modern moderno(a)
mom mamá
Monday el lunes, **LP**
money el dinero, **3.2**
month el mes, **LP**
mood el humor, **6.1**
   to be in a good (bad)
     mood estar de buen
     (mal) humor, **6.1**
more más, **9.1**
morning la mañana
   Good morning. Buenos
   días., **LP**
   in the morning por
   la mañana
mother la madre, **2.1**
mountain la montaña, **7.2**
mountain top el pico, **7.2**
mouth la boca, **6.2**
movie la película, el filme,
   8.2; el film
movie theater el cine, **8.2**
movies: to go to the
   movies ir al cine, **8.2**
MP3 player el MP3, **3.2**
Mr. (el) señor, **LP**
Mr. and Mrs. (los) señores
Mrs. (la) señora, **LP**
Ms. (la) señorita, (la) señora,
   LP
much mucho(a), **LP**
   how much? ¿cuánto?
   How much does it cost
   (is it)? ¿Cuánto es?, **LP**;
   ¿Cuánto cuesta?, **3.2**

museum el museo, **8.2**
music la música, **1.2**
musician el/la músico(a),
   8.1
must deber
my mi, mis

name el nombre, **2.1**
   My name is . . . Me llamo... ,
   11.1
   What is your name? ¿Cómo
   te llamas?, **11.1**; ¿Cuál es
   su nombre? *(formal)*
national nacional
nationality la nacionalidad,
   1.1
   what nationality? ¿de qué
   nacionalidad?, **1.1**
native indígena, **9.2**
   native person el/la
   indígena
near cerca de, **3.2**
necktie la corbata, **9.1**
to **need** necesitar, **3.2**
neighbor el/la vecino(a)
neighborhood el barrio
neither tampoco
nephew el sobrino, **2.1**
nervous nervioso(a), **6.1**
net (World Wide Web)
   la red, **3.2**; *(tennis),* **5.2**
   to surf the Net navegar
   el Internet, **3.2**
never nunca, **8.2**
new nuevo(a), **1.1**
newspaper el periódico
next to al lado de, **2.2**
nice simpático(a), **1.1**;
   (weather) buen (tiempo)
   Nice to meet you. Mucho
   gusto., **1.2**
   The weather is nice.
   Hace buen tiempo., **LP**
niece la sobrina, **2.1**
night la noche
   at night por la noche
   Good night. Buenas
   noches., **LP**
   last night anoche, **7.1**
nine nueve, **LP**
nine hundred novecientos(as)
nineteen diecinueve, **LP**
ninety noventa, **LP**
no no, **LP**; ninguno(a)
   by no means de ninguna
   manera
nobody nadie, **8.2**
none ninguno(a)

English-Spanish Dictionary

noon el mediodía

no one nadie, **8.2**

normal normal, **6.2**

north el norte

North American norteamericano(a), **1.1**

no-smoking sign la señal de no fumar, **10.2**

not no, **1.2**

notebook el cuaderno, **3.1**

nothing nada, **8.2**

   Nothing else. Nada más., **9.2**

novel la novela

November noviembre, **LP**

now ahora

number el número, **10.1**

   flight number el número del vuelo, **10.1**

   seat number el número del asiento, **10.1**

nurse el/la enfermero(a), **6.2**

objective el objetivo

obligatory obligatorio(a)

to **observe** observar

obstinate obstinado(a), **6.1**

occupied ocupado(a), **4.2**

ocean el océano

o'clock: It's two o'clock. Son las dos., **LP**

October octubre, **LP**

of de

of course claro que... , ¡cómo no!

office: doctor's office la consulta del médico, **6.2**

old viejo(a), **2.2**

   How old is he (she)? ¿Cuántos años tiene?, **2.1**

older mayor, **2.1**

oldest el/la mayor, **2.1**

olive la aceituna, **4.2**

on sobre, en

   on board abordo (de), **10.2**

   on foot a pie

   on time a tiempo, **10.2**

   on top of sobre

one uno; uno(a), **LP**

one hundred cien(to), **LP**

one thousand mil, **9.2**

onion la cebolla, **9.2**

only único(a), **2.1**; solo; solamente

to **open** abrir, **4.2**

open-air al aire libre, **7.2**

open-minded flexible, **6.1**

opinion la opinión

opponents el equipo contrario, **7.1**

opposing: opposing team el equipo contrario, **7.1**

opposite el contrario

or o

orange *(color)* anaranjado(a), **5.1**; naranja

orange *(fruit)* la naranja, **4.1**

   orange juice el jugo (zumo) de naranja, **4.1**

order *(restaurant)* la orden, **4.2**

other otro(a)

   any other cualquier otro(a)

our nuestro(a), nuestros(as)

outdoor al aire libre, **7.2**

outfielder el/la jardinero(a), **5.2**

over por encima de, **5.2**

overhead bin el compartimiento superior, **10.2**

own propio(a), **5.1**

oxygen mask la máscara de oxígeno, **10.2**

to **pack** hacer la maleta, **10.1**

package el paquete, **9.2**

pain el dolor, **6.2**

painter el/la pintor(a), **8.2**

painting el cuadro, **8.2**; la pintura

pair el par, **9.1**

pants el pantalón, **3.1**

   long pants el pantalón largo, **9.1**

paper: sheet of paper la hoja de papel, **3.1**

parents los padres, **2.1**

park el parque, **11.2**

parrot el loro

part la parte

party la fiesta, **8.1**

   to (have) throw a party dar una fiesta, **8.1**

to **pass** pasar, **5.2**

passenger el/la pasajero(a), **10.1**

passport el pasaporte, **10.2**

patience la paciencia, **6.1**

patient *(adj.)* paciente, **6.1**

patient *(n.)* el/la enfermo(a), **6.2**

to **pay** pagar, **3.2**

   to pay attention prestar atención, **3.1**

pea el guisante, **9.2**

peanut el cacahuate, el maní, **8.1**; el cacahuete

pen el bolígrafo, **3.1**; el lapicero, la pluma

pencil el lápiz, **3.1**; lápices *(pl.)*

people la gente, **9.1**

perhaps quizá, quizás, tal vez, **7.2**

person la persona

personality la personalidad, **6.1**

Peruvian peruano(a)

pet la mascota, **2.1**

pharmacist el/la farmacéutico(a)

pharmacy la farmacia, **6.2**

photo(graph) la foto(grafía)

   to take photos sacar (tomar) fotos, **7.1**

physical (exam) el examen físico, **6.2**

physical education la educación física, **1.2**

piano el piano

picture la foto(grafía)

   to take pictures sacar (tomar) fotos, **7.1**

picturesque pintoresco(a)

pineapple la piña, **9.2**

pink rosado(a), **5.1**

pitcher *(baseball)* el/la pícher, el/la lanzador(a), **5.2**

pizza la pizza, **4.1**

place el lugar

plane el avión, **10.1**

plantain: slices of fried plantain los tostones, **4.2**; los patacones

to **play** *(sport)* jugar, **5.1**; *(musical instrument)* tocar, **8.1**

player el/la jugador(a), **5.1**

   baseball player el/la jugador(a) de béisbol, el/la beisbolista, **5.2**

pleasant agradable, **6.1**

please por favor, **LP**; favor de (+ *infinitive*), **11.2**
pleasure: It's a pleasure to meet you. Mucho gusto.
P.M. de la tarde, de la noche
point el tanto, **5.1**
    to score a point marcar un tanto, **5.1**
polite bien educado(a), **6.1**
pool la piscina, la alberca, **7.1**
poor pobre
population la población
portrait el retrato
possible posible
potato la papa, la patata, **4.1**
    french fried potatoes las papas (patatas) fritas, **4.1**
pound (*weight*) la libra
practically casi, **8.2**
to practice practicar
to prefer preferir (ie)
to prepare preparar
to prescribe recetar, **6.2**
prescription la receta, **6.2**
present el regalo, **8.1**
to present presentar
pretty bonito(a), **1.1**
price el precio, **9.1**
primary primario(a)
private privado(a), **2.2**
prize (award) el premio
problem el problema
product el producto, **9.2**
to promise prometer
Puerto Rican puertorriqueño(a), **1.1**
pulse el pulso, **6.2**
purchase la compra, **9.2**
to push empujar
to put poner, **10.2**
to put on (*clothes*) ponerse, **11.1**
to put up (*tent*) armar, montar, **11.2**

Q

quarter: a quarter past (the hour) y cuarto, **LP**
question la pregunta, **3.1**
    to ask a question preguntar
quite bastante, **1.2**

R

racket la raqueta, **5.2**
to rain llover (ue)
    It's raining. Llueve., **LP**

to raise levantar, **3.1**
    to raise one's hand levantar la mano, **3.1**
rather bastante, **1.2**
raw crudo(a), **8.1**
    raw vegetables los vegetales crudos, **8.1**
to read leer, **4.2**
reading la lectura
to receive recibir, **4.1**
red rojo(a), **5.1**
redheaded pelirrojo(a), **1.1**
to reduce rebajar, **9.1**
relative el/la pariente, **2.1**
to remain quedarse, **11.1**
to remember recordar (ue)
to rent alquilar, rentar, **7.1**
to repeat repetir
republic la república
    Dominican Republic la República Dominicana
required obligatorio(a)
resort: seaside resort el balneario, **7.1**
rest: the rest lo(s) demás
restaurant el restaurante
restroom el servicio, **10.2**
to return regresar, **3.2**; volver (ue), **5.1**; (*something*) devolver (ue), **5.2**
review el repaso
rice el arroz, **4.1**
right derecho(a), **11.1**
right away enseguida, **4.2**
rink (ice-skating) la pista de patinaje, **7.2**
river el río
roll (*bread*) el panecillo, **4.1**
roll of toilet paper el rollo de papel higiénico, **11.2**
room el cuarto, **2.2**; (*museum*) el salón, **8.2**
    bathroom el cuarto de baño, **2.2**
    classroom la sala de clase, **3.1**
    dining room el comedor, **2.2**
    living room la sala, **2.2**
routine la rutina, **11.1**
    daily routine la rutina diaria, **11.1**
rude mal educado(a), **6.1**
ruins las ruinas
rumor el chisme
to run correr, **5.2**
runway la pista, **10.2**

S

sad triste, deprimido(a), **6.1**
salad la ensalada, **4.1**
sale el saldo, la liquidación, **9.1**
salesperson el/la empleado(a), **3.2**; el/la dependiente(a)
salt la sal
same mismo(a), **1.2**
sand la arena, **7.1**
sandal la sandalia, **9.2**
sandwich el sándwich, el bocadillo, **4.1**; la torta
    ham and cheese sandwich el sándwich de jamón y queso, **4.1**
Saturday el sábado, **LP**
to save salvar
to say decir
scared: to be scared tener miedo, **7.2**
school la escuela, **1.2**; el colegio; la academia
    elementary school la escuela primaria
    high school la escuela secundaria, **1.2**; el colegio
school (*related to*) escolar
    school bus el bus escolar, **3.2**
    school supplies los materiales escolares, **3.1**
science la ciencia, **1.2**
score el tanto, **5.1**
    to score a goal meter un gol, **5.1**
    to score a point marcar un tanto, **5.1**
screen la pantalla
sculptor el/la escultor(a), **8.2**
sculpture la escultura, **8.2**
sea el mar, **7.1**
    Caribbean Sea el mar Caribe
seaside resort el balneario, **7.1**
season la estación, **LP**
    ¿Qué estación es? What season is it?, **LP**
seat el asiento, **10.1**
    seat number el número del asiento, **10.2**
seat belt el cinturón de seguridad, **10.2**
second segundo(a)
    second half (*soccer*) el segundo tiempo, **5.1**
secondary secundario(a), **1.2**

English-Spanish Dictionary

security (checkpoint) el control de seguridad, **10.2**

   to go through security pasar por el control de seguridad, **10.2**

to **see** ver, **4.2**

   See you later! ¡Hasta luego!, **LP**

   See you soon! ¡Hasta pronto!, **LP**

   See you tomorrow! ¡Hasta mañana!, **LP**

to **seem** parecer

   It seems to me . . . Me parece...

to **sell** vender, **6.2**

to **send** enviar, **3.2**

   sense: sense of humor el sentido de humor, **6.1**

   to have a good sense of humor tener un buen sentido de humor, **6.1**

sentence la frase, la oración

September septiembre, **LP**

serious serio(a), **1.1**

server el/la mesero(a), **4.2**; el/la camarero(a)

seven siete, **LP**

seven hundred setecientos(as)

seventeen diecisiete, **LP**

seventy setenta, **LP**

several varios(as)

shake *(drink)* el batido, **4.2**

shame: What a shame! ¡Qué pena!, **5.1**

shampoo el champú, **11.2**

she ella, **1.1**

sheet: sheet of paper la hoja de papel, **3.1**

shirt la camisa, **3.1**

shoe size el número, **9.1**

shoes las zapatillas, **5.1**; los zapatos, **9.1**

to **shop** ir de compras, **9.1**

shopping cart el carrito, **9.2**

shopping center el centro comercial, **9.1**

short *(person)* bajo(a), **1.1**; *(length)* corto(a), **9.1**

shorts el pantalón corto, **5.1**

shoulder el hombro

to **show** mostrar (ue), **10.2**

shower la ducha, **11.1**

   to take a shower tomar una ducha, **11.1**

shrimp los camarones, **4.2**; las gambas

shy tímido(a)

sick enfermo(a), **6.2**

sign la señal

   no-smoking sign la señal de no fumar, **10.2**

silver la plata

similar similar

since desde; como

sincere sincero(a)

to **sing** cantar, **8.1**

singer el/la cantante, **8.1**

single solo(a)

singles *(tennis)* individuales, **5.2**

sir (el) señor, **LP**

sister la hermana, **2.1**

to **sit down** sentarse (ie), **11.1**

six seis, **LP**

six hundred seiscientos(as)

sixteen dieciséis, **LP**

sixty sesenta, **LP**

size *(clothing)* la talla; *(shoes)* el número, **9.1**

   What size do you take? ¿Qué talla usas?, **9.1**

   What size shoe do you wear? ¿Qué número calzas?, **9.1**

to **skate** patinar, **7.2**

ski el esquí, **7.2**

   ski hat el gorro, **7.2**

   ski jacket la chaqueta de esquí, el anorak, **7.2**

   ski lift el telesilla, el telesquí, **7.2**

   ski pole el bastón, **7.2**

   ski resort la estación de esquí, **7.2**

   ski slope la pista, **7.2**

to **ski** esquiar, **7.2**

   to water-ski esquiar en el agua, **7.1**

skier el/la esquiador(a), **7.2**

skiing el esquí, **7.2**

   cross-country skiing el esquí nórdico

   downhill skiing el esquí alpino

   waterskiing el esquí acuático (náutico), **7.1**

skinny flaco(a)

skirt la falda, **3.1**

to **sleep** dormir (ue)

sleeping bag el saco (la bolsa) de dormir, **11.2**

sleeved: short- (long-) sleeved de manga corta (larga), **9.1**

slice la tajada, **9.2**

slope la pista, **7.2**

small pequeño(a), **1.2**

smile la sonrisa, **6.1**

smoking: no-smoking sign la señal de no fumar, **10.2**

snack la merienda; las tapas, los antojitos, **4.2**; los bocaditos

sneakers las zapatillas, **5.1**; los tenis, **5.2**

snow la nieve, **7.2**

to **snow** nevar (ie), **7.2**

   It's snowing. Nieva., **LP**

snowboarder el/la snowboarder, **7.2**

so tan

soap el jabón, **11.2**

   bar of soap la barra de jabón, **11.2**; la pastilla de jabón

soap opera la telenovela

soccer el fútbol, **5.1**

social studies los estudios sociales, **1.2**

socks los calcetines, **5.1**

soda la cola, la gaseosa, **4.1**; el refresco, **4.2**

sofa el sofá, **2.2**

soft drink el refresco, **4.2**

some unos(as); algunos(as)

someone alguien, **8.2**

something algo, **8.2**

sometimes a veces, **6.1**

son el hijo, **2.1**

soon pronto, **LP**

   See you soon! ¡Hasta pronto!, **LP**

sore throat: to have a sore throat tener dolor de garganta, **6.1**

sorry: I'm very sorry. Lo siento mucho., **5.1**

soup la sopa

south el sur

South America la América del Sur, la Sudamérica

Spain España

Spanish *(language)* el español, **1.2**

   Spanish speaker el/la hispanohablante

   Spanish-speaking hispanohablante

spare: spare time el tiempo libre, **8.1**

to **speak** hablar, **3.1**

spectator el/la espectador(a)

to **spend** *(time)* pasar, **7.1**

sport el deporte, **5.1**

  individual sport el deporte individual

  team sport el deporte de equipo

  sports *(related to)* deportivo(a)

spring la primavera, **LP**

stadium el estadio

to **stand in line** hacer cola, estar en fila, **10.2**

statue la estatua, **8.2**

to **stay** quedarse, **11.1**

  to stay in bed *(illness)* guardar cama, **6.2**; *(idleness)* quedarse en la cama, **11.1**

steak el biftec, **4.1**

stepbrother el hermanastro, **2.1**

stepfather el padrastro, **2.1**

stepmother la madrastra, **2.1**

stepsister la hermanastra, **2.1**

stomach el estómago, **6.2**

  to have a stomachache tener dolor de estómago, **6.2**

store la tienda, **3.2**

street la calle

stress el estrés, **6.2**

to **stretch** estirarse, **11.1**

stubborn obstinado(a), terco(a), **6.1**

student el/la alumno(a), **1.2**; el/la estudiante

studies: social studies los estudios sociales, **1.2**

to **study** estudiar, **3.1**

stuffed up *(cold)* resfriado(a), **6.2**

suburbs las afueras, los suburbios, **2.2**

to **succeed** tener éxito, **6.1**

successful: to be successful tener éxito, **6.1**

such tal

to **suit** *(fit)* quedar, **9.1**

  Esta chaqueta no te queda bien. This jacket doesn't suit you., **9.1**

suitcase la maleta, **10.1**

  to pack one's suitcase hacer la maleta, **10.1**

summer el verano, **LP**

sun el sol, **7.1**

to **sunbathe** tomar el sol, **7.1**

Sunday el domingo, **LP**

sunglasses los anteojos de sol, las gafas para el sol, **7.1**

sunny: It's sunny. Hace (Hay) sol., **LP**

suntan lotion la crema solar, la loción bronceadora, **7.1**

supermarket el supermercado, **9.2**

supplies: school supplies los materiales escolares, **3.1**

to **surf** practicar la tabla hawaiana, **7.1**

  to surf the Web (the Net) navegar la red (el Internet), **3.2**

surfboard la tabla hawaiana, **7.1**

surfing la tabla hawaiana, el surfing, **7.1**

surprise la sorpresa, **4.1**

sweater el suéter, **11.1**

to **swim** nadar, **7.1**

swimming pool la piscina, la alberca, **7.1**; la pila

swimsuit el bañador, el traje de baño, **7.1**

table la mesa, la mesita, **2.2**

to **take** tomar, **3.1**; traer, **10.1**

  to take *(size)* usar, calzar, **9.1**

  to take a bath bañarse

  to take a flight tomar un vuelo

  to take a hike dar una caminata, **11.2**

  to take a shower tomar una ducha, **11.1**

  to take a test tomar un examen, **3.1**

  to take a trip hacer un viaje, **10.1**

  to take off *(airplane)* despegar, **10.2**; *(clothes)* quitarse, **11.1**

  to take pictures (photos) sacar (tomar) fotos, **7.1**

  to take someone's blood pressure tomar la tensión arterial, **6.2**

  to take someone's pulse tomar el pulso, **6.2**

  to take the (school) bus tomar el bus (escolar), **3.2**

taken ocupado(a), **4.2**

takeoff el despegue, **10.2**

to **talk** hablar, **3.1**

  to talk on the phone hablar por teléfono

  to talk on a cell phone hablar en el móvil, **3.2**

tall alto(a), **1.1**

taste el gusto

taxi el taxi, **10.1**

taxi driver el/la taxista, **10.1**

tea el té

to **teach** enseñar, **3.1**

teacher el/la profesor(a), **1.2**

team el equipo, **5.1**

  opposing team el equipo contrario, **7.1**

  team sport el deporte de equipo, **5.1**

teeth los dientes, **11.1**

  to brush one's teeth cepillarse (lavarse) los dientes, **11.1**

telephone el teléfono

  to talk on the phone hablar por teléfono

television la televisión, la tele

temperature la temperatura, **7.2**

ten diez, **LP**

  by tens de diez en diez

tennis el tenis, **5.2**

  tennis court la cancha de tenis, **5.2**

  tennis player el/la tenista

  tennis racket la raqueta, **5.2**

  tennis shoes los tenis, **9.1**

  to play tennis jugar (al) tenis, **5.2**

tent la carpa, la tienda de campaña, **11.2**

  to put up a tent armar, montar una carpa (una tienda de campaña), **11.2**

terrace la terraza

test el examen, la prueba, **3.1**

  to give a test dar un examen (una prueba), **3.1**

  to take a test tomar un examen, **3.1**

Texan tejano(a)

Thank you. Gracias., **LP**

that (one) aquel(la), ese(a), **9.2**

the el, la, los, las, **1.1**

English-Spanish Dictionary

their su(s)

them las, los, les

then luego, **3.2**

there allí, allá

there is, there are hay, **2.2**

they ellos(as), **1.1**

thin flaco(a)

thing la cosa

to **think** pensar (ie), **5.1**

    What do you think? ¿Qué piensas?, **5.1**

thirsty: to be thirsty tener sed, **4.1**

thirteen trece, **LP**

thirty treinta, **LP**

thirty-eight treinta y ocho, **LP**

thirty-five treinta y cinco, **LP**

thirty-four treinta y cuatro, **LP**

thirty-nine treinta y nueve, **LP**

thirty-one treinta y uno, **LP**

thirty-seven treinta y siete, **LP**

thirty-six treinta y seis, **LP**

thirty-three treinta y tres, **LP**

thirty-two treinta y dos, **LP**

this (one) este(a)

thousand mil

three tres, **LP**

three hundred trescientos(as)

throat la garganta, **6.2**

    to have a sore throat tener dolor de garganta, **6.2**

to **throw** lanzar, tirar, **5.2**

    to throw (give) a party dar una fiesta, **8.1**

Thursday el jueves, **LP**

ticket el boleto, el ticket, **7.2**; la entrada, **8.1**; el billete, **10.1**; el tiquet(e)

    e-ticket el boleto (billete) electrónico, **10.1**

ticket counter *(airport)* el mostrador, **10.1**

ticket window la boletería, la ventanilla, **7.2**; la taquilla, **8.2**

tie la corbata, **9.1**

time la hora, **LP**; la vez

    at times (sometimes) a veces, **6.1**

    at what time? ¿a qué hora?, **LP**

boarding time la hora de embarque, **10.1**

departure time la hora de salida, **10.1**

full-time a tiempo completo

on time a tiempo, **10.2**

part-time a tiempo parcial

spare time el tiempo libre, **8.1**

    What time is it? ¿Qué hora es?, **LP**

timid tímido(a)

tip el servicio, **4.2**

    Is the tip included? ¿Está incluido el servicio?, **4.2**

tired cansado(a), **6.1**

toast las tostadas, el pan tostado, **4.1**

today hoy, **LP**

    What day is it today? ¿Qué día es hoy?, **LP**

    What is today's date? ¿Cuál es la fecha de hoy?, **LP**

toe el dedo del pie

together juntos(as)

toilet paper el papel higiénico, **11.2**

    roll of toilet paper el rollo de papel higiénico, **11.2**

tomato el tomate, **4.1**

tomorrow mañana, **LP**

    See you tomorrow! ¡Hasta mañana!, **LP**

tonight esta noche, **4.1**

too también, **1.2**

toothbrush el cepillo de dientes, **11.2**

toothpaste la crema dental, **11.2**; la pasta dentífrica

    tube of toothpaste el tubo de crema dental, **11.2**

to **touch** tocar, **5.1**

towel la toalla, **7.1**

town el pueblo

to **travel** viajar

tree el árbol, **2.2**

trip el viaje, **10.1**

    to take a trip hacer un viaje, **10.1**

true: That's true. Es verdad., **9.1**

trunk *(car)* el baúl, la maletera, **10.1**

truth la verdad

T-shirt la camiseta, **5.1**; el T-shirt

tube el tubo, **11.2**

Tuesday el martes, **LP**

tuna el atún, **9.2**

    can of tuna un bote (una lata) de atún, **9.2**

TV la tele

twelve doce, **LP**

twenty veinte, **LP**

twenty-eight veintiocho, **LP**

twenty-five veinticinco, **LP**

twenty-four veinticuatro, **LP**

twenty-nine veintinueve, **LP**

twenty-one veintiuno, **LP**

twenty-seven veintisiete, **LP**

twenty-six veintiséis, **LP**

twenty-three veintitrés, **LP**

twenty-two veintidós, **LP**

twin el/la gemelo(a), **2.1**

two dos, **LP**

two hundred doscientos(as)

type el tipo, **6.1**

typical típico(a)

U

ugly feo(a), **1.1**

unattractive feo(a), **1.1**

uncle el tío, **2.1**

under debajo de, **10.2**

underneath debajo de, **10.2**

to **understand** comprender, **4.2**; entender (ie), **8.2**

uniform el uniforme, **3.1**

United States Estados Unidos

university la universidad

unoccupied libre, **4.2**

unpleasant antipático(a), **1.1**

until hasta, **LP**

up: to go up subir, **7.2**

upper superior

urban urbano(a)

us nos

to **use** usar, **3.2**

V

vacation las vacaciones

vanilla vainilla

English-Spanish Dictionary

various varios(as)

vegetable la legumbre, la verdura, el vegetal, **4.1**

vegetable store, stall la verdulería, **9.2**

vegetarian vegetariano(a), **4.1**

Venezuelan venezolano(a)

very muy, **LP**; mucho, **LP**

It's very hot (cold). Hace mucho calor (frío)., **LP**

Very well. Muy bien., **LP**

view la vista

to **visit** visitar, **8.2**

volcano el volcán

volleyball el voleibol, **7.1**

volleyball court la cancha de voleibol, **7.1**

vowel la vocal

to **wait** esperar, **10.2**

to wait in line hacer cola, **10.2**; estar en fila

waiter (waitress) el/la mesero(a), **4.2**; el/la camarero(a)

to **wake up** despertarse (ie), **11.1**

wall el muro

to **want** querer (ie), **5.1**; desear, **4.2**

war la guerra

to **wash** lavar, **11.2**

to **wash oneself** lavarse, **11.1**

to wash one's hair (face, hands) lavarse el pelo (la cara, las manos), **11.1**

to **watch** mirar, **3.2**; ver, **4.2**

water el agua (f.), **4.1**

(sparkling) mineral water el agua mineral (con gas), **4.2**

to **water-ski** esquiar en el agua, **7.1**

waterskiing el esquí acuático (náutico), **7.1**

wave la ola, **7.1**

we nosotros(as)

to **wear** llevar, **3.1**; *(shoe size)* calzar, **9.1**; *(clothing size)* usar, **9.1**

weather el tiempo, **LP**

It's cold (weather). Hace frío., **LP**

It's cool (weather). Hace fresco., **LP**

The weather is bad. Hace mal tiempo., **LP**

The weather is nice. Hace buen tiempo., **LP**

What's the weather like? ¿Qué tiempo hace?, **LP**

Web la red, **3.2**

to surf the Web navegar la red, **3.2**

Wednesday el miércoles, **LP**

week la semana, **LP**

last week la semana pasada, **7.1**

weekend el fin de semana, **7.1**

weight el peso

welcome: You're welcome. De nada., Por nada., No hay de qué., **LP**

well bien, **LP**; pues

Very well. Muy bien., **LP**

well-mannered bien educado(a), **6.1**

west el oeste

what? ¿qué?; ¿cuál?; ¿cuáles?; ¿cómo?

at what time? ¿a qué hora?, **LP**

What a shame! ¡Qué pena!, **5.1**

What day is it (today)? ¿Qué día es hoy?, **LP**

What does he (she, it) look like? ¿Cómo es?, **1.1**

What is he (she, it) like? ¿Cómo es?, **1.1**

What is today's date? ¿Cuál es la fecha de hoy?, **LP**

what nationality? ¿de qué nacionalidad?, **1.1**

What's happening? What's going on? ¿Qué pasa?, **3.1**

What's new (up)? ¿Qué hay?

What time is it? ¿Qué hora es?, **LP**

when cuando, **3.1**

when? ¿cuándo?, **3.2**

where donde

where? ¿dónde?, **1.1**; **(to) where?**, ¿adónde?, **3.2**

from where? ¿de dónde?, **1.1**

which? ¿cuál?; ¿cuáles?

while mientras

white blanco(a), **5.1**

who? ¿quién?, **1.1**; ¿quiénes?, **1.2**

why? ¿por qué?, **3.2**

wide ancho(a)

wife la esposa, la mujer, **2.1**

to **win** ganar, **5.1**

wind el viento, **LP**

window *(store)* el escaparate, **9.1**; *(plane)* la ventanilla, **10.2**

windsurfing la plancha de vela, **7.1**

to go windsurfing practicar la plancha de vela, **7.1**

windy: It's windy. Hace viento., **LP**

winter el invierno, **LP**

with con

without sin, **7.2**

word la palabra

work la obra, el trabajo

to **work** trabajar, **3.2**

world el mundo

World Cup la Copa Mundial

worse peor

to **be worth: It's not worth it.** No vale., **7.1**

to **write** escribir, **4.2**

written escrito(a)

year el año, **LP**

last year el año pasado, **7.1**

to be turning . . . years old cumplir... años

to be . . . years old tener... años, **2.1**

yellow amarillo(a), **5.1**

yes sí, **LP**

yesterday ayer, **7.1**

yesterday afternoon ayer por la tarde, **7.1**

yesterday evening anoche, **7.1**

you tú *(sing. fam.)*, usted *(sing. form.)*, ustedes *(pl. form.)*, vosotros(as) *(pl. fam.)*; ti, te *(fam. pron.)*, le *(form. pron.)*

You're welcome. De (Por) nada., No hay de qué., **LP**

young joven, **1.1**

young person el/la joven, **1.1**

younger menor, **2.1**

youngest el/la menor, **2.1**

your tu(s), su(s)

It's your turn! ¡Te toca a ti!

youth hostel el albergue juvenil

zero cero, **LP**

zone la zona

English-Spanish Dictionary

Culture Index

el patinaje sobre el hielo, 235; la plancha de vela, 226–227, 230, 251; el snowboard, 234; el surfing, 230; el tenis, 160, 167, 239; el voleibol, 231, 233

Don Quijote → *Quijote (Don)*

Ecuador en general, 296; Baños, 202, 244; Cotacachi, 109, 156; Cuenca, 294–295; Cuicocha, 83; **Una familia ecuatoriana,** 76; Galápagos, 52, 79, 334; Manta, 90; **Mercados indígenas** (en Guatemala y Ecuador), 316; Otavalo, 316; Quito, 76, 77, 81, 90, 142, 341; Saquisilí, 33

educación 89; **Escuelas aquí y en Latinoamérica** (Perú), 112; **¿Quiénes trabajan?** (la vida estudiantil en Estados Unidos y en los países hispanos), 114

escuela 26, 32, 33, 48, 50, 88–89, 90, 91, 92, 94–96, 113, 115, 118, 142, 176, 187, 190, 198, 356, 377; **Escuelas aquí y en Latinoamérica** (Perú), 112; **¿Quiénes trabajan?** (la vida estudiantil en Estados Unidos y en los países hispanos), 114

España La Alhambra (Granada), 401; Aragón, 229; Arrecife (Lanzarote), 323; Asturias, 364, 389; Barcelona, 104, 195, 300, 324, 341, 378; Bilbao, 188, 262–263; Burgos, 385, 399; Cádiz, 171, 257; El Escorial (San Lorenzo de El Escorial), 397; Estepona, 90, 228, 250, 318;

Granada, 229, 308, 401; Gran Canaria, 195, 297; Guipúzcoa, 56; islas Canarias, 89, 195; Madrid, 84, 146, 149, 198, 264, 297, 301, 330, 396; Mallorca, 228, 273, 342; La Mancha, 45; Marbella, 251; Nerja, 379; Órgiva, 21; La Palma (islas Canarias), 7, 208; Las Palmas de Gran Canaria, 242, 269; el Parque Nacional de Cazorla (Andalucía), 392; los Pirineos, 236; Pradollano, 256; Salamanca, 216–217; San Sebastián, 297; Segovia, 335; Tarifa, 251; Tenerife (islas Canarias), 68; Valencia, 241, 322, 400; Vitoria, 272; Zafra, 170

familia 54–55, 57, 58, 59, 60, 61, 69, 124–125, 129, 136, 228; **Una familia ecuatoriana,** 76

Fernández de Lizardi, José Joaquín 214–215

Florida Miami, 47, 111, 138

geografía 102; de la América del Sur, 350

Guatemala en general, 33; Antigua, 24, 31, 120, 123, 161, 210, 218, 224, 265, 282, 283, 304; Chichicastenango, 187, 316; Ciudad de Guatemala, 265, 339, 343; **Mercados indígenas** (en Guatemala y Ecuador), 316

Honduras Copán, 160, 168; Roatán, 229

Iglesias, Enrique 375

Iztaccíhuatl 402–405

Kahlo, Frida (el Museo) 264

latinos 38; **Amigos latinos en Estados Unidos,** 42, 164

Lazarillo de Tormes 216, 217

lenguaje comparaciones con el inglés, 30, 95, 100, 306, 374; En otras partes, 23, 63, 93, 97, 128, 131, 133, 200, 230, 235, 266, 270, 298, 302, 333, 336, 370; refranes, 39, 73, 109, 143, 177, 211, 247, 279, 313, 347, 381; sufijo diminutivo, 60; tú/usted, 35, 50

Una leyenda mexicana: Iztaccíhuatl y Popocatépetl 402–405

literatura *La camisa de Margarita,* 406–409; *El Cid,* 398–401;

Culture Index

Lazarillo de Tormes, 216–217; *Una leyenda mexicana— Iztaccíhuatl y Popocatépetl*, 402–405; *El Periquillo Sarniento*, 214; *El Quijote*, 44

literatura picaresca *Lazarillo de Tormes*, 216, 217; *El Periquillo Sarniento*, 214;

Lizardi, José Joaquín Fernández de 214

mascotas 58, 66, 67, 73, 78, 84, 224

mayas 160, 168

mercados 218, 294–295, 296, 297, 302, 303, 307, 310, 316, 317, 318, 324, 326

meriendas 132, 133, 140, 142, 148, 149, 154

mexicanoamericanos 42, 199

México la bandera, 165; Ciudad de México, 35, 57, 126, 161, 284, 285, 296, 309, 312, 315, 319, 375, 404, 405; Coyoacán, 264; Guadalajara, 57, 67, 90, 103, 130, 307; Guanajuato, 7, 148; León, 331; Mérida, 122, 222, 317; Oaxaca, 242, 364; la península Yucatán, 228; Puebla, 71; Puerto Vallarta, 32, 228, 240; Tepoztlán, 125; el volcán Iztaccíhuatl, 402; el volcán Popocatépetl, 402; Zihuatanejo, 173, 338

Miami 111; la Pequeña Habana—la Calle Ocho, 47

monumentos monumento al Cid, 398; monumento a Lazarillo de Tormes (Salamanca, España), 217; Monumento de la Independencia (Ciudad de México, México), 35; Pirámide de Mayo (Buenos Aires, Argentina), 345

museos 271, 272; *Hispanic Institute* (Nueva York, Estados Unidos), 272; Museo de Arte Moderno (Palma, Mallorca), 273; Museo del Barrio (Nueva York, Estados Unidos), 272; Museo Frida Kahlo (Ciudad de México, México), 264; Museo Guggenheim (Bilbao, España), 262–263; Museo Nacional de Arqueología y Etnología (Ciudad de Guatemala, Guatemala), 265; El Palacio Nacional (Managua, Nicaragua), 265; El Pueblito (Ciudad de Panamá, Panamá), 204

música 264, 265, 267, 269; **Un día de cultura latina** (música tradicional de los Andes y de Guatemala), 282; Shakira, 277; los tunos, 148, 309

Nazca (las líneas de) 352, 353

Nicaragua Granada, 146, 147; Isla de Ometepe, 159; lago de Nicaragua, 258; León, 115, 140, 172, 297; Managua, 99, 182, 265; Masaya, 48, 91, 154

Nueva Mexico Santa Fe, 377

Nueva York 210, 233, 272

Orozco, José Clemente 282, 287

paisajes urbanos Barcelona, España, 104; Burgos, España, 399; Cartagena, Colombia, 41; Ciudad de Panamá, Panamá, 105; Miami, Florida, 111; Punta Arenas, Chile, 25; Quito, Ecuador, 76; San Juan, Puerto Rico, 36, 349

Palma, Ricardo 407

Panamá en general 57, 91, 206; Ciudad de Panamá, 105, 204; Isla Taboga, 256

Paracas (las líneas de) 353

Paraguay Asunción, 185; las cataratas del Iguazú, 229

El Periquillo Sarniento 214

Perú en general 78, 364; Arequipa, 113, 331; la bandera, 165; Cuzco, 25; Huanchaco, 127; Iquitos, 355; Lima, 20, 91, 179, 297, 364, 406, 409; las líneas de Nazca, 352, 353; las líneas de Paracas, 353; Machu Picchu, 25; Subtanjalla, 311; Trujillo, 73

plazas La Palma, España, 208; islas Canarias (España), 68; Plaza Central (Mérida, México), 122, 222; Plaza de Armas (Arequipa, Perú), 113; Plaza de Armas (Lima, Perú), 341, 406; Plaza de Armas (Trujillo, Perú), 73;

Plaza de las Tres Culturas (Ciudad de México, México), 404; Plaza Mayor (Madrid, España), 149; Plaza Mayor (Salamanca, España), 216; San Juan, Venezuela, 207; Santo Domingo, República Dominicana, 38; Tenerife, 68; Valencia, España, 400; Zócalo, (Ciudad de México, México), 284, 405

Popocatépetl 402–405

Puerto Rico la bandera, 206; Isabela, 21; Piñones, 126; Rincón, 249; San Juan, 36, 142, 206, 243, 340, 349, 356; Vieques, 360

Quijote (Don) 44

refranes 39, 73, 109, 143, 177, 211, 247, 279, 313, 347, 381

República Dominicana La Romana, 329; San Pedro de Macorís, 181; Santo Domingo, 20, 38, 54–55, 95, 118, 160, 331

restaurantes y cafés → cafés y restaurantes

Rivera, Diego 264

rutina diaria (la) 363, 364, 365

Shakira 277

sistema métrico 305

tecnología 98

Texas (o Tejas) El Paso, 31

tiempo libre 262–263

trabajo 114

Uruguay Colonia, 135

Venezuela en general, 350; Caracas, 69; Mérida, 21, 175, 318, 326; San Juan, 207

viajes y vacaciones 226–227, 236; **El avión en la América del Sur,** 350; el camping, 365, 370, 372, 382, 385, 386, 389, 390, 391; **Un día en una playa de España,** 250; **Domingo, día 18 de febrero** (una excursión escolar a la Ciudad de México), 284; en avión, 328–329, 330, 331, 333, 339, 350, 361; **Julio en Argentina** (el esquí en Argentina), 252; para los mochileros, 362–363, 364, 365, 371, 373, 384, 387; **Un viaje interesante** (las líneas de Nazca), 352, 353

Zapata, Emiliano 282

Culture Index

Grammar Index

a personal 107 (3); 244 (7)

acabar de 136 (4)

adjectives to describe looks and personalities, 22 (1); to describe nationality, 23 (1); agreement in gender and number with nouns, 32 (1); ending in -**e,** 32 (1); ending in a consonant, 32 (1); with a group of both boys and girls, 32 (1); possessive adjectives, 70 (2); demonstrative adjectives, 312 (9)

affirmative and negative expressions algo, **alguien, nada, nadie, nunca, siempre,** 278 (8)

agreement (in gender and number) of articles and nouns, 30 (1); of nouns and adjectives, 30 (1)

al contraction of **a + el,** 107 (3)

-ar verbs present tense, 100 (3); preterite tense, 238 (7)

articles definite and indefinite, 30 (1)

commands with **favor de** + *infinitive,* 380 (11)

comparatives 311 (9)

conocer present tense, 308 (9)

conocer vs. saber 308 (9)

dar present tense, 105 (3); preterite tense, 274 (8)

deber with infinitive, 136 (4)

del contraction of **de + el,** 107 (3)

demonstratives adjectives and pronouns, 312 (9)

direct object pronouns me, te, nos, 209 (6); lo, la, **los, las,** 244 (7)

-er verbs present tense, 136 (4); preterite tense, 274 (8)

estar present tense, 105 (3); to tell how you feel, 105 (3); to tell where you are, 105 (3); to express a temporary state, emotion, or condition, 204 (6); to express where something or someone is located, 206 (6)

estar vs. ser temporary states or conditions vs. inherent characteristics, 204 (6); location vs. origin, 206 (6)

gustar to express likes and dislikes, 175 (5); verbs similar to **gustar: aburrir, interesar,** 175 (5)

hacer present tense, 340 (10)

hay 63 (2)

indirect object pronouns me, te, nos, 209 (6); **le, les,** 210 (6)

infinitive 100 (3); expressions with **acabar de, ir a, tener que,** 140 (4); commands with **favor de,** 380 (11)

ir present tense, 105 (3); **ir a** + *infinitive,* 140 (4); preterite tense, 242 (7)

-ir verbs present tense, 136 (4); preterite tense, 274 (8)

irregular verbs present tense: **conocer,** 308 (9); **dar,** 105 (3); **estar,** 105 (3); **hacer,** 340 (10); **ir,** 105 (3); **poner,** 340 (10); **saber,** 308 (9); **salir,** 340 (10); **ser,** 34 (1); **tener,** 66 (2), 340 (10); **traer,** 340 (10); **venir,** 340 (10); **ver,** 136 (4); preterite tense: **dar,** 274 (8); **ir,** 277 (8); **leer,** 277 (8); **oír,** 277 (8); **ser,** 242 (7); **ver,** 274 (8)

leer preterite tense, 277 (8)

negative and affirmative expressions algo, **alguien, nada, nadie, nunca, siempre,** 278 (8)

nouns masculine and feminine, 30 (1); singular and plural, 30 (1)

numbers 306 (9)

oír present tense, 277 (8); preterite tense, 277 (8)

poder present tense, 172 (5)

poner present tense, 340 (10)

possessive adjectives forms and agreement with nouns, 70 (2)

present participle 343 (10)

present progressive tense 343 (10)

present tense of -ar verbs, 100 (3); of -er verbs, 136 (4); of -ir verbs, 136 (4) (*See also* irregular verbs; stem-changing verbs)

preterite tense of -ar verbs, 238 (7); of verbs ending in -car, -gar, and -zar, 238 (7); of -er and -ir verbs, 274 (8) (*See also* irregular verbs; stem-changing verbs)

pronouns subject, 34 (1); usted vs. tú, 35 (1); ustedes vs. vosotros, 35 (1); direct and indirect object pronouns me, te, nos, 209 (6); indirect object pronouns le, les, 210 (6); direct object pronouns lo, la, los, las, 244 (7); demonstrative pronouns, 312 (9); reflexive pronouns, 375 (11)

question words ¿cómo?, 22–23 (1); ¿de dónde?, 23 (1); ¿de qué?, 23 (1); ¿quién?, 23 (1); ¿quiénes?, 26 (1); ¿cuántos?, 59 (2); ¿Cuánto cuesta?, 96 (3); ¿adónde?, 96 (3); ¿por qué?, 96 (3); ¿cuándo?, 99 (3)

reflexive pronouns 375 (11)

reflexive verbs 374–375 (11); with stem changes, 378 (11)

saber present tense, 308 (9)

saber vs. conocer 308 (9)

salir present tense, 340 (10)

ser to describe people and places, 20–21 (1); to express origin or nationality, 20–21 (1); present tense, 34 (1); to describe inherent characteristics, 204 (6); to tell where someone or something is from, 206 (6); to tell what something is made of, 206 (6); preterite tense, 242 (7)

ser vs. estar inherent characteristics vs. temporary states or conditions, 204 (6); origin vs. location, 206 (6)

stem-changing verbs present tense: (e → ie): comenzar, empezar, pensar, perder, preferir, querer, 170 (5); (o → ue): devolver, dormir, poder, volver, 172 (5); (u → ue): jugar, 172 (5); reflexive verbs, 378 (11)

subject pronouns 34 (1); usted vs. tú, 35 (1); ustedes vs. vosotros, 35 (1)

suffixes -ito, 60 (2)

superlatives 311 (9)

tener present tense, 66 (2), 340 (10); to express age, 66 (2); tener que + *infinitive*, 140 (4)

time expressions 232 (7)

traer present tense, 340 (10)

venir present tense, 340 (10)

ver present tense, 136 (4); preterite tense, 274 (8)

Credits

The McGraw-Hill Companies, Inc. would like to acknowledge the artists and agencies who participated in illustrating this program: Michael Arnold; Cedric Hohnstadt; Bill Dickson represented by Contact Jupiter; Glencoe/McGraw-Hill; Pat Lewis; Mapping Specialists, Ltd; Shane McDermott; Geo Parkin represented by American Artists Rep., Inc.

Photo Credits

Cover (t)Getty Images, (b)Bert Hoferichter/Alamy; **iv** Andrew Payti; **v** Anthony West/CORBIS; **vi** (l)Xavier Florensa/age fotostock, (r)David H. Brennan; **vii** Dynamic Graphics Group/Creatas/Alamy Images; **viii** (l)COMSTOCK Images/age fotostock, (r)Kerri Galloway; **ix** David H. Brennan; **x** Andrew Payti; **xi** David H. Brennan; **xii** (l)CORBIS/age fotostock, (r)Index Stock Imagery; **xiii** (t)Andrew Payti, (b)Renaud Visage/Getty Images; **xiv** BananaStock/PictureQuest; **xvi** (tl)Andrew Payti, (tr)Yvonne Cadiz, (b)Scott Gries/Getty Images; **SH1** (tl)Fotosearch, (tr)Rebecca Smith, (b)Clasos Agencia International/CORBIS SYGMA; **SH2** Getty Images; **SH2–SH3** BananaStock/Jupiter Images; **SH3** Andersen Ross/age fotostock; **SH4** Siede Preis/Getty Images **SH5** Brand X Pictures/age fotostock; **SH6** Bananastock/PictureQuest/Jupiter Images; **SH20** File Photo; **SH35** (t)Andrew Payti, (c)Gabriela Zamudio, (bl)Rebecca Smith, (br)Matthew Johnston/Alamy Images; **SH42–SH43** Anthony West/CORBIS; **SH44** (tl)Fernando Fernández/age fotostock, (tr)Juan Manuel Silva/age fotostock, (bl)CORBIS, (br)Randa Bishop/Imagestate; **SH44–SH45** (c)Alan Copson/JAI/CORBIS; **SH45** (tl)Jose Fuste Raga/CORBIS, (tc)Hans Georg Roth/CORBIS, (tr)Kirk Weddle/Getty Images, (c)Alex Segre/Alamy Images, (b)Pablo Galán Cela/age fotostock; **SH46** (tl)CORBIS, (tr)Fritz Poelking/age fotostock, (c)Radius Images/Alamy Images, (bl)Andrew Payti, (br)Brian Stablyk/Getty Images; **SH46–SH47** Andrew Payti; **SH47** (t)Greg Vaughn/Alamy Images, (cl)Maria Lourdes Alonso/age fotostock, (cr b)Andrew Payti; **SH48** (tl)Richard Brommer, (tr)Jordi Cami/age fotostock, (cl)Keren Su/China Span/Alamy Images, (cr)Michele Molinari/Alamy Images, (bl)Frank Lukasseck/age fotostock, (br)Lori Ernfridsson; **SH49** (t)Kevin Schafer/age fotostock, (cl)Reuters/CORBIS, (cr)Panoramic Images/Getty Images, (b)Oswaldo Rivas/Reuters/CORBIS; **SH50** (tl)nik wheeler/Alamy Images, (tr)Andrew Payti, (c)Torino/age fotostock, (bl)Kevin Schafer/age fotostock, (br)Roberto Escobar/epa/CORBIS; **SH51** (tl)Torino/age fotostock, (tr)José Enrique Molina/age fotostock, (c)Philip Scalia/Alamy Images, (b)Andrew Payti; **SH52** (tl)Woodfall Wild Images/Alamy Images, (tr)Jose Fuste Raga/age fotostock, (c)Gail Shumway/Getty Images, (bl)age fotostock, (br)Keren Su/China Span/Alamy Images; **SH53** (t)Andrew Payti, (bl)fstop2/Alamy Images, (br)Humberto Olarte Cupas/Alamy Images; **SH54** (tl)Danita Delimont/Alamy Images, (tr)James Marshall/CORBIS, (c)Gianni Dagli Orti/CORBIS, (b)Morales/age fotostock; **SH55** (tl)age fotostock/SuperStock, (tr)Stock Connection/Alamy Images, (cr)Reuters/CORBIS, (bl)Krzysztof Dydynski/Getty Images, (br)David Uribe Photography/eStock Photo; **SH56** (tl)Bill Bachmann/eStock Photo, (tr)CORBIS, (c)Gavin Hellier/Getty Images, (b)Andrew Payti; **SH56–SH57** SuperStock/age fotostock; **SH57** (t)John Arnold Images/age fotostock, (c)Klaus Lang/age fotostock, (bl)JTB Photo Communications, Inc./Alamy Images, (br)P. Narayan/age fotostock; **SH58** (tl)Anthony Cassidy/JAI/CORBIS, (tc)Robert Frerck/Getty Images, (tr)Michael Lewis/CORBIS, (bl)IML Image Group Ltd/Alamy Images, (br)David R. Frazier Photolibrary, Inc./Alamy Images; **SH59** (tl c)Andrew Payti, (tr)imagebroker/Alamy Images, (bl)M&M Valledor/age fotostock, (br)Abacana/age fotostock; **SH60** (tl)Brian Atkinson/Alamy Images, (tr)Scenics & Science/Alamy Images, (cl)Dorling Kindersley/Getty Images, (cr)John Hicks/CORBIS, (b)imagestate; **SH61** (tl)Neil Setchfield/Alamy Images, (tr)James Balog/age fotostock, (bl)David Lyons/Alamy Images, (br)Ramond Forbes/age fotostock; **SH62** (tl)WaterFrame/Alamy Images, (tr)M. Timothy O'Keefe/Alamy Images, (cl)Jose Fuste Raga/CORBIS, (cr)Hola Images/Getty Images, (b)Robert Harding Picture Library, Ltd/Alamy Images; **SH63** (t)Envision/CORBIS, (c)Danny Lehman/CORBIS, (bl)Raymond Mendez/Animals Animals—Earth Scenes, (br)Richard Brommer; **SH64** (tl)Frances M. Roberts/Alamy Images, (tr)Danita Delimont/Alamy Images, (cl)Blend Images/Alamy Images, (cr)Ron & Patty Thomas/Getty Images, (b)Jon Arnold Images/Alamy Images, (inset)David R. Frazier Photolibrary, Inc./Alamy Images; **SH65** (t)AP Images, (c)Ian Dagnall/Alamy Images, (bl)Jeff Greenberg/Alamy Images, (bc)Robert Fried/Alamy Images, (br)Sylvain Grandadam/age fotostock; **R0–R1** Robert Fried/Alamy Images; **R2** (tl)Laurence Mouton/age fotostock, (tc)Dynamic Graphics Group/Alamy Images, (tr)David H. Brennan, (bl)Gabriela Zamudio, (br)The McGraw-Hill Companies; **R3** Rainer Heubeck/Peter Arnold Inc.; **R4** The McGraw-Hill Companies; **R5** (t)Janine Wiedel Photolibrary/Alamy Images, (b)Andrew Payti; **R6** (t)Superstock/age fotostock, (b)Larry Hamill; **R7** (t)Alamy Images, (b)Larry Hamill; **R8** Andrew Payti; **R9** (t)De Meester, J./Peter Arnold Inc., (b)Kelli Drummer-Avendaño; **R10–R11** SuperStock/age fotostock; **R12** (tl)Larry Hamill, (tr)Andrew Payti, (bl)(br)David H. Brennan; **R13** (t)Javier Larres/age fotostock, (b)San Rostro/age fotostock; **R14** David R. Frazier Photolibrary, Inc./Alamy Images; **R15** Andrew Payti; **R16** Jeronimo Alba/age fotostock; **R17** (t)Andrew Payti, (b)J.D. Dallet/age fotostock; **R18** Xavier Subias/age fotostock; **R19** Andrew Payti; **R20–R21** CHARLES W LUZIER/Reuters/CORBIS; **R22** (tl) (tr)Frederico Gil/Digital Lightsource, Inc., (b)Robert Fried/ Alamy Images; **R23, R24** David R. Frazier Photolibrary, Inc./Alamy Images; **R25** Keith Dannemiller/CORBIS; **R26** (t)James McLoughlin/age fotostock, (b)Cason Ganci/age fotostock; **R27** (tl)(tr)Getty Images, (b)CORBIS/age fotostock; **192–193** Rubberball/age fotostock; **194** (t b)The McGraw-Hill Companies, (tr)Jose Luis Pelaez, Inc./age fotostock, (br)Comstock/PictureQuest/Jupiter Images; **195** (tl)Randy Faris/CORBIS, (tr)Stuart Crump/Alamy Images, (cl)Andrew Payti, (cr)Edifice/CORBIS, (b)Rick Gomez/CORBIS; **196** David H. Brennan; **197** (t br)David H. Brennan, (bl)Fernando Vergara/AP Images; **198** Felipe Rodriguez/Alamy Images; **199** Dynamic Graphics Group/Creatas/Alamy Images; **200 201** Frederico Gil; **202** (b)Andrew Payti, (t)Kerri Galloway; **203** Bill Aron/PhotoEdit; **204** (t)Bob Pardue/Alamy Images, (b)Andrew Payti; **205** The McGraw-Hill Companies; **206** (l)Larry Hamill, (r)Andrew Payti; **207** Kelli Drummer-Avendaño; **208** Andrew

Hutchings, (b)Lori Ernfridsson; **213** Neil Beer/Getty Images; **215** Jose Joaquin Fernandez de Lizardi (1776–1827) (litho), Spanish School, (19th century)/Private Collection, Index/The Bridgeman Art Library **216** (l)Pixtal/age fotostock, (r)The McGraw-Hill Companies; **217** age fotostock/Superstock; **218** Lori Ernfridsson; **219** The McGraw-Hill Companies; **220** Getty Images; **221** Image Source/PunchStock; **222** Andrew Payti; **224** Lori Ernfridsson; **226–227** Galen Rowell/CORBIS; **228** (t)David Hiser/Getty Images, (c)Andrew Payti, (b)Kerri Galloway; **229** (tl)Bill Harrigan/Stephen Frink Collection/Alamy Images, (tr)Terry Harris/Alamy Images, (cl)David Lyons/Alamy Images, (cr)Paco Ayala/age fotostock, (b)Gonzalo Azumendi/age fotostock; **230** (t)David H. Brennan, (bl)Andrew Payti, (b)Getty Images; **231** (t)David H. Brennan, (c)GOwst/Alamy Images, (b)Alissa Everette/Alamy Images; **232** (tl)Gabriela Zamudio, (tr br)Andrew Payti, (bl)Getty Images; **233** (t)Getty Images, (b)Andrew Resek/The McGraw-Hill Companies, (l to r, t to b)C Squared Studios/Photodisc, (2)Comstock Images/Alamy Images, (3)Andrew Payti, (4)Jennifer Doyle; **234** (t)Gareth Roberts/StockShot/Alamy Images, (b)blickwinkel/Alamy Images; **235** (tl)Suzy Bennett/Alamy Images, (tr)The McGraw-Hill Companies, (c)Paco Ayala/age fotostock, (b)Jack Cox/Alamy Images; **236** Christian Kober/Alamy Images; **237** (l)Michele Molinari/Alamy Images, (r)Kerri Galloway; **238** Andrew Payti; **239** Asia Images Group/Getty Images; **240** (l)The McGraw-Hill Companies, (r)Kerri Galloway, (inset)Jack Hollingsworth/Getty Images; **241** Andrew Payti; **242** (t)Andrew Payti, (b)Alan Dawson Photography/Alamy Images; **243** Robert Frerck and Odyssey Productions; **244** Andrew Payti; **245** COMSTOCK Images/age fotostock; **246** Andrew Payti; **248** Steve Mason/age fotostock; **249** Tony Arruza/CORBIS; **250** Andrew Payti; **251** (t)Travelshots.com/Alamy Images, (b)Nicholas Stubbs/Alamy Images; **252 253** SuperStock/age fotostock; **254** (tl)Brand X Pictures/Punchstock, (tr)Getty Images, (cl)Getty Images, (cr)Karl Weatherly/Getty Images, (b)Getty Images; **256** (l)Andrew Payti, (r)Nicholas Stubbs/Alamy Images; **257 258** Andrew Payti; **260** Kerri Galloway; **261** Andrew Payti; **262–263** Jon Arnold Images/Alamy Images; **264** (tl)Robert Frerck/Getty Images, (tr)Jeremy Horner/CORBIS, (c)Andrew Payti, (b)The McGraw-Hill Companies, (br)MJ Photography/Alamy Images; **265** (tl br)Andrew Payti, (tr c)Lori Ernfridsson, (bl)Anders Ryman/CORBIS; **266** (t)David H. Brennan, (c bl br)The McGraw-Hill Companies; **267** (t b)David H. Brennan, (c)STR/AFP/Getty Images; **268** (tl)Keith Bedford/Reuters/Landov, (tr)Mark Leibowitz/Masterfile, (bl)Brand X Pictures, (bc)Spike Mafford/Getty Images, (br)Getty Images; **269** (t c)Getty Images, (b)Andrew Payti; **270** David H. Brennan; **271** (l)David H. Brennan, (r)Javier Larrea/age fotostock; **272** (t)Photo by Tanya Ahmed © Courtesy of El Museo del Barrio, NY, (b)Javier Larrea/age fotostock; **273** Andrew Payti; **274** Kim Karpeles/Alamy Images; **275** Getty Images; **276** Dynamic Graphics Group/Creatas/Alamy Images; **277** Scott Gries/Getty Images; **278** BananaStock/PictureQuest; **279** Jack Hollingsworth/Getty Images; **280** The McGraw-Hill Companies; **281** (l)Andrew Payti, (r)The McGraw-Hill Companies; **282** (l)Sue Cunningham Photographic/Alamy Images, (r)Alison Jones/Danita Delimont/Alamy Images; **283** The Museum of Modern Art/Licensed by SCALA/Art Resource, NY; **284** (l)CORBIS, (r)David R. Frazier/Alamy Images; **285** Andrew Payti; **286** (tl)Yvonne Cadiz, (cl)Jules Frazier/Getty Images, (cr)Andrew Payti, (b)Andrew Resek/The McGraw-Hill Companies, (tr)Lori Ernfridsson; **287** SuperStock/age fotostock; **289** The McGraw-Hill Companies; **290** AP Images; **292** ImageSource/age fotostock; **294–295** Robert Frerck/Odyssey Productions, Inc.; **296** (t)Andrew Payti, (tr)Super Stock/age fotostock, (cl)Sue Cunningham Photographic/Alamy Images, (cr)Lynsey Addario/CORBIS, (bl)Kord.com/age fotostock, (br)Richard Brommer; **297** (tl bl br)Andrew Payti, (tr)SuperStock/age fotostock, (cl bc)Javier Larrea/age fotostock, (c)Mooch Images/Alamy Images; **298** (t c)Kerri Galloway, (b)The McGraw-Hill Companies, (bc)Jill Braaten/The McGraw-Hill Companies; **299** (l)Paco Ayala/age fotostock, (r)The McGraw-Hill Companies; **300** Oscar Garcia Bayerri/age fotostock; **301** Teresa Ponseti/age fotostock; **302** (t)Rafael Campillo/age fotostock, (c)The McGraw-Hill Companies, (b)Andrew Payti; **303** (t)The McGraw-Hill Companies, (b)Frederico Gil; **304** (t)Andrew Payti, (c)Kelli Drummer-Avendaño, (b)Lori Ernfridsson; **306** The McGraw-Hill Companies; **307** Kerri Galloway; **308** DAJ/Getty Images; **309 310** Andrew Payti; **311** (t)Kerri Galloway, (b)Andrew Payti; **312** Andrew Payti; **314 315** Frederico Gil; **316** (l)Lori Ernfridsson, (r)Andrew Payti; **317** Andrew Payti; **318** (t)Andrew Payti, (b)Kelli Drummer-Avendaño; **319** Keith Dannemiller/Alamy Images; **321** Kelli Drummer-Avendaño; **322** (t)John Powell/Alamy Images, (b)Andrew Payti; **323** Andrew Payti; **324** David Young-Wolff/Alamy Images; **326** (t)Kelli Drummer-Avendaño, (b)David Frazier/The Image Works; **327** The McGraw-Hill Companies; **328 329** Melba Photo Agency/Alamy Images; **330** (l)Kelli Drummer-Avendaño, (t)Stuart Pearce/age fotostock, (b)CORBIS; **331** (cw from top)Andrew Payti, David R. Frazier Photolibrary, Inc., Getty Images, Larry Hamill, SuperStock/age fotostock, The McGraw-Hill Companies; **332** David H. Brennan; **333** (l)Javier Larrea/age fotostock, (r)The McGraw-Hill Companies, (bkgd)David H. Brennan; **334** (t)Creatas/age fotostock, (b)Richard Brommer; **335** (t)Yvonne Cadiz, (b)The McGraw-Hill Companies; **336** David H. Brennan; **337** (t)David H. Brennan, (cr)The McGraw-Hill Companies, (bl)Schwabe, G./Arco Di/age fotostock, (br)Bartomeu Amengual/age fotostock; **338** Jennifer Doyle; **339** (t)Lori Ernfridsson, (bl)Andrew Payti, (br) The McGraw-Hill Companies; **340** Rebecca Smith; **341** (t)Richard Brommer, (b)Yvonne Cadiz; **342** Andrew Payti; **343** Lori Ernfridsson; **344** David H. Brennan; **345** Richard Brommer; **347** Andrew Payti; **348** David H. Brennan; **349** Glowimages/age fotostock; **350** Kelli Drummer-Avendaño; **351** Gardel Bertrand/age fotostock; **352** Dan Bannister/Alamy Images; **353** (t)Roman Soumar/CORBIS, (b)Andrew Payti, (br)C Squared Studios/Getty Images; **354** (tl)Jack Hollingsworth/Getty Images, (tr)Siede Preis/Getty Images, (bl)CORBIS, (bc)PhotoLink/Getty Images; **355** Andoni Canela/age fotostock; **356** David H. Brennan; **357** SW Productions/Getty Images; **358** John Flournoy/The McGraw-Hill Companies; **360** Rebecca Smith; **361** David R. Frazier/Alamy Images; **362 363** Masterfile; **364** (t)Thinkstock/age fotostock, (c)Andrew Payti, (b)Getty Images; **365** (tl)Andrew Payti, (tr)Keren Su/Getty Images, (c)C Squared Studios/Getty Images, (bl)STOCK4B/Getty

Credits